KB245664

STEP UP
MOS 2010
WORD EXPERT

STEP UP MOS 2010
WORD EXPERT

초 판	2012년 10월 19일
8쇄 발행	2014년 7월 3일
저 자	YBM시사닷컴 MOS 교재개발팀
디 자 인	YBM시사닷컴 디자인팀
발 행 인	오재환
발 행 처	(주)와이비엠시사닷컴
주 소	경기도 성남시 분당구 대왕판교로 670
전 화	(02)2008-5200
팩 스	(02)2008-5209
홈페이지	www.ybmsisa.com
등록일자	2002년 6월 4일
등록번호	제16-2736호
Copyright	ⓒ2014 by YBM/Sisa.com
ISBN	978-89-6041-778-6

정가 13,000원

MOS 2010 시험 대비서

STEP UP MOS 2010
WORD EXPERT

YBM Sisa.com

MOS 2007 시험의 후속 버전인 MOS 2010은 Microsoft사의 Microsoft Office 2010 버전의 활용 능력을 측정하는 시험입니다.

본 교재는 MOS 2010 시험 대비서이지만 시험 대비서로써의 역할뿐 아니라 Office 2010 프로그램을 활용할 수 있는 능력을 갖출 수 있도록 구성하였습니다.

기본학습을 통해 Office 2010의 기본 기능과 활용 방법을 확인학습 문제를 통해 복습할 수 있습니다.
실전모의고사 3회분을 수록, 실제 시험에 앞서 실제 시험과 유사한 문제를 풀어봄으로써 MOS 2010 시험에 충분히 대비할 수 있도록 하였습니다.

본 교재에는 문제의 해설이 수록되어 있지 않습니다. 대신 문제 아래 힌트를 주어 학습자 스스로 문제를 해결할 수 있도록 구성하였습니다. 문제의 해설은 부록 PDF 파일에 수록되어 있으므로 해설없이 문제를 다 푼 다음 부록 PDF 파일의 해설을 보고 다시 한번 문제의 풀이를 확인하시기 바랍니다.

본 교재를 학습하는 모든 시험 준비생 여러분의 합격을 기원합니다.

STEP UP MOS 2010
WORD EXPERT

CONTENTS

Part 1.
문서 공유 및 유지 관리

Part 2.
내용 서식 지정

01 MOS (Microsoft office specialist)란?

MOS(Microsoft office specialist)는 마이크로소프트 오피스 프로그램과 윈도우 운영체제에 대한 자격증입니다.
Microsoft Office 소프트웨어 제품군으로는 Word, Excel, PowerPoint, Access, Outlook이 있으며 이에 대한 활용
능력을 평가하는 시험입니다. Microsoft Office Specialist 시험에 합격하면 Microsoft사로부터 인증서를 받습니다.
Office 제품을 이용하는 일반 사용자는 누구나 Microsoft Office Specialist 시험의 대상이 됩니다. Microsoft Office
Specialist는 자신의 업무 능력을 증명할 수 있는 매개체가 되므로 매년 수험자가 폭발적으로 증가하고 있습니다.
Microsoft Office는 Office 환경을 위한 가장 대표적인 소프트웨어로 전 세계적으로 1억 COPY가 판매되어, 현재
Fortune지 선정 500대 기업의 90%, 국내 100대 기업의 80%가 이용하고 있습니다.

❶ Microsoft사가 인증하는 국제공인 자격증

MOS는 Microsoft가 직접 인증함으로써 그 공신력과 정확성을 인정받을 수 있으며, 현재 170여 개국, 9,500여
개 시험센터에서 시행되는 국제 자격증으로서(한국어 시험 가능) 합격 기준은 각국간에 통일되어 있어 세계 어디서
나 인정받을 수 있습니다.

❷ 100% 컴퓨터로 시행

국내 자격증과는 다르게 시작부터 종료까지 100% 컴퓨터상에서 진행되는 CBT(Computer Based Test)입니다.
첨단평가기술로 평가 방식이 정확함은 물론 시험 종료 즉시 시험 결과를 알 수 있습니다.

❸ 100% 실기시험

컴퓨터의 실제 활용 능력을 측정하는 것이 주목적인 Microsoft Office Specialist는 이론 문제나 객관식 유형이 아
닌 모든 문제가 실제 프로그램 상에서 직접 조작하여 그 과정을 채점하는 100% 실기 시험입니다.

❹ 수시 접수 및 응시

Microsoft Office Specialist는 TOEIC 주관사인 YBM/Si-sa의 자회사인 ybmsisa.com에서 주관·시행하고 있
으며, 원하는 날짜에 원하는 과목을 접수하여 응시할 수 있습니다. 또한 시험 종료 즉시 성적표를 받고 2~3주 후면
인증서가 우편물로 배달됩니다. 따라서 빠른 시일에 인증서를 획득할 수 있다는 특징이 있습니다.

❺ MOS 자격증 활용 예

21세기 국제 경쟁력 강화를 위해 기업 및 대학에서 어학 능력과 정보화 능력에 대한 요구가 높아지고 있습니다.
TOEIC, TOFEL이 대표되는 어학 능력 시험이라면 MOS는 컴퓨터 활용 능력을 공정하고 신뢰성 있게 평가함으로
써 기업의 효율적인 인사관리와 대학의 역량 있는 인재 양성에 만전을 기할 수 있습니다.

직장인	객관적인 인사자료(승진,인사고과)·정보능력 개발
대학생	취업대비, 졸업자격 및 학점인정
중,고등학생	대입에 필요한 정보소양능력 자격증 취득
일반인	국제 자격증 취득

02 레벨 및 자격증 종류

❶ 자격증 종류(과목) 및 레벨

현재 MOS 2010 버전에서는 Word Core/Expert(일반/상급), Excel Core/Expert(일반/상급), PowerPoint,
Access, Outlook이 각각 시행되고 있으며, Master 자격증은 별도의 시험없이 Word Expert, Excel Expert,

PowerPoint, Access 또는 Outlook 중 한 과목을 취득하여 총4개의 자격증을 획득하면 Master 인증서가 발급됩니다.

❷ 합격 기준

MOS 2010의 합격 기준은 1000점 만점으로 시험 종료 후 바로 성적표가 발급되며 과목 및 Level 별로 다릅니다.

❸ 성적표

MOS 2010의 성적표에는 취득 점수와 합격 여부는 물론, 기능별로 0~100%의 성취도가 명시됩니다. 따라서 자신의 취약 부분을 분석해 심화학습을 할 수 있습니다.

❹ 과목별 인증서 및 Master 인증서

공식 자격증은 합격 후 2-3주 정도 뒤에 우편으로 발송됩니다.

❺ 시험시간 및 문항 수

시험은 50분 동안 시행되며 과목별로 문항수가 다르고 평균 15~30 문항이 출제됩니다.

03 MOS 2010 응시 방법

❶ 자신에게 필요한 과목 결정

❷ MOS 인증 학습 교재 또는 온라인 강의를 이용하여 학습

❸ http://www.ybmit.com을 통해 온라인 접수

❹ 과목 및 일정, 지역, 시험 센터 결정

MOS 2010은 CBT(Computer Based Test) 방식으로 수시 접수 및 응시가 가능합니다. 서울(종로, 강남), 부산, 대구, 광주, 대전, 인천, 경기, 마산, 창원, 전주, 청주, 원주, 순천, 진주, 목포 등 20여 개 지역의 MOS 공인 시험센터에서 응시가 가능합니다.

시험형태	내용	접수기간
수시시험	수시접수 · 시행	수시
특별시험	단체가 원하는 일정과 장소에서 시행	1주일 전

❺ 시험 응시

신분증과 수험표를 지참하고 해당 장소에서 응시합니다. 주민등록증, 운전면허증, 여권, 공무원증을 신분증으로 사용할 수 있습니다.

❻ 성적표 발급

시험 종료 후 인쇄물로 발급된 성적표나 시험 성적 확인 웹 사이트(http://www.certiport.com)에서 시험 응시 때 사용했던 ID와 비밀번호로 로그인하여 Skill Set(평가항목)별로 성적을 확인할 수 있습니다. 성적표를 이용하여 영역별 성취도를 분석해 취약 부분을 심화 학습합니다.

❼ 인증서 발급

합격자는 2~3주 후에 공식 자격증을 우편물로 배송 받습니다.

04 MOS 2010 Word Expert Skill Set(평가 항목)

Microsoft 2010 Word Expert(상급) 평가 항목 [문항수 : 40 / 시간 : 50분]

Skill Set	시 험 구 성
문서 공유 및 유지 관리	Word 옵션 설정 문서에 액세스 제한 기존 문서에 서식 파일 추가 및 수정
내용 서식 지정	고급 글꼴 및 단락 특성 적용 표 및 차트 만들기 문서에 다시 사용할 수 있는 콘텐츠 생성
문서 추적 및 참조	문서 통합 및 비교, 검토 참조 페이지 만들기 문서에 관련 근거 목차 만들기 문서에 색인 만들기
편지 병합 작업 수행	편지 병합 실행 다른 데이터 원본을 사용하여 편지 병합 만들기 레이블 및 양식 만들기
매크로 및 양식 관리	매크로 만들기 및 조작 매크로 옵션 적용 및 조작

05 본 교재의 학습 방법 및 구성

❶ 학습 방법

- 본문, 확인학습 문제 및 실전모의고사를 수행하려면 CD-ROM에서 해당 연습 파일을 설정한 후 진행합니다. 모든 과제를 마친 후에는 해당 문제의 풀이과정을 확인하고, 해당 해답 파일을 열어 작업 결과를 대조합니다. 틀린 부분은 바로 해당 학습 목표를 복습하도록 합니다.

- 본 교재는 총 5 Part로 구성되어 있습니다. 각 Part에는 평가 항목별로 기능을 학습한 후에 확인학습 문제로 기능에 대한 복습을 철저히 할 수 있습니다. 각 기능별로 중요 용어와 출제 포인트에 대한 설명을 찾아 볼 수 있습니다.

- 본문 중간의 Tip을 통해 부가적인 기능을 살펴볼 수 있으며, Check를 통해 놓치기 쉽거나 자주 범하는 실수를 줄이기 위한 중요한 요령들을 기술해 놓았습니다.

- 각 Part별 확인학습의 문제풀이 과정은 교재에 실려 있지 않습니다. 확인학습 문제 아래에 자세한 힌트를 제공, 그 힌트를 바탕으로 스스로 문제를 풀 수 있도록 하였습니다. 확인학습 문제의 자세한 풀이 과정은 부록 CD의 확인학습 해설 PDF 파일로 학습자가 정확히 문제를 해결했는지 확인합니다. MOS는 결과가 아닌 문제를 해결하는 과정이 채점되므로 반드시 확인하도록 합니다.

- 모든 Part를 학습 한 후에는 실제 인증 시험과 같은 형식으로 구성된 실전모의고사를 풀어볼 수 있습니다. 실제로 시험을 보는 느낌으로 풀어보도록 합니다. 실전모의고사의 해설도 책에는 제공되지 않습니다. 문제 아래 주요 힌트가 제공됩니다. 실전모의고사 문제의 자세한 풀이 과정은 부록 CD의 해설 PDF 파일로 확인합니다.

❷ 본문 구성

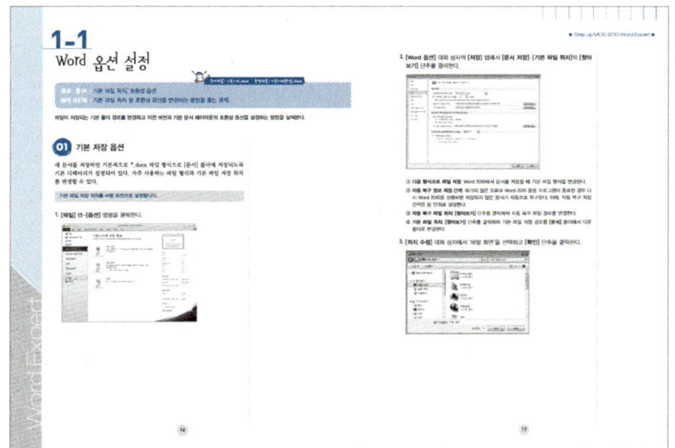

• **기능 제목**	기능의 제목을 나타내며, 하위 기능이 나열됩니다.
• **중요 용어**	학습할 내용의 중요 용어가 정리되어 있습니다.
• **출제 포인트**	기능별로 어떤 유형의 문제가 출제되는지를 나타냅니다.
• **기본학습**	수행해야할 처리 과정이 미션 형식으로 제공되며 따라하기 식으로 각 기능을 학습합니다.
• **확인학습 문제**	기능 설명을 학습한 후 문제를 통해 스스로 기능을 복습합니다.
• **Tip**	부가적인 기능으로 덤으로 살펴볼 수 있습니다.
• **Check**	실제 시험 시에 알아둬야 할 액기스 같은 요령이 소개됩니다.
• **Hint**	확인학습을 풀 수 있는 실마리가 제공됩니다.
• **실전모의고사**	실제 인증 시험과 같은 형식으로 구성된 총3세트의 실전모의고사입니다. 문제 아래쪽에 주요 메뉴 및 명령이 힌트로 제공됩니다.

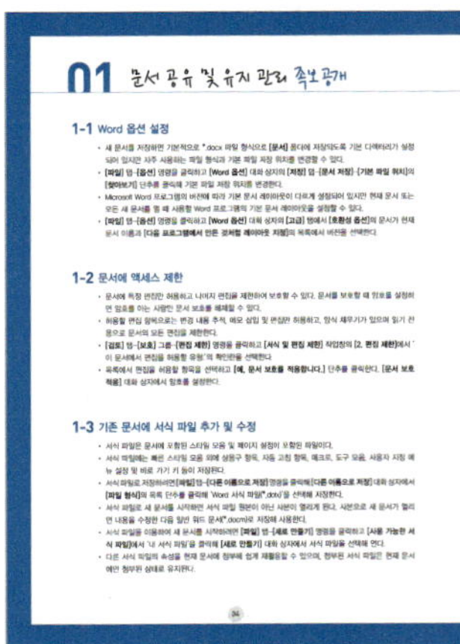
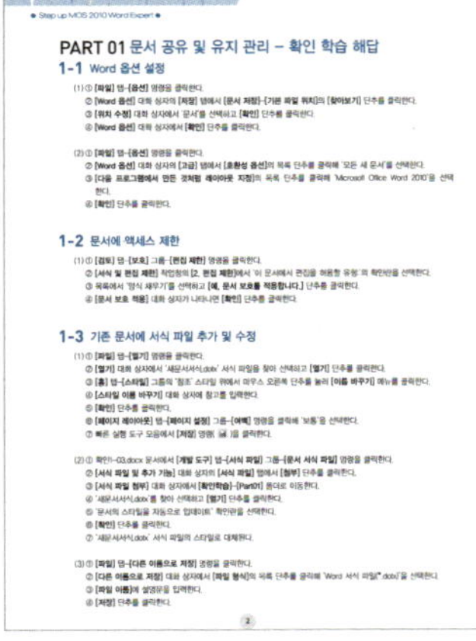
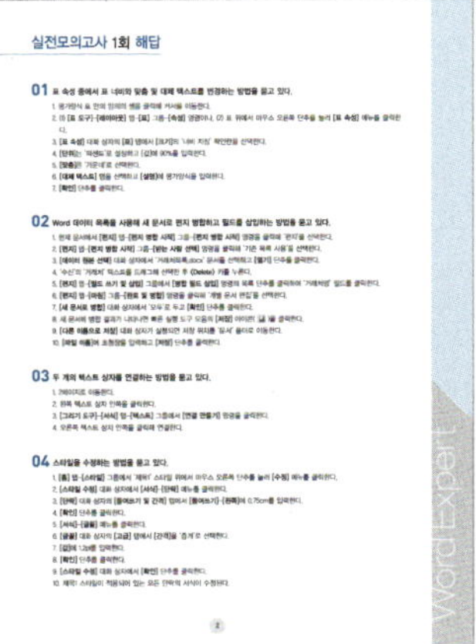

• **족보공개**	각 장의 기능들이 간략히 정리되어 있습니다.
• **확인학습 문제 해답편**	각 Part의 확인학습 문제의 풀이 과정입니다.
• **실전모의고사 문제 해답편**	실전모의고사 문제집 3셋트 풀이 과정입니다.

06 CD-ROM 사용하기

부록 CD에는 이 책에서 학습 시 사용될 예제 준비 파일과 완성 파일 및 확인학습/실전모의고사 해답, 족보공개 편이 기본학습으로 수록되어 있습니다.

부록 CD를 사용하기 위해서는 CD-ROM에 삽입한 후 CD-ROM 드라이브를 선택하고 CD 안에 있는 폴더 MOS Word 2010(Expert) 폴더를 하드 디스크로 복사하여 사용합니다.

폴더 안에는 다음 그림과 같이 구성되어 있습니다.

▲ ▐ MOS Word 2010(Expert) ▷ ▐ 기본학습 ▷ ▐ 실전모의고사 ▷ ▐ 확인학습	**[기본학습]** 폴더 안에는 Part 1 ~ Part 5까지의 폴더가 있으며 각 Part 폴더에는 기본학습에서 사용되는 예제 파일과 완성 파일이 있습니다. **[확인학습]** 폴더 안에는 Part 1 ~ Part 5까지의 폴더가 있으며 각 Part 폴더에는 확인학습에서 사용되는 예제 파일과 완성 파일 및 해설 파일(PDF 파일)이 있습니다. **[실전모의고사]** 폴더 안에는 모의고사 3회의 폴더와 해설 파일(PDF 파일)이 있습니다.

07 Word 2010의 화면 구성

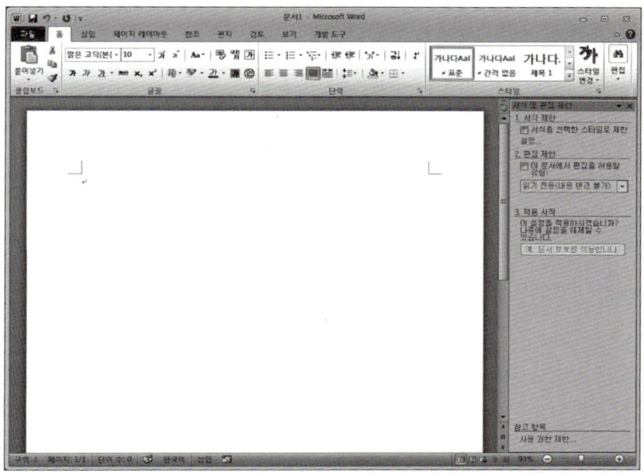

- **빠른 실행 도구 모음**

  [저장], [실행 취소], [다시 실행] 아이콘이 제공되며, 그 외에 사용자가 자주 사용하는 아이콘을 빠른 실행 도구 모음에 추가 및 구성할 수 있습니다.

- **제목 표시줄**

  현재 사용하고 있는 프로그램 이름과 사용하고 있는 파일 이름이 나타납니다. 저장하지 않은 문서는 기본적으로 문서1, 문서2 순으로 나타나며 문서를 저장하면 저장된 파일 이름이 표시됩니다. 이곳에서 현재 작업 중인 문서의 이름을 확인합니다. 오른쪽에는 프로그램 창을 조절하는 최소화, 최대화 단추와 화면 복원, 닫기 단추가 있습니다.

- **파일 탭**

  Word 2007 버전의 Office 단추를 클릭하면 나타나는 메뉴가 Backstage 보기로 열립니다. 왼쪽의 Backstage 탭에는 저장, 열기, 닫기, 문서에 대한 정보, 새로 만들기, 인쇄, 저장/보내기, 도움말, 옵션, 프로그램 끝내기와 같이 파일 단위의 작업과 프로그램 구성 기능들을 손쉽게 사용할 수 있습니다.

- **리본 메뉴**

  Word 2010에서 사용할 수 있는 모든 명령이 제공되며 관련된 기능끼리 탭-그룹-명령 순으로 분류되어 표시됩니다.

- **작업창**

  일반적인 작업 명령이 필요할 때마다 오른쪽 화면에 나타나는 별도의 작은 창을 의미합니다. 작업창은 관련된 기능을 모아 놓은 창으로 특정 작업을 빠르게 수행할 수 있도록 도와줍니다.

- **수직/수평 이동 막대**

  문서에서 보이지 않는 곳으로 위치를 이동합니다.

- **상태 표시줄**

  구역 위치, 페이지 위치, 단어 수, 한/영 모드와 같은 현재의 편집 상태를 표시합니다.

- **화면 보기 단추**

  문서를 여러 보기 화면으로 빠르게 전환하여 작업할 수 있습니다. 화면 보기 전환 단추에는 인쇄 모양, 전체 화면 읽기, 웹 모양, 개요, 초안 보기가 있습니다.

- **확대/축소**

  화면을 확대하거나 축소해서 볼 수 있습니다.

08 명령 실행 방법

❶ 리본 메뉴

Word 2010에서는 파일, 홈, 삽입, 참조, 편지, 검토, 보기 탭이 기능적으로 분류되어 있으며, 각 탭을 선택하면 관련된 기능들이 그룹별로 묶여 제공됩니다. 특정 명령으로 마우스 포인터를 가져가면 명령의 이름이 스크린 팁으로 표시되며, 각 그룹 오른쪽 하단의 확장 명령 단추(⌐)를 클릭하면 대화 상자가 실행되어 세부 옵션을 동시에 줄 수 있습니다.

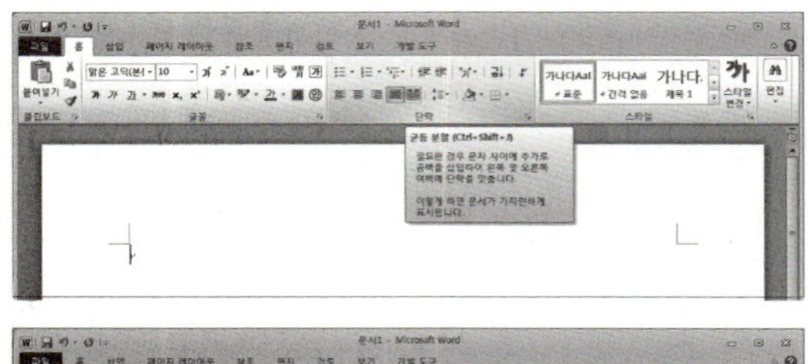

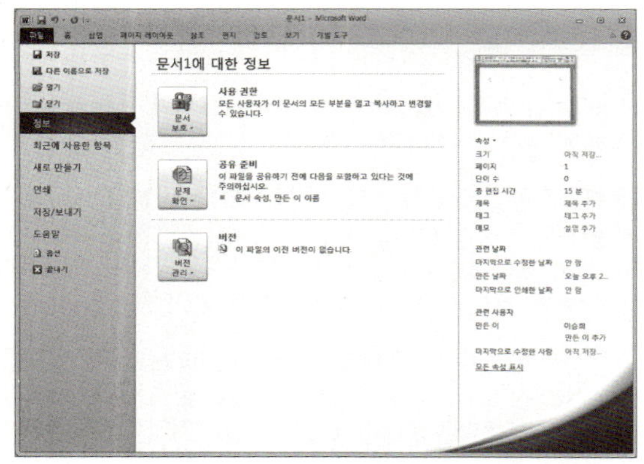

[파일] 백스테이지 탭

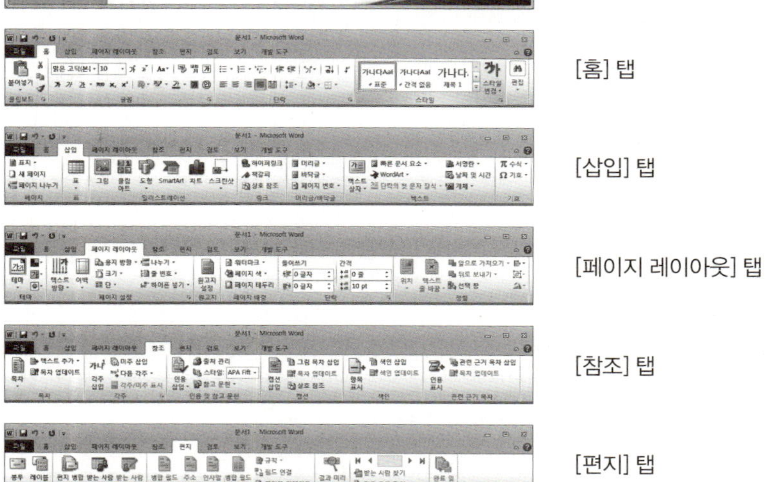

[홈] 탭

[삽입] 탭

[페이지 레이아웃] 탭

[참조] 탭

[편지] 탭

[검토] 탭

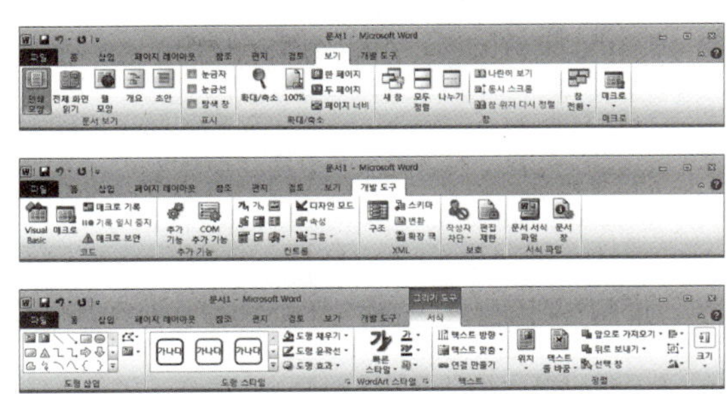

[보기] 탭

[개발 도구] 탭 - 옵션

[상황별 도구] 탭 - 문서에 삽입된 개체 선택 시 표시

❷ 미니 도구 모음

빠른 실행 도구 모음 이외에 리본 메뉴에서 자주 사용하는 명령을 모아 놓은 도구 모음입니다. 마우스 오른쪽 단추를 클릭하면 표시되며 리본 메뉴의 현 위치와 상관없이 자주 사용하는 명령을 빠르게 수행할 수 있습니다.

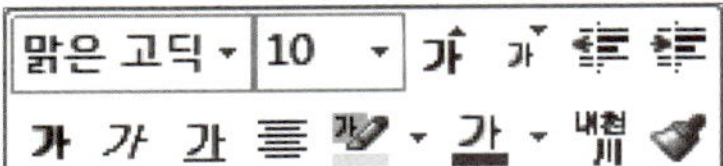

❸ 바로 가기 메뉴

마우스 오른쪽 단추를 클릭하면 나타나는 메뉴로 특정 명령을 빠르게 수행할 수 있습니다. 개체 종류나 실행 위치에 따라 다른 메뉴가 표시됩니다.

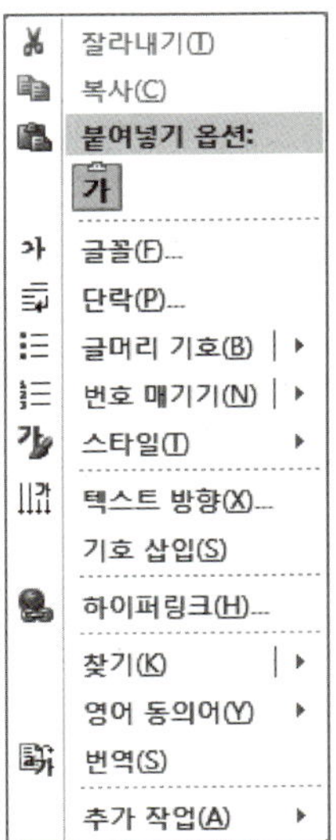

❹ 단축키

자주 사용하는 명령을 키보드의 단축키로 빠르게 실행할 수 있는 방법입니다. 자주 사용하는 명령이 있다면 단축키를 기억해두는 것이 작업 속도를 높일 수 있는 방법입니다. 시험 시에는 〈PageUP〉와 〈PageDown〉 키는 사용할 수 없으며 복사 〈Ctrl+C〉, 잘라내기 〈Ctrl+X〉, 붙여넣기 〈Ctrl+V〉, 굵게 〈Ctrl+B〉, 기울임꼴 〈Ctrl+I〉, 밑줄 〈Ctrl+U〉, 인쇄 〈Ctrl+P〉, 〈Del〉, 〈Insert〉, 〈Enter〉. 〈한/영〉 키는 사용할 수 있습니다.

STEP UP MOS 2010
WORD EXPERT

PART 01

문서 공유 및 유지 관리

Word 문서의 기본 저장 경로 및 호환성 옵션 등 Word 옵션을 변경하는 방법과
다른 사람의 편집 범위를 제한하고 서식 파일을 다루는 방법에 대해 학습한다.

Word Expert

1-1
Word 옵션 설정

중요 용어	기본 파일 위치, 호환성 옵션
출제 포인트	기본 파일 위치 및 호환성 옵션을 변경하는 방법을 묻는 문제

파일이 저장되는 기본 폴더 경로를 변경하고 이전 버전과 기본 문서 레이아웃의 호환성 옵션을 설정하는 방법을 살펴본다.

 기본 저장 옵션

새 문서를 저장하면 기본적으로 *.docx 파일 형식으로 [문서] 폴더에 저장되도록 기본 디렉터리가 설정되어 있다. 자주 사용하는 파일 형식과 기본 파일 저장 위치를 변경할 수 있다.

기본 파일 저장 위치를 바탕 화면으로 설정합니다.

1. [**파일**] 탭–[**옵션**] 명령을 클릭한다.

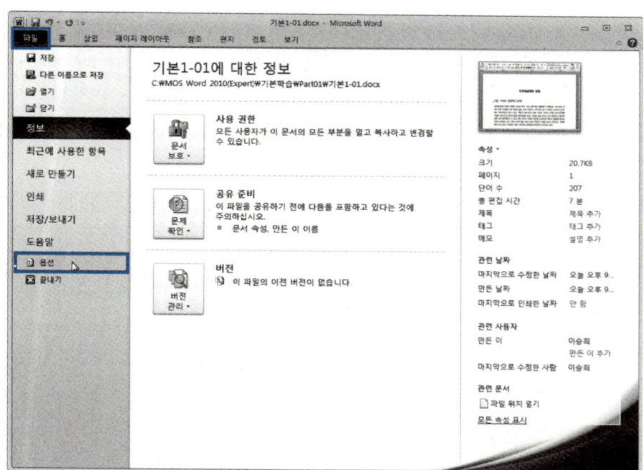

2. [Word 옵션] 대화 상자의 [저장] 탭에서 [문서 저장]–[기본 파일 위치]의 [찾아보기] 단추를 클릭한다.

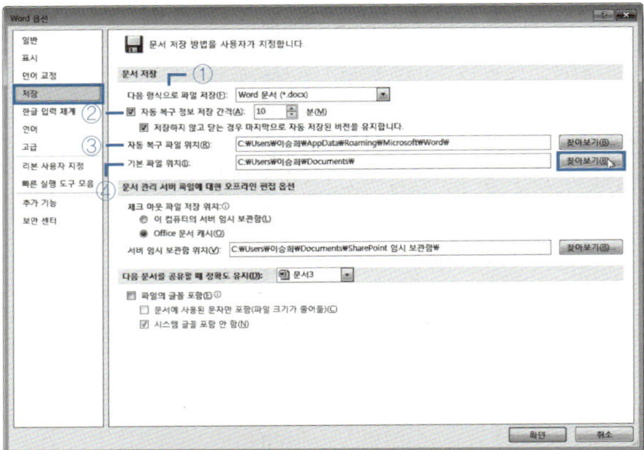

① **다음 형식으로 파일 저장** : Word 2010에서 문서를 저장할 때 기본 파일 형식을 변경한다.

② **자동 복구 정보 저장 간격** : 예기치 않은 오류로 Word 2010 응용 프로그램이 종료된 경우 다시 Word 2010을 실행하면 저장되지 않은 문서가 자동으로 복구된다. 이때, 자동 복구 저장 간격을 분 단위로 설정한다.

③ **자동 복구 파일 위치** : [찾아보기] 단추를 클릭하여 자동 복구 파일 경로를 변경한다.

④ **기본 파일 위치** : [찾아보기] 단추를 클릭하여 기본 파일 저장 경로를 [문서] 폴더에서 다른 폴더로 변경한다.

3. [위치 수정] 대화 상자에서 '바탕 화면'을 선택하고 [확인] 단추를 클릭한다.

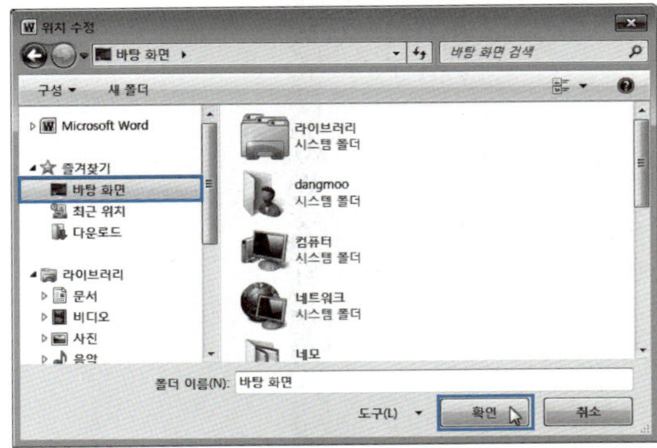

4. [Word 옵션] 대화 상자의 [기본 파일 위치]가 바탕 화면인 Desktop으로 변경된다. [확인] 단추를 클릭한다.

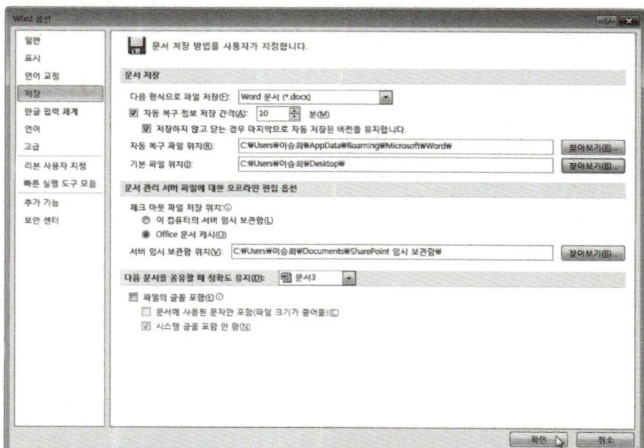

02 호환성 옵션

Microsoft Word 프로그램의 버전에 따라 기본 문서 레이아웃이 다르게 설정되어 있다. 이때, 현재 문서 또는 모든 새 문서를 열 때 사용할 Word 프로그램의 문서 레이아웃을 설정할 수 있다.

현재 문서가 Microsoft Word 2003에서 작성한 문서처럼 레이아웃이 지정되도록 호환성 옵션을 설정합니다.

1. [파일] 탭–[옵션] 명령을 클릭한다.

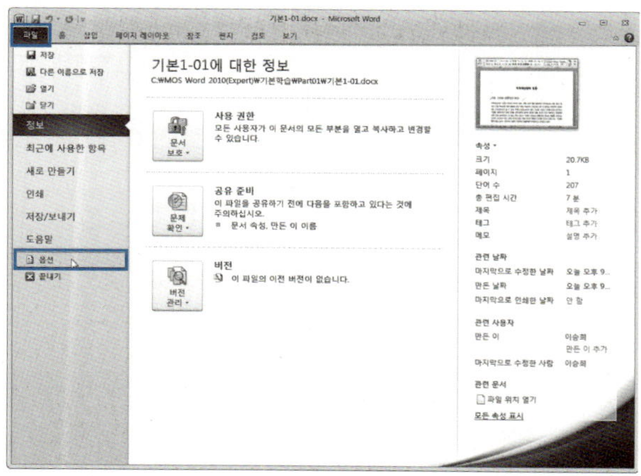

2. [Word 옵션] 대화 상자의 [고급] 탭에서 [호환성 옵션]의 문서가 현재 문서 이름인지 확인한다.

3. [다음 프로그램에서 만든 것처럼 레이아웃 지정]의 목록 단추를 클릭해 'Microsoft Office Word 2003'을 선택하고 [확인] 단추를 클릭한다.

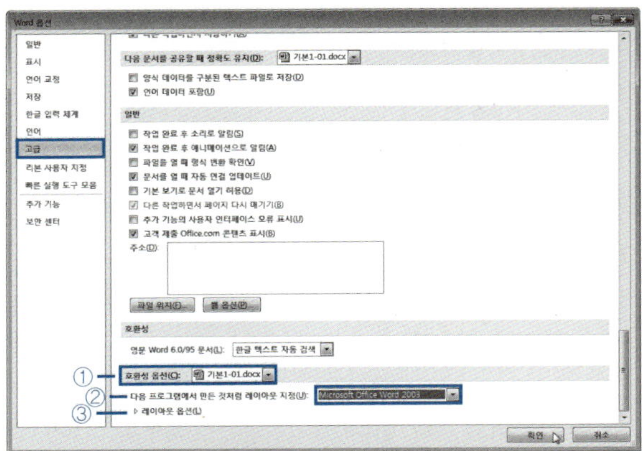

① **호환성 옵션** : 옵션을 적용할 문서를 선택한다. 열려 있는 현재 문서의 이름이나 모든 새 문서 중에서 선택한다.

② **다음 프로그램에서 만든 것처럼 레이아웃 지정** : 문서를 열 때 사용할 레이아웃의 Word 프로그램 버전을 선택한다.

③ **레이아웃 옵션** : 사용할 Word 프로그램 버전에 따라 레이아웃 옵션 목록이 바뀌며, 문서 레이아웃을 지정하는데 필요한 옵션이 나열된다.

|확인학습|

준비파일: 없음   완성파일: 없음

다음 작업을 완성하시오.

(1) 기본 파일 저장 위치를 문서 폴더로 변경하시오.

(2) 모든 새 문서가 Microsoft Word 2010에서 작성한 문서처럼 레이아웃이 지정되도록 호환성 옵션을 설정
하시오.

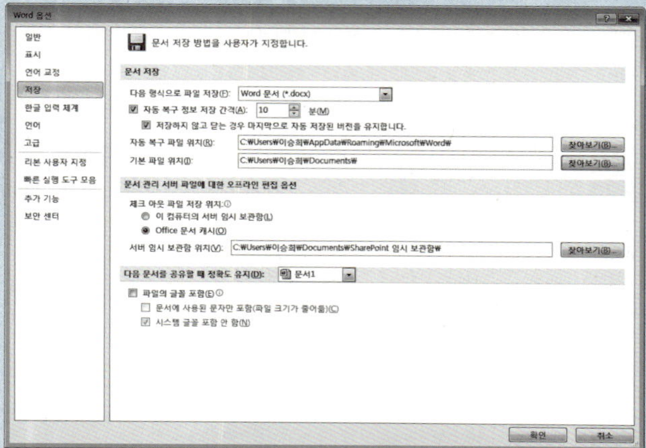

Hint

1. 기본 파일 저장 위치 및 호환성 옵션을 변경하려면 **[파일]** 탭-**[옵션]** 명령을 이용하세요.

1-2
문서에 액세스 제한

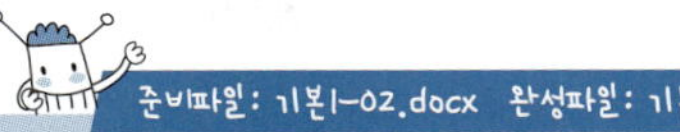

중요 용어 | 문서 보호, 편집 제한
출제 포인트 | 문서의 편집을 제한하여 보호하는 방법을 묻는 문제

문서에 특정 편집만 허용하고 나머지 편집을 제한하여 보호할 수 있다. 문서를 보호할 때 암호를 설정하면 암호를 아는 사람만 문서 보호를 해제할 수 있다. 허용할 편집 항목으로는 변경 내용 추적, 메모 삽입 및 편집 또는 허용하거나, 양식 채우기가 있으며 읽기 전용으로 문서의 모든 편집을 제한한다.

3456 암호를 사용하여 메모만 변경할 수 있도록 편집을 제한합니다.

1. [검토] 탭–[보호] 그룹에서 [편집 제한] 명령을 클릭한다.

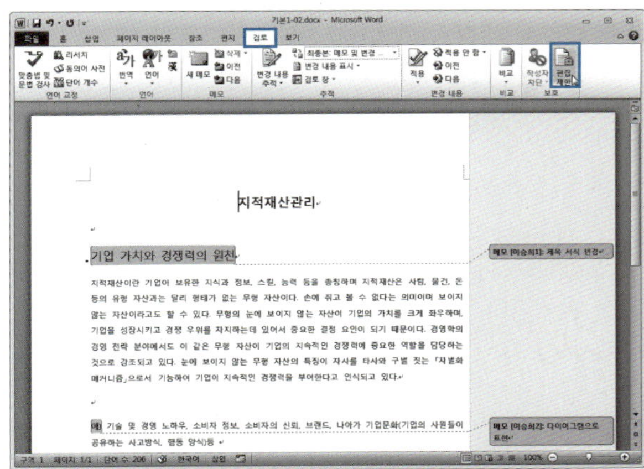

2. [서식 및 편집 제한] 작업창의 [2. 편집 제한]에서 '이 문서에서 편집을 허용할 유형:]'의 확인란을 선택한다.

3. 목록에서 '메모'를 선택하고 **[예, 문서 보호를 적용합니다.]** 단추를 클릭한다.

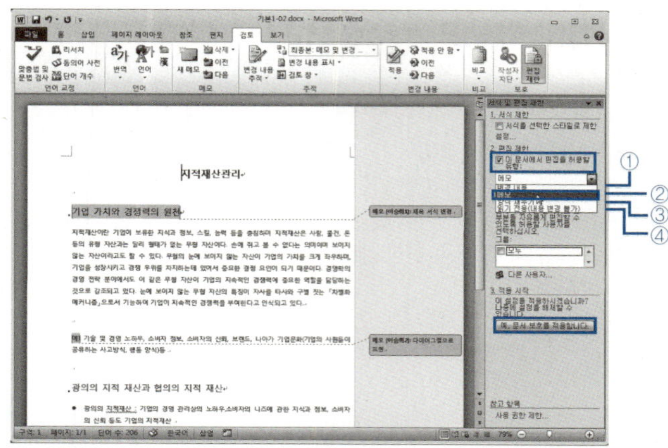

① **변경 내용** : 다른 사용자들이 변경한 내용을 추적하여 검토할 수 있으나, 변경 내용 추적 기능을 해제하거나 적용 또는 취소 및 다른 편집 기능은 제한된다.

② **메모** : 메모 삽입 및 편집만 허용되고 다른 모든 문서 편집은 제한된다.

③ **양식 채우기** : 양식 필드에 값을 입력할 수만 있고 다른 모든 문서 편집은 제한된다.

④ **읽기 전용(내용 변경 불가)** : 문서를 읽기 전용으로 만들어 모든 문서 편집이 제한된다.

4. **[문서 보호 적용]** 대화 상자가 나타나면 **[새 암호 입력]**에 3456을 입력한다.

5. **[암호 확인]**에도 3456을 입력하고 **[확인]** 단추를 클릭한다.

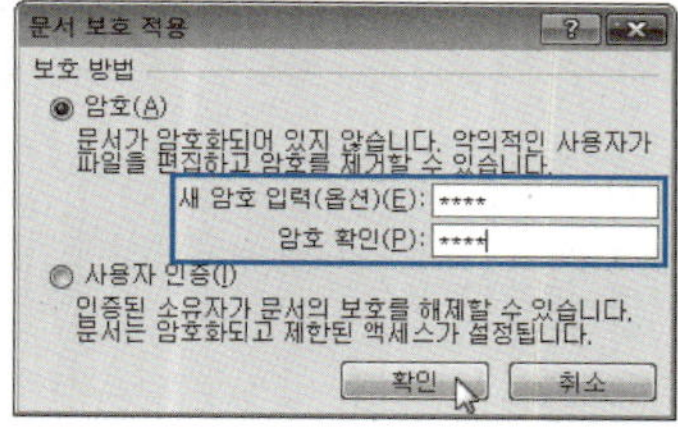

6. 문서의 메모 편집 이외의 모든 문서 편집이 제한되어 보호된다.

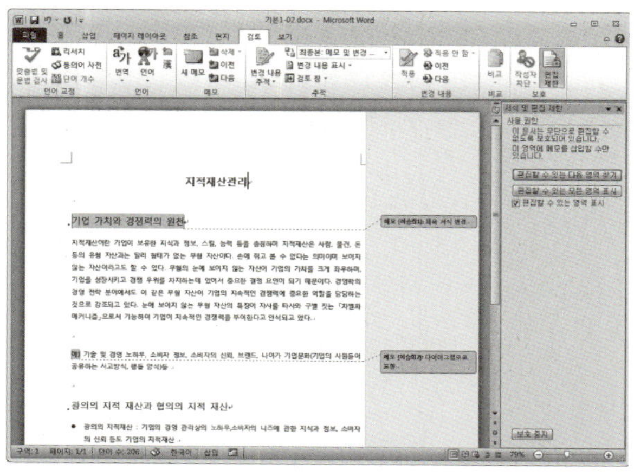

tip

보호 중지하기

문서 보호를 해제하려면 **[서식 및 편집 제한]** 작업창에서 **[보호 중지]** 단추를 클릭한다. **[문서 보호 해제]** 대화 상자가 나타나면 암호를 입력하고 **[확인]** 단추를 클릭한다. 암호를 설정하지 않았다면 바로 문서 보호가 해제된다.

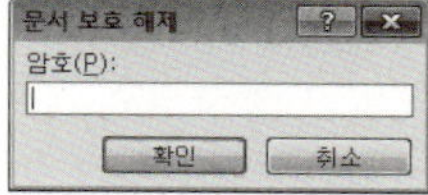

| 확인학습 |

확인1-02.docx를 열어 다음 작업을 완성하시오.

(1) 암호 없이 양식에 입력만 할 수 있도록 편집 제한을 적용하시오.

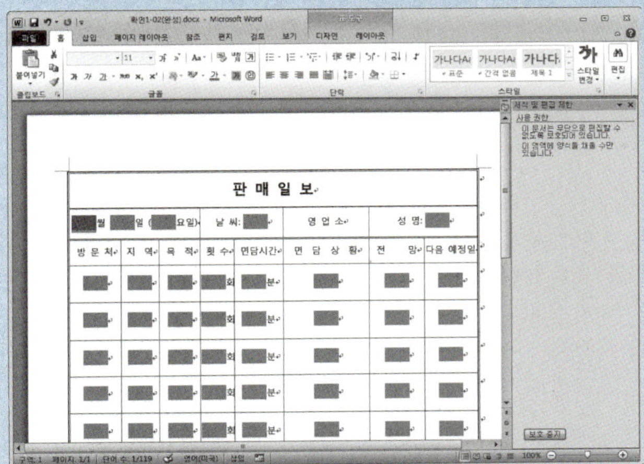

---

1. 문서의 편집을 제한하여 보호하려면 [검토] 탭–[보호] 그룹–[편집 제한] 명령을 이용하세요.

1-3
기존 문서에 서식 파일 추가 및 수정

중요 용어 | 서식 파일, 새 문서, 서식 파일 첨부

출제 포인트 | 서식 파일로 저장하고, 서식 파일로 새 문서를 시작하거나 서식 파일을 첨부하는 방법을 묻는 문제

서식 파일은 문서에 포함된 스타일 모음 및 페이지 설정이 포함된 파일로 자주 사용하는 서식이 있다면 서식 파일로 저장해 두어 필요할 때마다 서식 파일로 새 문서를 시작하거나, 다른 문서에 첨부하여 재사용할 수 있다.

01 서식 파일로 저장

서식 파일에는 빠른 스타일 모음 외에 상용구 항목, 자동 고침 항목, 매크로, 도구 모음, 사용자 지정 메뉴 설정 및 바로 가기 키 등이 저장된다. 같은 유형의 문서를 반복해서 만들 때 서식 파일을 사용하면 편리하다. 서식 파일 형식은 *.dotx이며 기본 저장 위치엔 [Templates] 폴더나 사용자가 원하는 위치에 저장한다. 서식 파일을 [Templates] 폴더에 저장하면 서식 파일로 새 문서를 시작할 때 편리하다.

현재 문서를 <u>직무기술서</u> 이름의 서식 파일로 Templates 폴더에 저장하고 닫습니다.

1. [파일] 탭–[다른 이름으로 저장] 명령을 클릭한다.

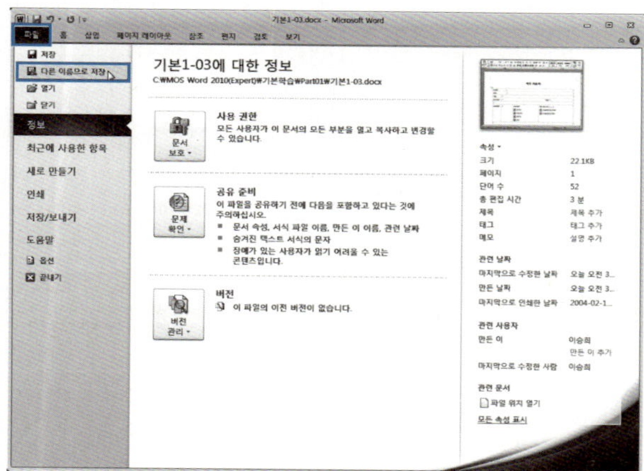

2. [**다른 이름으로 저장**] 대화 상자에서 [**파일 형식**]의 목록 단추를 클릭해 'Word 서식 파일(*.dotx)'를 선택한다.

3. [**파일 이름**]에 직무기술서를 입력한다.

4. 저장 위치는 폴더 목록에서 'Microsoft Word'를 클릭한다.

5. [Templates] 폴더를 더블 클릭해 이동하고 [**저장**] 단추를 클릭한다.

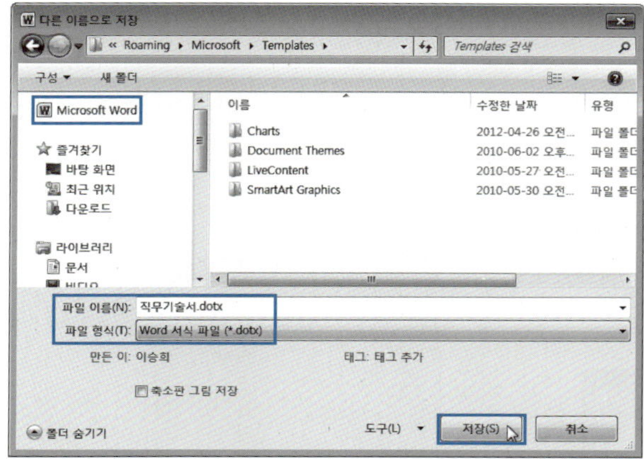

6. [**파일**] 탭–[**닫기**] 명령을 클릭해서 현재 문서를 닫는다.

 02 서식 파일로 새 문서 시작

서식 파일로 새 문서를 시작하면 서식 파일 원본이 아닌 사본이 열리게 된다. 사본으로 새 문서가 열리면 내용을 수정한 다음 일반 워드 문서(*.docx)로 저장해 사용한다.

> **직무기술서.dotx 서식 파일을 사용하여 새 문서를 시작합니다.**

1. 서식 파일을 이용하여 새 문서를 시작하려면 [**파일**] 탭–[**새로 만들기**] 명령을 클릭한다.

2. [**사용 가능한 서식 파일**]에서 '내 서식 파일'을 클릭한다.

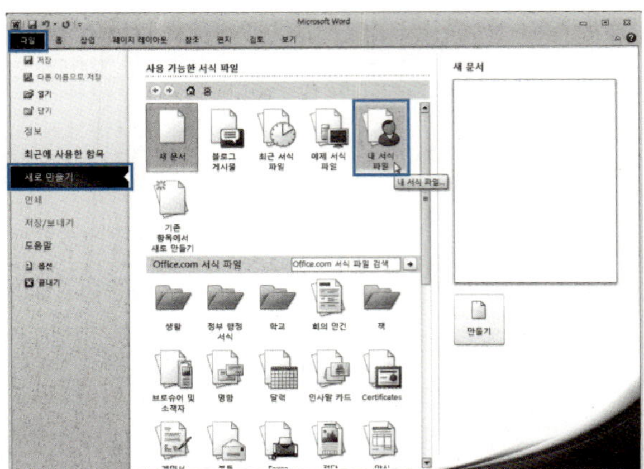

3. [**새로 만들기**] 대화 상자에서 '직무기술서' 서식 파일을 선택하고 [**확인**] 단추를 클릭한다.

4. 서식 파일이 복사본으로 새 문서가 열린다.

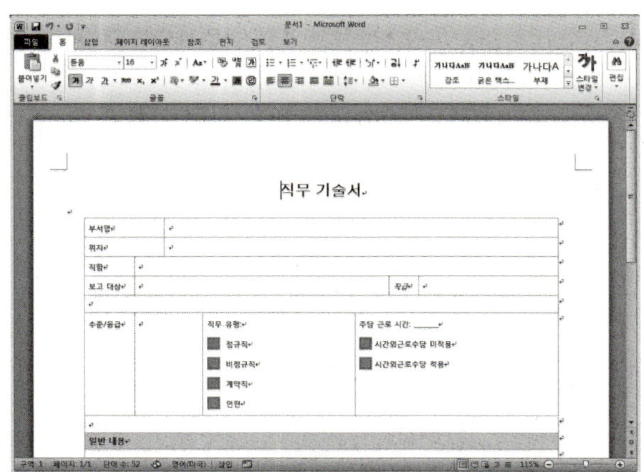

tip

표의 테두리 표시하기

표 테두리를 없음으로 설정한 경우에 숨은 눈금선이 표시되지 않는다. 눈금선을 표시하려면 [**표 도구**]─[**레이아웃**] 탭 ─ [**표**] 그룹에서 [**눈금선 보기**] 명령을 클릭한다.

 **서식 파일 첨부**

다른 서식 파일의 속성을 현재 문서에 첨부해 쉽게 재활용할 수 있으며, 첨부된 서식 파일은 현재 문서에만 첨부된 상태로 유지된다.

> 보고서.dotx 서식 파일을 현재 열려 있는 문서에 적용하고 문서 스타일을 자동으로 업데이트 합니다.

1. 개발 도구를 리본 메뉴에 표시하기 위해 **[파일]** 탭–**[옵션]** 명령을 클릭한다.

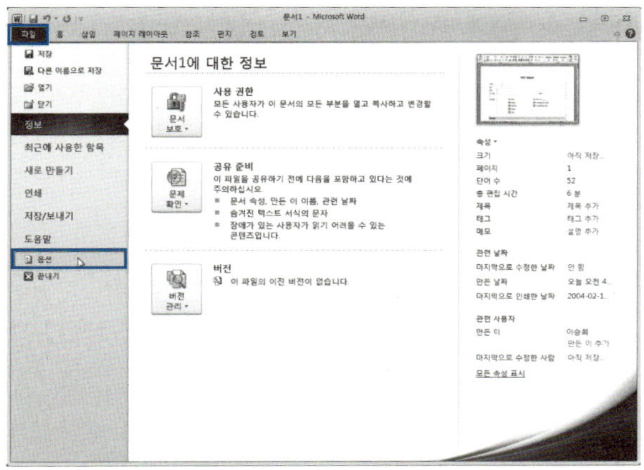

2. **[Word 옵션]** 대화 상자에서 **[리본 사용자 지정]** 탭으로 이동한다.

3. **[리본 메뉴 사용자 지정]** 목록에서 '개발 도구' 확인란을 선택하고 **[확인]** 단추 를 클릭한다.

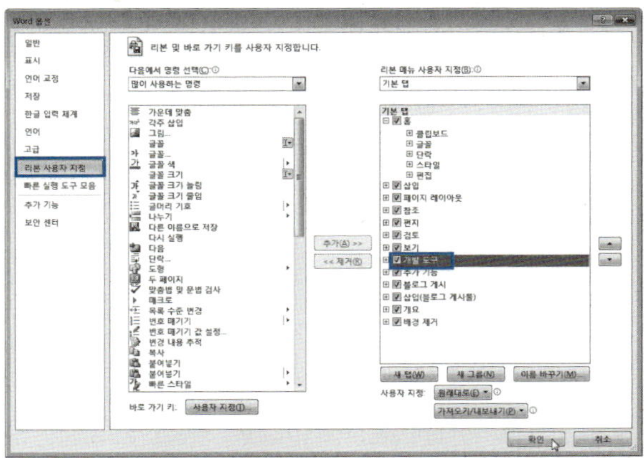

4. 리본 메뉴에 추가된 **[개발 도구]** 탭의 **[서식 파일]** 그룹에서 **[문서 서식 파일]** 명령을 클릭한다.

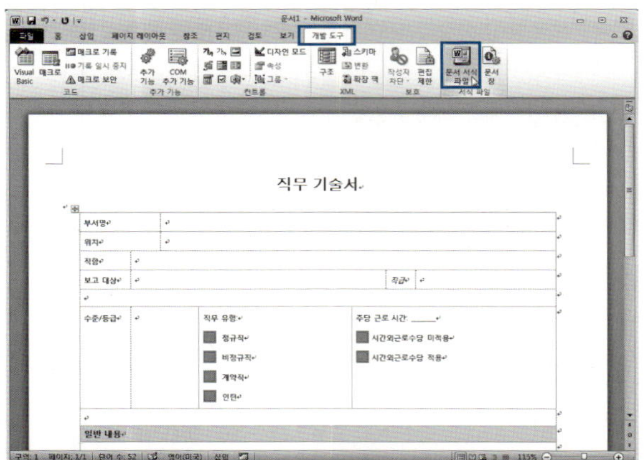

5. **[서식 파일 및 추가 기능]** 대화 상자의 **[서식 파일]** 탭에서 **[첨부]** 단추를 클릭한다.

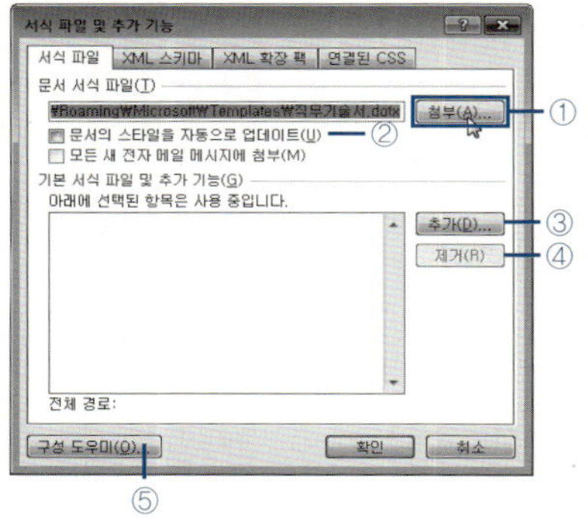

① **첨부** : 일반 문서의 Nomal.dotm 기본 서식 문서를 제거하고 다른 서식 파일로 대체한다.

② **문서의 스타일을 자동으로 업데이트** : 첨부된 원본 서식 문서의 스타일 서식이 변경되면 현재 문서의 스타일이 자동으로 업데이트된다.

③ **추가** : 현재 문서에 다른 서식 파일의 모든 속성을 추가한다.

④ **제거** : 선택한 추가 서식 파일을 제거한다.

⑤ **구성 도우미** : 현재 문서의 다른 서식 파일의 일부 스타일을 추가한다.

tip

Normal.dotx

새 문서나 일반 워드 문서를 열고 첨부된 서식 파일을 확인하면 기본 워드 서식 파일인 'Normal'로 표시된다.

6. **[서식 파일 첨부]** 대화 상자에서 '보고서.dotx'를 찾아 선택하고 **[열기]** 단추를 클릭한다.

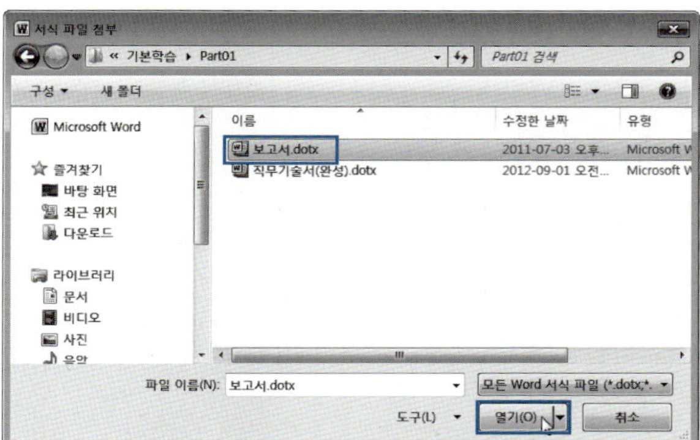

7. **[문서 서식 파일]**에 '직무기술서.dotx'에서 '보고서.dotx'로 대체된다.

8. '문서의 스타일을 자동으로 업데이트' 확인란을 선택하고 **[확인]** 단추를 클릭한다.

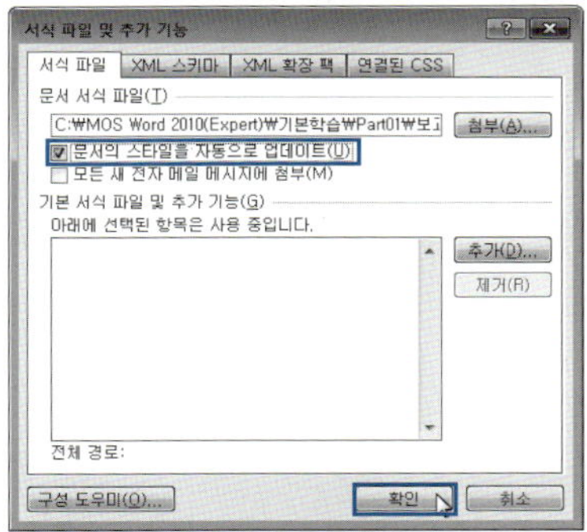

9. '보고서.dotx' 서식 파일의 스타일로 대체된다.

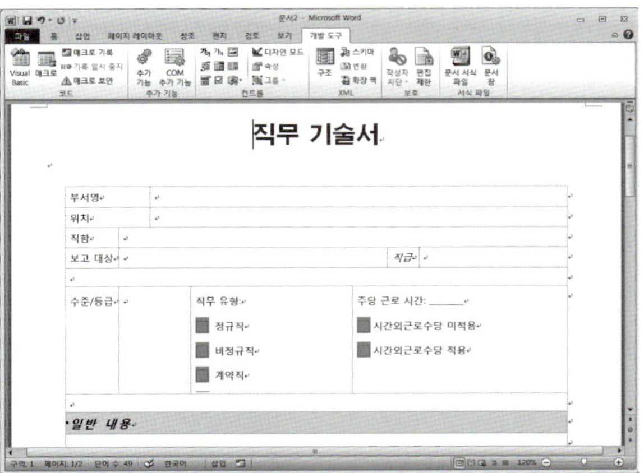

04 서식 파일 편집하기

서식 파일 자체를 열어 서식, 스타일 및 페이지 레이아웃 등을 수정해 사용할 수 있다.

> 보고서.dotx 서식 파일에서 가로 용지 방향으로 변경하고 파일을 저장합니다.

1. [파일] 탭-[열기] 명령을 클릭한다.

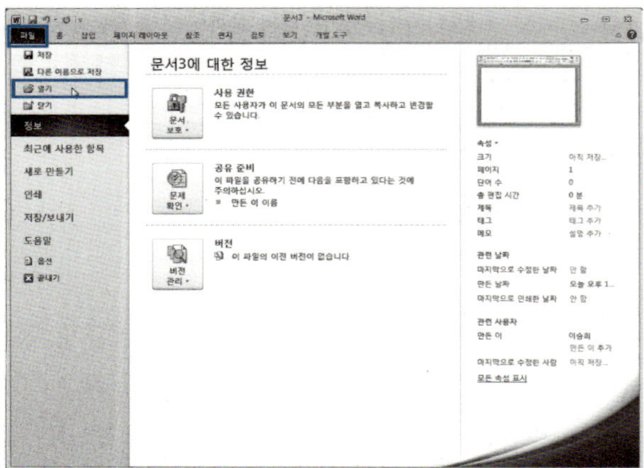

2. [열기] 대화 상자에서 '보고서.dotx' 서식 파일을 찾아 선택하고 [열기] 단추를 클릭한다.

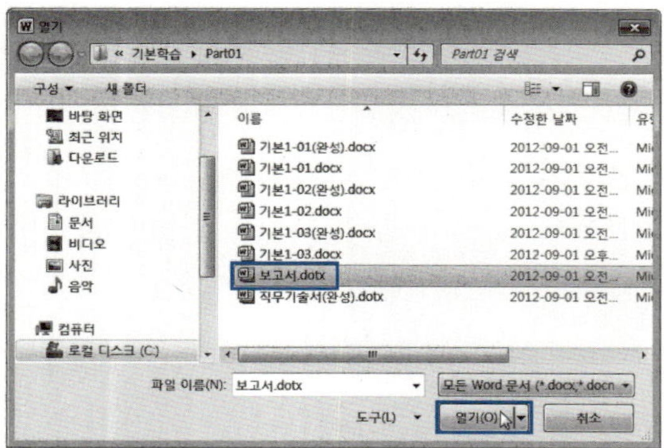

3. [페이지 레이아웃] 탭–[페이지 설정] 그룹–[용지 방향] 명령을 클릭해 '가로'를 선택한다.

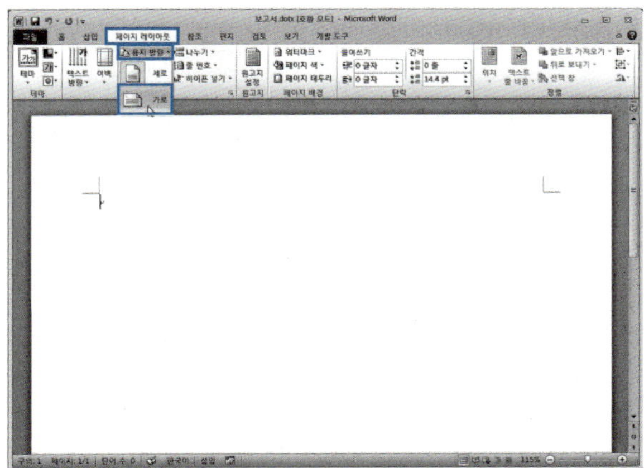

4. 용지 방향이 변경되면 빠른 실행 도구 모음에서 [저장] 명령()을 클릭한다.

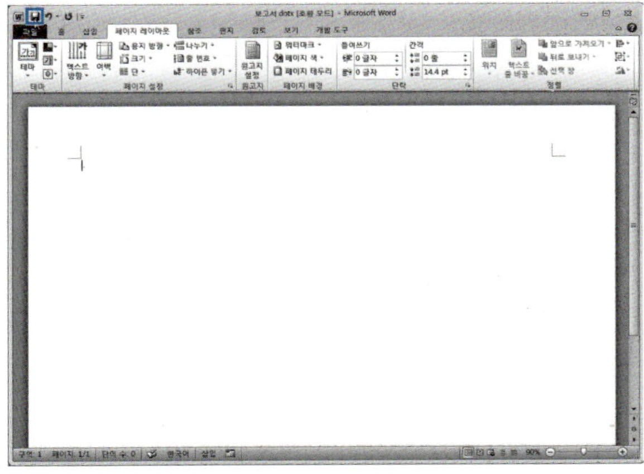

| 확인학습 |

준비파일: 확인1-03.docx, 새문서서식.dotx   완성파일: 새문서서식(완성).dotx, 설명문(완성).dotx

확인1-03.docx를 열어 다음 작업을 완성하시오.

(1) 새문서서식.dotx 서식 파일에서 참조 스타일의 이름을 <u>참고</u>로 변경하고 페이지 여백을 보통으로 설정하시오. 그러고 나서 파일을 저장하시오.

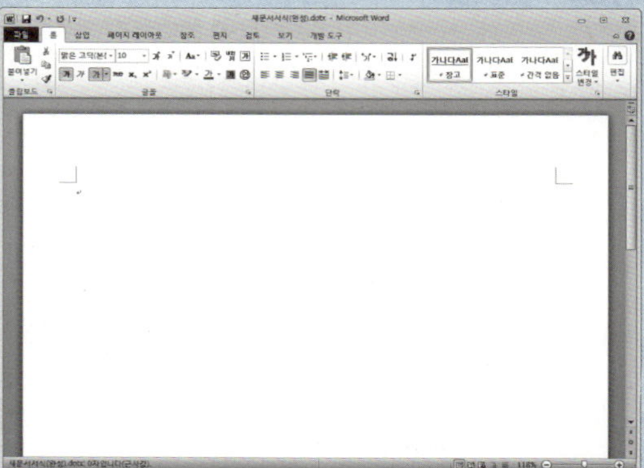

(2) 새문서서식.dotx 서식 파일을 현재 문서(확인1-03.docx)에 적용하고 문서 스타일을 자동으로 업데이트하시오.

(3) 현재 문서를 <u>설명문</u>이라는 이름의 로컬 서식 파일로 저장하시오.

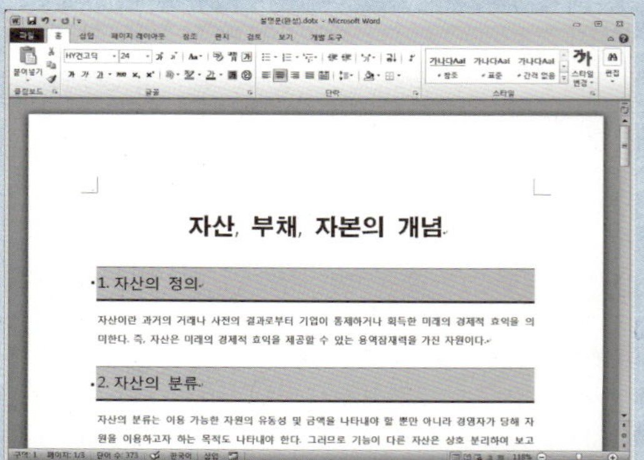

1. 서식 파일을 편집하려면 **[파일]** 탭-**[열기]** 명령을 이용하세요.

2. 스타일 이름을 바꾸려면 **[홈]** 탭-**[스타일]** 그룹의 스타일 위에서 마우스 오른쪽 단추를 눌러 **[이름 바꾸기]** 메뉴를 이용하세요.

3. 페이지 여백을 변경하려면 **[페이지 레이아웃]**-**[페이지 설정]** 그룹-**[여백]** 명령을 이용하세요.

4. 서식 파일을 첨부하려면 **[개발 도구]** 탭-**[서식 파일]** 그룹-**[문서 서식 파일]** 명령을 이용하세요.

5. 서식 파일로 저장하려면 **[파일]** 탭-**[다른 이름으로 저장]** 명령을 이용하세요.

01 문서 공유 및 유지 관리 족보 공개

1-1 Word 옵션 설정

- 새 문서를 저장하면 기본적으로 *.docx 파일 형식으로 [문서] 폴더에 저장되도록 기본 디렉터리가 설정되어 있지만 자주 사용하는 파일 형식과 기본 파일 저장 위치를 변경할 수 있다.
- [파일] 탭–[옵션] 명령을 클릭하고 [Word 옵션] 대화 상자의 [저장] 탭–[문서 저장]–[기본 파일 위치]의 [찾아보기] 단추를 클릭해 기본 파일 저장 위치를 변경한다.
- Microsoft Word 프로그램의 버전에 따라 기본 문서 레이아웃이 다르게 설정되어 있지만 현재 문서 또는 모든 새 문서를 열 때 사용할 Word 프로그램의 기본 문서 레이아웃을 설정할 수 있다.
- [파일] 탭–[옵션] 명령을 클릭하고 [Word 옵션] 대화 상자의 [고급] 탭에서 [호환성 옵션]의 문서가 현재 문서 이름인지 확인하고 [다음 프로그램에서 만든 것처럼 레이아웃 지정]의 목록에서 버전을 선택한다.

1-2 문서에 액세스 제한

- 문서에 특정 편집만 허용하고 나머지 편집을 제한하여 보호할 수 있다. 문서를 보호할 때 암호를 설정하면 암호를 아는 사람만 문서 보호를 해제할 수 있다.
- 허용할 편집 항목으로는 변경 내용 추적, 메모 삽입 및 편집, 양식 채우기가 있으며 읽기 전용으로 문서의 모든 편집을 제한한다.
- [검토] 탭–[보호] 그룹–[편집 제한] 명령을 클릭하고 [서식 및 편집 제한] 작업창의 [2. 편집 제한]에서 '이 문서에서 편집을 허용할 유형'의 확인란을 선택한다.
- 목록에서 편집을 허용할 항목을 선택하고 [예, 문서 보호를 적용합니다.] 단추를 클릭한다. [문서 보호 적용] 대화 상자에서 암호를 설정한다.

1-3 기존 문서에 서식 파일 추가 및 수정

- 서식 파일은 문서에 포함된 스타일 모음 및 페이지 설정이 포함된 파일이다.
- 서식 파일에는 빠른 스타일 모음 외에 상용구 항목, 자동 고침 항목, 매크로, 도구 모음, 사용자 지정 메뉴 설정 및 바로 가기 키 등이 저장된다.
- 서식 파일로 저장하려면 [파일] 탭–[다른 이름으로 저장] 명령을 클릭해 [다른 이름으로 저장] 대화 상자에서 [파일 형식]의 목록 단추를 클릭해 'Word 서식 파일(*.dotx)'을 선택해 저장한다.
- 서식 파일로 새 문서를 시작하면 서식 파일 원본이 아닌 사본이 열리게 된다. 사본으로 새 문서가 열리면 내용을 수정한 다음 일반 워드 문서(*.docx)로 저장해 사용한다.
- 서식 파일을 이용하여 새 문서를 시작하려면 [파일] 탭–[새로 만들기] 명령을 클릭하고 [사용 가능한 서식 파일]에서 '내 서식 파일'을 클릭한다. [새로 만들기] 대화 상자에서 서식 파일을 선택해 연다.
- 다른 서식 파일의 속성을 현재 문서에 첨부해 쉽게 재활용할 수 있으며, 첨부된 서식 파일은 현재 문서에만 첨부된 상태로 유지된다.

- [개발 도구] 탭-[서식 파일] 그룹-[문서 서식 파일] 명령을 클릭해 [서식 파일 및 추가 기능] 대화 상자의 [서식 파일] 탭에서 [첨부] 단추를 클릭한다. [서식 파일 첨부] 대화 상자에서 첨부할 서식 파일을 찾아 연다.
- 서식 파일 자체를 열어 서식, 스타일 및 페이지 레이아웃 등을 수정해 사용할 수 있다.
- [파일] 탭-[열기] 명령을 클릭해 [열기] 대화 상자에서 서식 파일을 찾아 연다. 페이지 레이아웃 및 스타일 서식을 변경하고 빠른 실행 도구 모음에서 [저장] 명령을 클릭한다.

STEP UP MOS 2010
WORD EXPERT

PART 02

내용 서식 지정

텍스트에 글꼴과 단락 서식 그리고 스타일을 활용하여 가독성을 높이고
문서의 서식을 통일시키고, 수치 데이터를 쉽게 분석할 수 있는 표와 차트의
사용법과 반복해 사용할 수 있도록 빠른 문서 요소 콘텐츠로 머리글/바닥글을 편집하는 방법과
텍스트 상자와 구역 머리글/바닥글을 연결 속성을 제어하는 방법을 살펴본다.

Word Expert

2-1 고급 글꼴 및 단락 특성 적용

준비파일 : 기본2-01.docx   완성파일 : 기본2-01(완성).docx

중요 용어 | 글꼴 서식, 단락 서식, 스타일
출제 포인트 | 글꼴 서식 및 단락 서식을 변경하고, 새 스타일을 만들고 스타일을 수정하는 방법을 묻는 문제

문서의 제목이나 강조할 텍스트에는 다른 글꼴, 글꼴 크기, 글꼴 색 등의 다양한 글꼴 서식을 적용하고 단락 서식을 적용해 다른 내용과 차별화 시키고 가독성을 높일 수 있다. 반복해서 사용하는 서식은 스타일로 만들어 관리하면 편리하고 일관성 있게 문서를 유지할 수 있다.

01 글꼴 서식

글꼴 서식은 적용할 텍스트 범위를 선택한 후 리본 메뉴의 [홈] 탭–[글꼴] 그룹이나, [글꼴] 대화 상자나, 미니 도구 모음을 이용하여 설정한다. [홈] 탭–[글꼴] 그룹에서는 다양한 글꼴 서식이 모여 있어 쉽고 빠르게 글꼴 서식을 적용할 수 있다. 리본 메뉴에 없는 글꼴 서식은 [글꼴] 대화 상자를 이용한다.

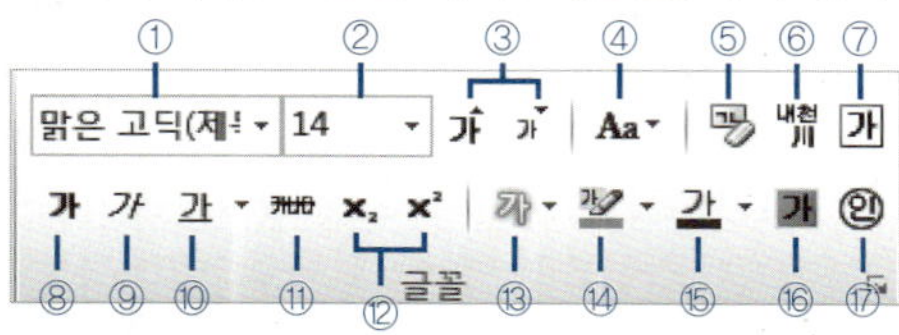

① **글꼴** : 글꼴 종류를 변경한다.

② **글꼴 크기** : 글꼴 크기를 변경한다. 글꼴 크기의 단위는 포인트(point)다.

③ **글꼴 크기 늘림/글꼴 크기 줄임** : 명령을 클릭할 때마다 2pt씩 글꼴 크기가 커지거나 줄어든다.

④ **대/소문자 바꾸기** : 영문을 대문자 또는 소문자로 변경한다.

⑤ **서식 지우기** : 텍스트에 설정되어 있는 모든 서식을 제거한다.

⑥ **윗주 달기** : 텍스트 위쪽에 윗주를 추가한다.

⑦ **글자 테두리** : 텍스트 가장자리에 테두리를 설정한다.

⑧ **굵게** : 굵게 표시한다. 〈Ctrl+B〉 키를 눌러도 된다.

⑨ **기울임꼴** : 기울게 표시한다. 〈Ctrl+I〉 키를 눌러도 된다.

⑩ **밑줄** : 밑줄 스타일과 밑줄 색을 적용한다. 〈Ctrl+U〉 키를 누르면 기본 밑줄이 적용된다.

⑪ **취소선** : 텍스트 중간에 가로선을 적용한다.

⑫ **아래 첨자/위 첨자** : 텍스트 기준선 아래쪽 또는 위쪽에 작은 글자를 만든다.

⑬ **텍스트 효과** : 텍스트에 텍스트 채우기, 텍스트 윤곽선 및 각종 효과를 적용한다.

⑭ **텍스트 강조 색** : 텍스트 배경에 형광색을 적용한다.

⑮ **글꼴 색** : 텍스트의 글꼴 색을 변경한다.

⑯ **음영** : 텍스트 배경에 회색 음영을 설정한다.

⑰ **원 문자** : 다양한 도형 안에 글자를 겹쳐 표시한다.

> ● '지적재산관리' 제목 단락에 글꼴은 'HY 견고딕', 글꼴 크기는 '26pt', 문자 간격은 넓게 '10pt' 값으로 조정합니다.
>
> ● '예)~'로 시작하는 단락에 굵게, 글꼴 색은 '파랑'을 설정합니다.

1. '지적재산관리' 제목 텍스트 범위를 드래그하여 선택한다.

2. 다음 중 하나의 명령을 수행한다.

- [**홈**] 탭–[**글꼴**] 그룹–[**글꼴**] 명령( )을 클릭한다.
- 선택한 범위 위에서 마우스 오른쪽 단추를 눌러 [**글꼴**] 메뉴를 클릭한다.
- 단축키 〈Ctrl+Shift+F〉 키를 누른다.

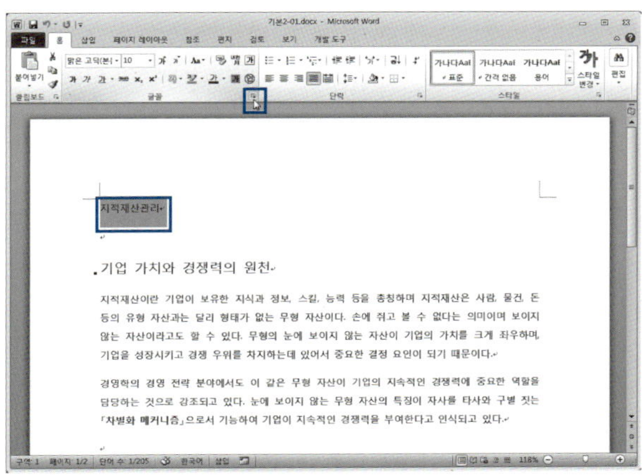

3. [**글꼴**] 대화 상자의 [**글꼴**] 탭에서 [**한글 글꼴**]은 'HY 견고딕'을 [**글꼴 크기**]는 '26'을 선택한다.

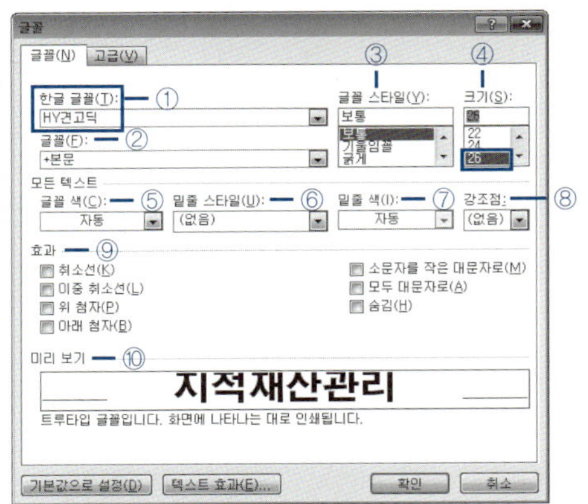

① **한글 글꼴** : 한글에 설정할 글꼴 종류를 변경한다.

② **글꼴** : 영어와 숫자에 설정할 글꼴 종류를 변경한다.

③ **글꼴 스타일** : 기본값인 보통, 기울임꼴, 굵게, 굵게 기울임꼴 등의 글꼴 스타일을 변경한다.

④ **크기** : 글꼴의 크기를 변경한다.

⑤ **글꼴 색** : 글꼴의 색상을 변경한다.

⑥ **밑줄 스타일** : 밑줄 스타일을 변경한다.

⑦ **밑줄 색** : 밑줄 스타일을 선택한 후 사용할 수 있으며 밑줄의 색상을 변경한다.

⑧ **강조점** : 글자 위쪽에 점이나 작은 원을 찍어 텍스트를 강조할 수 있다.

⑨ **효과** : 취소선, 이중 취소선, 위첨자, 아래 첨자, 그림자, 윤곽선, 볼록, 오목, 소문자를 작은 대문자로, 모두 대문자로 변경하거나, 텍스트를 화면에 안 보이게 숨기는 서식을 적용한다.

⑩ **미리 보기** : 설정한 글꼴 서식을 미리 확인한다.

4. [**고급**] 탭으로 이동한다.

5. [**간격**] 목록 단추를 눌러 '넓게'를 선택한다. [**값**]에 10pt를 입력하고 [**확인**] 단추를 클릭한다.

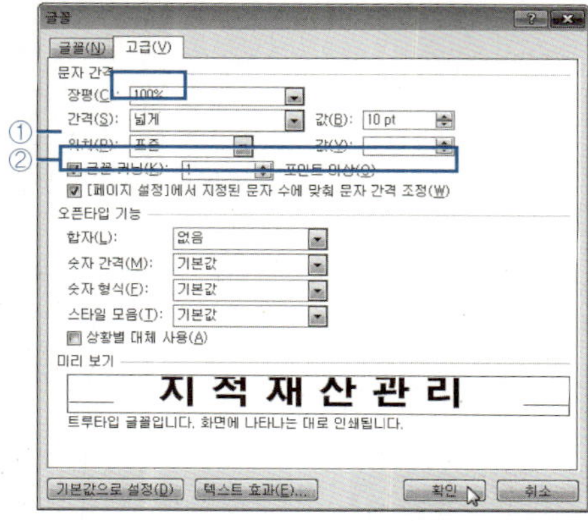

① **장평** : 텍스트의 세로는 유지하면서 가로로 확대하거나 축소한다.

② **간격** : 글자와 글자 사이의 간격을 의미한다. 기본값은 표준이며, 넓게 또는 좁게 선택한 후 값을 설정한다.

6. '예)~'로 시작하는 단락 왼쪽 여백을 더블 클릭하여 단락 전체를 선택한다.

7. [**홈**] 탭-[**글꼴**] 그룹에서 [**굵게**] 명령(가)을 클릭한다.

8. [글꼴 색] 명령(가 ▾)의 목록 단추를 눌러 [표준 색]에서 '파랑'을 선택한다.

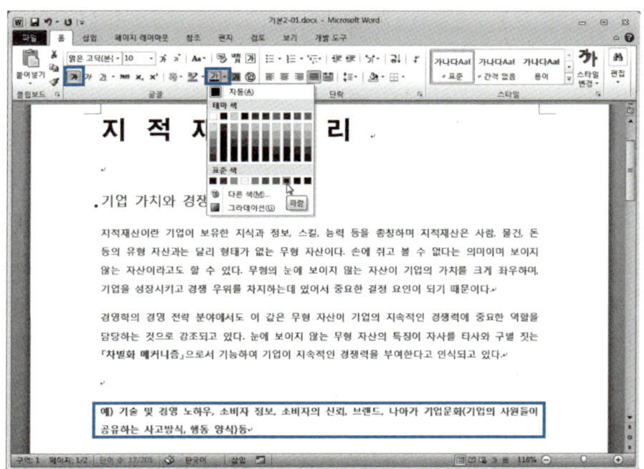

02 단락 서식

여러 개의 단락으로 구성된 문서에서는 단락을 정렬하고, 단락 앞/뒤 간격을 적절히 조정하고, 여러 줄로 구성된 단락에는 줄 사이의 간격을 넓게 유지하는 등의 다양한 단락 서식을 변경하여 단락을 쉽게 구분할 수 있도록 꾸미는 것이 좋다. 단락 서식은 리본 메뉴의 [홈] 탭-[단락] 그룹이나, [단락] 대화 상자, 미니 도구 모음을 이용하여 적용한다. [홈] 탭-[단락] 그룹에서는 맞춤 및 줄 간격의 단락 서식을 쉽고 빠르게 적용할 수 있다.

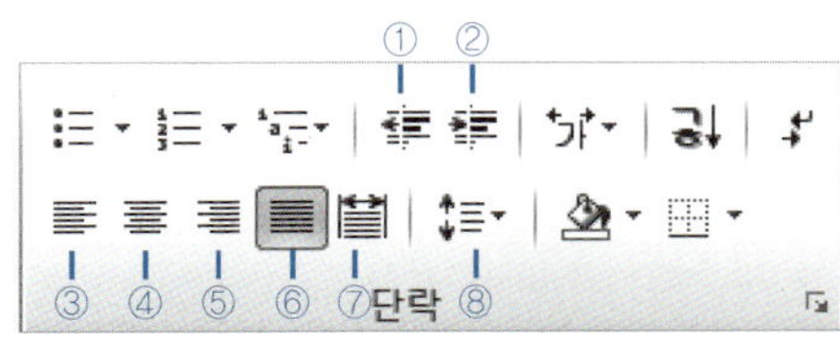

① **내어쓰기** : 들여쓰기가 설정된 단락을 1글자씩 왼쪽으로 내어 쓴다.

② **들여쓰기** : 단락을 1글자씩 오른쪽으로 들여 쓴다.

③ **왼쪽 맞춤** : 단락을 왼쪽 기준에 맞춰 정렬한다. 〈Ctrl+L〉 키를 눌러도 된다.

④ **가운데 맞춤** : 단락을 가운데 기준에 맞춰 정렬한다. 〈Ctrl+E〉 키를 눌러도 된다.

⑤ **오른쪽 맞춤** : 단락을 오른쪽 기준에 맞춰 정렬한다. 〈Ctrl+R〉 키를 눌러도 된다.

⑥ **양쪽 맞춤** : 기본 단락 맞춤이며 단락 전체를 편집 영역 왼쪽과 오른쪽 양쪽에 맞춰 정렬한다. 〈Ctrl+J〉 키를 눌러도 된다.

⑦ **균등 분할** : 한 줄 이상의 단락 전체를 양쪽 맞춤하면서 글자 사이를 균등하게 배분하여 정렬한다. 〈Ctrl+Shift+J〉 키를 눌러도 된다.

⑧ **줄 간격** : 모든 줄 사이의 간격을 1.0, 1.15, 1.5, 2.0, 2.5, 3.0으로 변경하거나, 단락 앞이나 뒤에 공백(한 줄 간격)을 추가하거나 제거한다.

> ● '지적재산관리' 제목 단락을 문서 가운데로 맞춥니다.
> ● '기업 가치와 경쟁력의 원천' 제목 아래의 두 단락에 첫 줄이 '0.5cm' 들여쓰기 되도록 설정합니다.
> ● '예)~'로 시작하는 단락에 왼쪽과 오른쪽에 들여쓰기 값을 '1cm', 줄 간격을 '1.5'로 설정합니다.

1. '지적재산관리' 제목 단락에 커서를 이동하거나, 드래그하여 선택한다.

2. [홈] 탭–[단락] 그룹에서 [가운데 맞춤] 명령(≡)을 클릭한다.

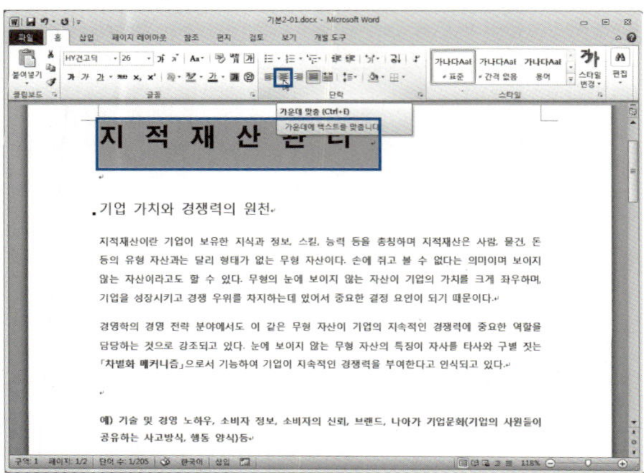

3. '기업 가치와 경쟁력의 원천' 제목 아래의 두 단락을 드래그해 선택한다.

4. 다음 중 하나의 명령을 수행한다.

- [홈] 탭–[단락] 그룹에서 [단락] 명령(▫)을 클릭한다.
- 선택한 범위 위에서 마우스 오른쪽 단추를 눌러 [단락] 메뉴를 클릭한다.

5. [단락] 대화 상자의 [들여쓰기 및 간격] 탭에서 [첫 줄]의 목록 단추를 클릭해 '첫 줄'을 선택한다.

6. [값]에 0.5cm를 입력하고 [확인] 단추를 클릭한다.

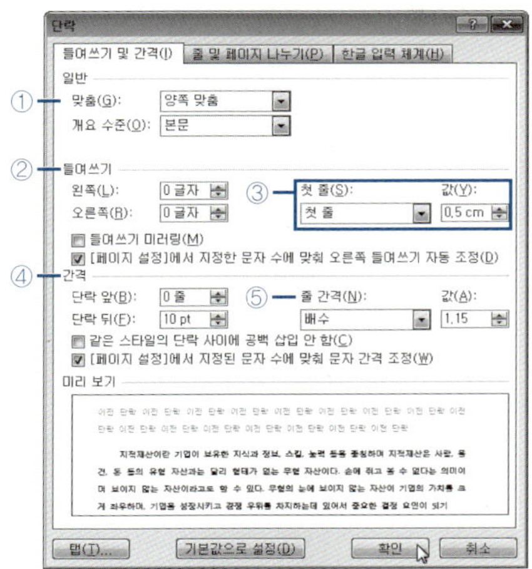

Check

Word에서는 값을 설정할 때 단위와 함께 입력하면 자동으로 계산되어 적용된다. 문제에 제시된 단위와 기본적으로 제공되는 단위가 다르다면 값과 단위를 모두 입력하도록 한다.

7. '예)~'로 시작하는 단락 왼쪽 여백을 더블 클릭하여 단락 전체를 선택한다.

8. 다음 중 하나의 명령을 수행한다.

- [홈] 탭–[단락] 그룹에서 [단락] 명령(⌐)을 클릭한다.
- 선택한 범위 위에서 마우스 오른쪽 단추를 눌러 [단락] 메뉴를 클릭한다.

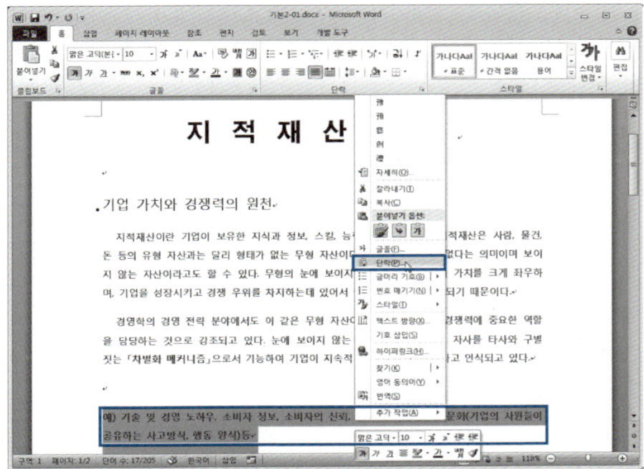

9. [단락] 대화 상자의 [들여쓰기 및 간격] 탭에서 [들여쓰기]–[왼쪽]에 1cm를 입력한다.

10. [오른쪽]에도 1cm를 입력한다.

11. [간격]-[줄 간격]-[값]에 1.5를 입력하고 [확인] 단추를 클릭한다.

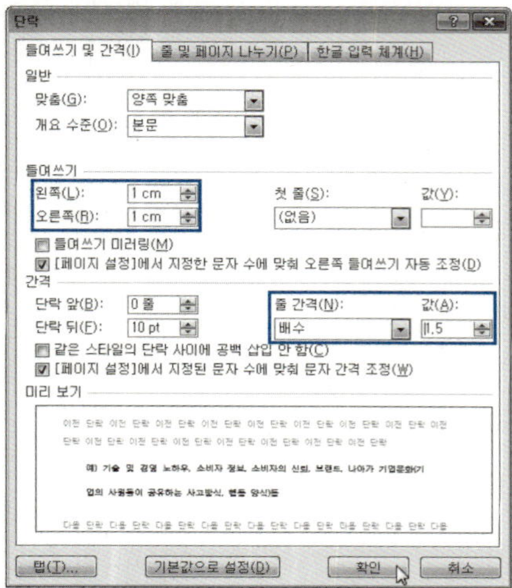

12. 왼쪽 및 오른쪽 여백과 줄 간격이 변경된다.

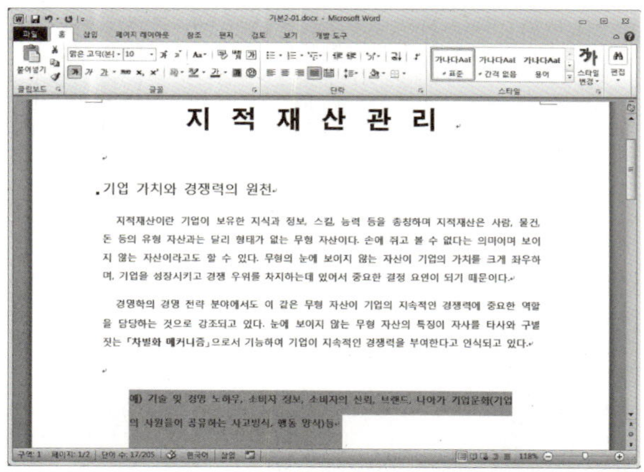

tip

반복해 서식 지정하기

글꼴 서식이나 단락 서식을 설정한 후 연속해서 다른 위치에 동일한 서식을 설정해야 한다면 반복 명령인 〈F4〉 키를 누른다.

 **새 스타일**

스타일 기능을 이용하면 문서 전체의 서식을 쉽고 효율적으로 관리할 수 있다. 스타일은 각종 글꼴 서식 및 단락 서식이 모두 포함된 서식 집합을 의미하며, 빠른 스타일 모음에 있는 기존 스타일을 적용하거나 새 스타일을 만들어 적용한다. 새 스타일을 만들 때는 커서의 위치를 주의 깊게 확인해야 한다. 기본적으로 현재 텍스트에 적용되어 있는 서식을 기초로 새 스타일이 생성되기 때문이다.

- '광의의 지적재산', '협의의 지적재산', '산업재산권' 3개의 단락에 제목2 스타일을 적용합니다.
- '특허~'로 시작하는 단락의 서식을 기준으로 단락 뒤 간격을 '5pt'로 설정하여 목록단락 이름의 새 단락 스타일을 만듭니다. 그러고 나서 '실용신안~' 단락부터 '상표~' 단락까지 목록단락 스타일을 적용합니다.

1. '광의의 지적재산' 제목 단락을 드래그해 선택한다.

2. 〈Ctrl〉 키를 누른 채 '협의의 지적재산' 단락과 '산업재산권' 단락을 드래그해 동시에 선택한다.

3. [홈] 탭−[스타일] 그룹에서 [빠른 스타일]의 [자세히] 명령(▼)을 클릭하여 '제목2' 스타일을 선택한다.

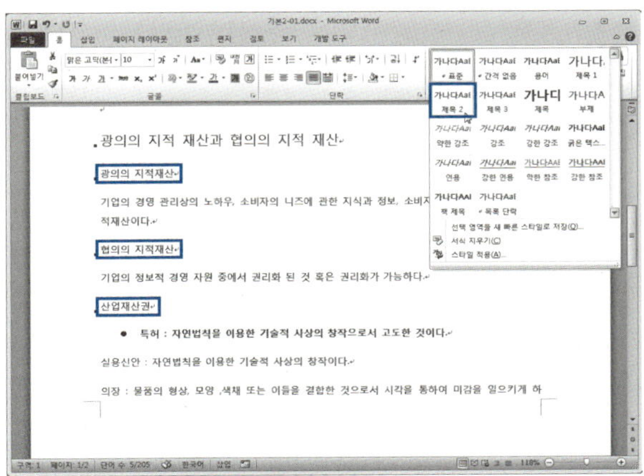

4. '특허~'로 시작하는 단락 안에 커서를 이동한다.

5. [홈] 탭−[스타일] 그룹에서 [스타일] 명령(⊡)을 클릭한다.

Check

아무런 서식이 없는 새 스타일을 만들려면 '표준' 스타일이 적용되어 있는 단락에 커서를 둔 후 새 스타일을 만든다.

6. [스타일] 작업창 하단의 [새 스타일] 명령(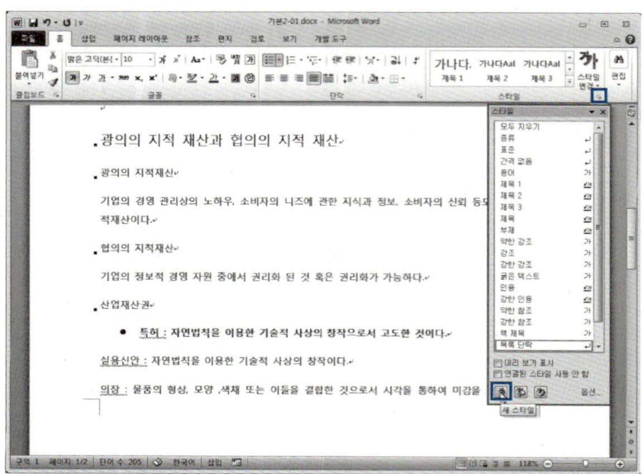)을 클릭한다.

7. [서식에서 새 스타일 만들기] 대화 상자에서 [이름]에 <u>목록단락</u>을 입력한다.

8. [스타일 형식]은 '단락'을 선택한다.

9. [서식]–[단락] 메뉴를 클릭한다.

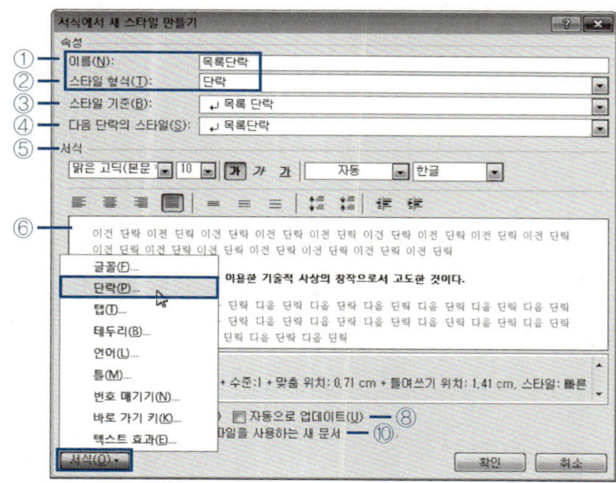

① **이름** : 새 스타일의 이름을 입력한다.

② **스타일 형식** : 단락(단락 단위로 적용할 스타일), 문자(문자 단위로 적용할 스타일), 연결(단락 및 문자)(단락 스타일과 문자 스타일을 연결하는 스타일), 표(표에 적용할 스타일), 목록(목록에 적용할 스타일) 중에서 형식을 선택한다.

③ **스타일 기준** : 현재 선택한 단락에 설정되어 있는 서식 및 스타일에 새로운 서식이 추가되어 새 스타일이 완성된다.

④ **다음 단락의 스타일** : 현재 스타일이 적용되어 있는 단락 끝에서 〈Enter〉 키를 눌러 새 단락을 추가한 경우에 새 다음 단락에 표시할 스타일을 선택한다. 현재 단락의 스타일을 이어서 표시하려면 동일한 이름의 스타일을 선택하고, 빈 서식의 새 단락을 추가하려면 '표준'을 선택한다.

⑤ **서식** : 자주 사용하는 글꼴 및 단락 서식을 빠르게 설정한다.

⑥ **미리 보기** : 현재 스타일에 추가한 서식의 적용 결과를 미리 확인할 수 있으며, 상세 서식 정보가 표시된다.

⑦ **빠른 스타일 목록에 추가** : 기본적으로 선택되어 있으며, 새 스타일을 빠른 스타일 목록에 추가한다.

⑧ **자동으로 업데이트** : 현재 스타일의 서식을 변경한 경우 스타일이 적용되어 있는 모든 위치의 서식이 자동으로 적용된다.

⑨ **이 문서만** : 현재 스타일이 현재 문서에만 추가된다.

⑩ **이 서식 파일을 사용하는 새 문서** : 현재 스타일이 포함되어 있는 서식 파일로 새 문서가 만들어진다.

10. [단락] 대화 상자의 [간격]–[단락 뒤]의 값에 5pt를 입력하고 [확인] 단추를 클릭한다.

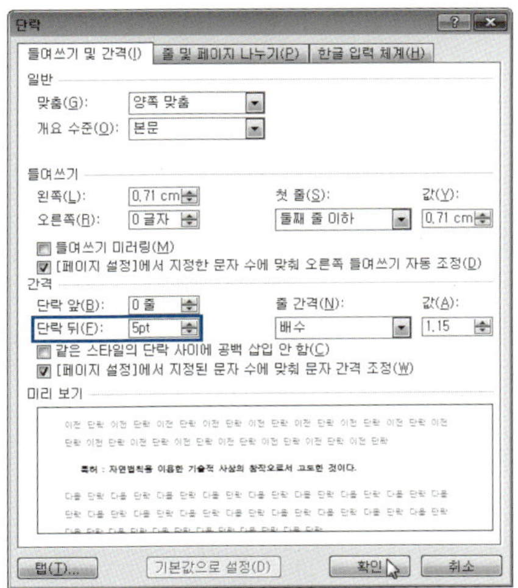

11. [서식에서 새 스타일 만들기] 대화 상자에서 [확인] 단추를 클릭한다.

12. 빠른 스타일 모음과 [스타일] 작업창에 '목록단락' 스타일이 추가되고, 커서가 있는 '특허~' 단락에도 '목록단락' 스타일이 적용된다.

13. '실용신안~' 단락부터 마지막 '상표~' 단락까지 드래그해 선택한다.

14. 스타일을 적용하기 위해 다음 중 하나의 명령을 수행한다.

- **[홈]** 탭–**[스타일]** 그룹의 빠른 스타일 모음에서 '목록단락' 스타일을 클릭한다.

- **[스타일]** 작업창에서 '목록단락' 스타일을 클릭한다.

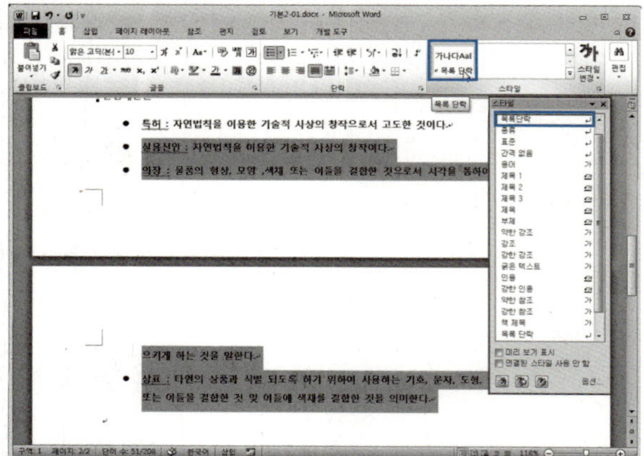

 **스타일 편집**

스타일의 가장 큰 장점은 서식의 수정이다. 즉, 스타일에서 일부 서식을 변경하면 해당 스타일이 적용되어 있는 모든 위치의 서식이 한꺼번에 변경되어 일관성 있는 문서 서식을 유지할 수 있다. 스타일을 삭제하면 해당 스타일이 적용되어 있는 텍스트는 기본 스타일인 표준 스타일로 대체된다.

- 제목1 단락의 서식을 굵게로 설정합니다.
- 제목2 단락의 서식을 굵게, 글꼴 크기 '12pt', 왼쪽 들여쓰기를 '0.5cm'로 설정합니다.
- 용어 스타일을 삭제합니다.

1. '제목1' 스타일의 서식을 변경하기 위해 다음 중 하나의 명령을 수행한다.

- [홈] 탭–[스타일] 그룹에서 '제목1' 스타일 위에서 마우스 오른쪽 단추를 눌러 [수정] 메뉴를 클릭한다.
- [스타일] 작업창에서 '제목1' 스타일 위에서 마우스 오른쪽 단추를 눌러 [수정] 메뉴를 클릭한다.

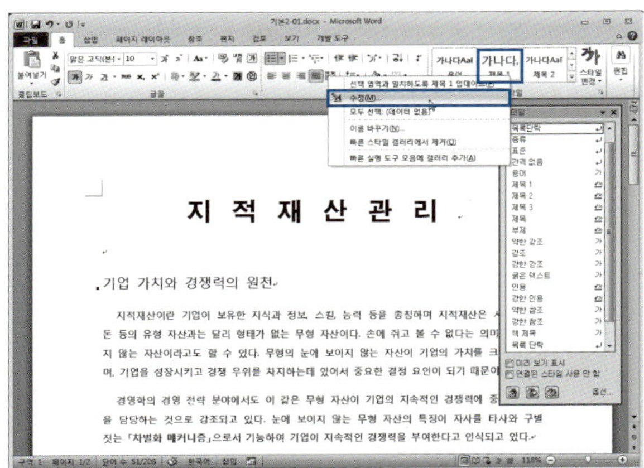

2. [스타일 수정] 대화 상자의 [서식]에서 [굵게] 명령(가)을 클릭하고 [확인] 단추를 클릭한다.

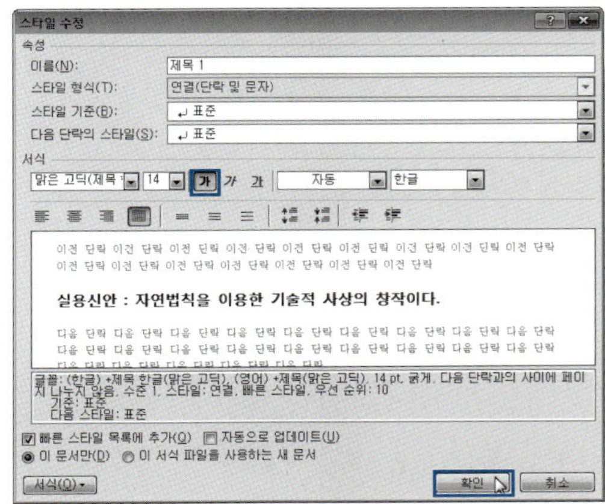

3. '제목1' 스타일이 적용되어 있는 모든 단락에 굵게 서식이 반영된다.

4. '제목2' 스타일의 서식을 변경하기 위해 다음 중 하나의 명령을 수행한다.

- **[홈]** 탭–**[스타일]** 그룹에서 '제목2' 스타일 위에서 마우스 오른쪽 단추를 눌러 **[수정]** 메뉴를 클릭한다.
- **[스타일]** 작업창에서 '제목2' 스타일 위에서 마우스 오른쪽 단추를 눌러 **[수정]** 메뉴를 클릭한다.

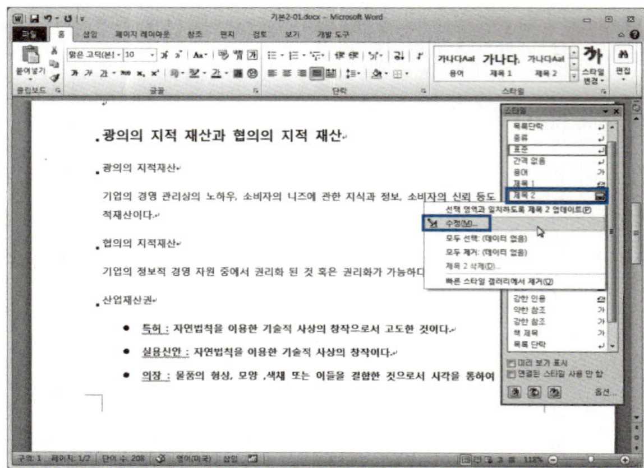

5. **[스타일 수정]** 대화 상자의 **[서식]**에서 **[글꼴 크기]**는 '12', **[굵게]** 명령(**가**)을 클릭한다.

6. **[서식]**–**[단락]** 메뉴를 클릭한다.

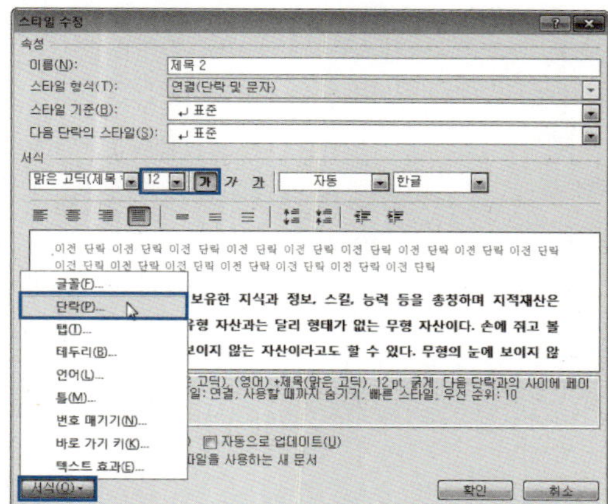

7. [단락] 대화 상자에서 [들여쓰기]–[왼쪽]의 값에 0.5cm를 입력하고 [확인] 단추를 클릭한다.

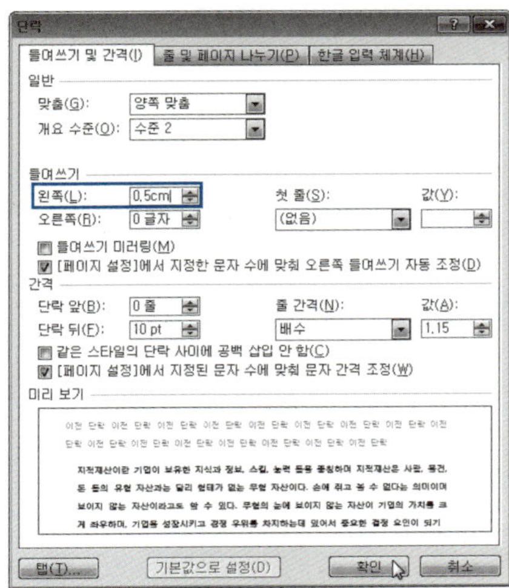

8. [스타일 수정] 대화 상자에서 [확인] 단추를 클릭한다.

9. '제목2' 스타일이 적용되어 있는 모든 단락에 글꼴 크기, 굵게 및 왼쪽 들여쓰기 서식이 반영된다.

10. '용어' 스타일을 삭제하기 위해 [스타일] 작업창의 '용어' 스타일 위에서 마우스 오른쪽 단추를 눌러 [용어 삭제] 메뉴를 클릭한다.

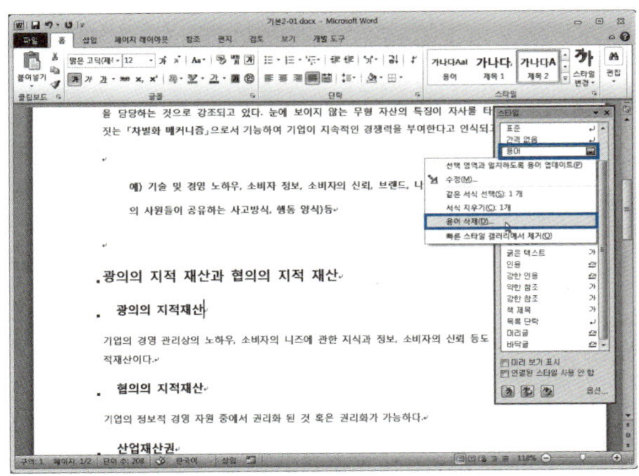

11. 삭제 확인 메시지 창에서 [예] 단추를 클릭한다.

Check

[홈] 탭–[스타일] 그룹의 빠른 스타일 모음에서는 스타일을 삭제하는 명령이 제공되지 않으므로 [스타일] 작업창을 이용해야 한다. 스타일을 영구적으로 삭제하는 것이 아니라 단순히 빠른 스타일 갤러리에서만 제거하려면 빠른 스타일 모음의 스타일 이름 위에서 마우스 오른쪽 단추를 눌러 [빠른 스타일 갤러리에서 제거] 메뉴를 클릭한다.

12. '용어' 스타일이 삭제되고 스타일이 적용되어 있던 「차별화 메커니즘」 텍스트
가 '표준' 스타일로 대체된다.

13. [스타일] 작업창의 [닫기] 명령( )을 클릭한다.

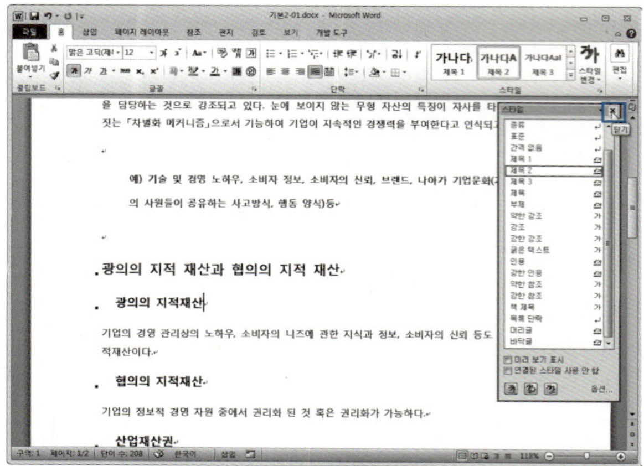

| 확인학습 |

확인2-01.docx를 열어 다음 작업을 완성하시오.

(1) 문서의 첫 단락에 굵게, 글꼴 크기는 '16pt', 텍스트 효과는 '그라데이션 채우기-자주, 강조 4, 반사' 서식을 적용하시오.

(2) 문서의 첫 단락에는 가운데 맞춤과 줄 간격이 '1.45'가 되도록 지정하시오.

(3) 〈내가 여기에 어떤 영향을 미칠 수 있을까〉 텍스트를 기준으로 새 문자 스타일을 만드시오. 스타일 이름은 포인트로 설정하시오.

(4) 모든 밑줄 서식이 있는 텍스트에 포인트 스타일을 적용하시오.

(5) 모든 제목1 텍스트를 글꼴은 'HY 견고딕', 글꼴 색은 '진한 파랑', 문자 간격은 좁게 '0.3', 단락 앞의 간격은 '30pt', 단락 뒤 간격은 '20pt'로 설정되도록 지정하시오.

(6) 종류 스타일을 삭제하시오.

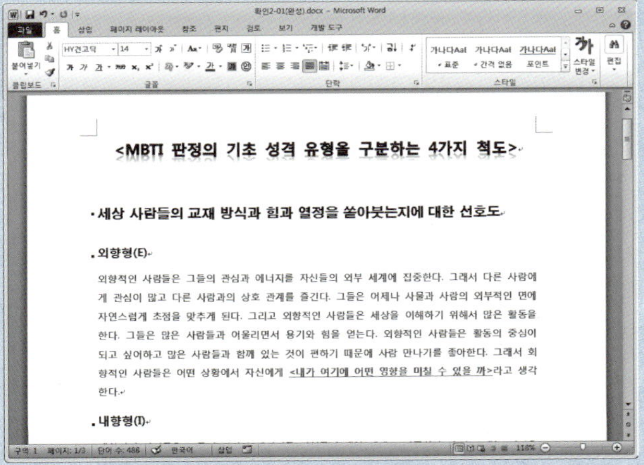

Hint

1. 간단한 글꼴 서식은 **[홈]** 탭-**[글꼴]** 그룹을 이용하세요.

2. 맞춤 및 줄 간격 서식은 **[홈]** 탭-**[단락]** 그룹을 이용하세요.

3. 새 스타일을 만들려면 커서 위치를 유의하고, 스타일 형식을 '문자'로 설정하세요.

4. 새 스타일은 **[홈]** 탭-**[스타일]** 그룹에서 **[스타일]** 명령(   )을 이용하세요.

5. 스타일을 적용하거나, 수정하려면 **[홈]** 탭-**[스타일]** 그룹의 빠른 스타일 모음이나 **[스타일]** 작업창을 이용하세요.

6. 스타일을 삭제하려면 **[스타일]** 작업창을 이용하세요.

2-2

표 및 차트 만들기

중요 용어 | 표, 차트
출제 포인트 | 표를 삽입해 속성을 변경하고, 차트를 삽입해 편집하는 방법을 묻는 문제

표는 복잡한 내용을 구조적이고 보기 쉬운 형태로 나열한 것을 의미하며, 많은 문서에서 표를 작성하게 된다. 또한 수치를 쉽게 이해하고 분석하기 위해 차트로 표현하는 경우도 많다. 표 및 차트를 만들고 편집하는 방법을 살펴본다.

 표 삽입

사용자가 원하는 크기의 빈 새 표를 삽입한 후 내용을 입력하게 된다. 새 표를 만들 때는 표 바로 다음 행에 새 표를 삽입하면 새 표가 아닌 새 행이 이전 표에 추가되므로 최소한 한 행을 비운 후 새 표를 삽입한다.

> [실적 분석표] 텍스트 아래에 5행 3열 크기의 새 표를 삽입하고 첫 번째 열 레이블에는 제품, 두 번째 열 레이블에는 계획수량, 세 번째 열 레이블에는 판매수량을 입력하시오.

1. '[실적 분석표]' 텍스트 아래 빈 단락으로 커서를 이동한다.

2. 새 표를 삽입하기 위해 다음 중 하나의 명령을 수행한다.

- **[삽입]** 탭–**[표]** 그룹에서 **[표]** 명령 클릭한 후 5행 3열 크기를 지정해 클릭한다.
- **[삽입]** 탭–**[표]** 그룹에서 **[표]**–**[표 삽입]** 명령을 클릭한다. **[표 삽입]** 대화 상자에서 **[열 개수]**는 3, **[행 개수]**는 5를 지정하고 **[확인]** 단추를 클릭한다.

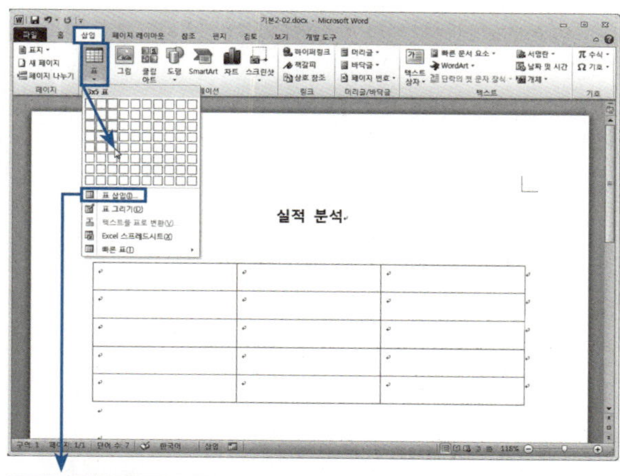

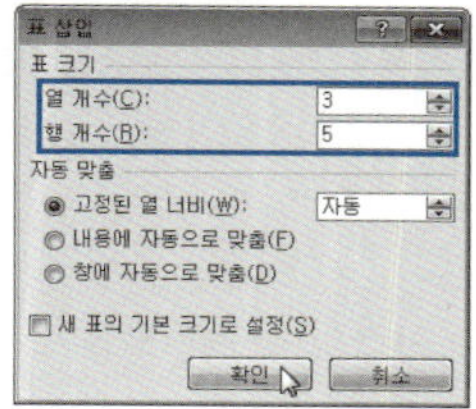

3. 커서가 있는 위치에 지정한 크기의 새 표가 바로 삽입된다.

4. 첫 셀을 클릭하고 제품을 입력한다.

5. 〈Tab〉 키를 눌러 계획수량을 입력한다.

6. 〈Tab〉 키를 눌러 판매수량을 입력한다.

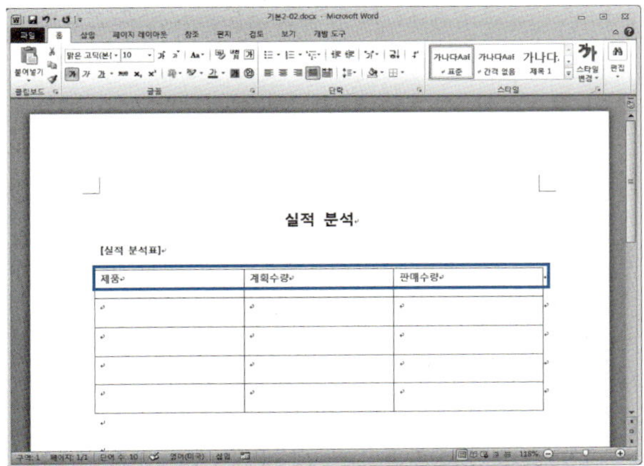

02 표 속성

새 표를 삽입한 후에는 [표 도구] 상황별 도구가 나타나 [디자인] 탭에서 표 디자인을 꾸미고, [레이아웃] 탭에서 행과 열의 크기, 새 행 및 열을 추가 또는 삭제, 셀 병합 및 셀 분할 등의 편집 기능을 사용해 표 레이아웃을 자유롭게 구성할 수 있다. 또한 표 크기, 행 크기 및 셀 속성 등을 표 속성 기능을 통해 설정할 수 있다.

[표 도구]–[디자인] 탭

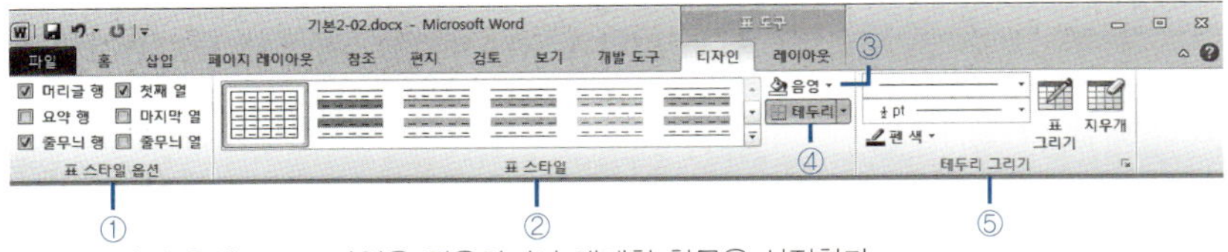

① **표 스타일 옵션** : 표 스타일을 적용하거나 해제할 항목을 설정한다.

② **표 스타일** : 빠른 표 스타일을 적용한다.

③ **음영** : 셀 배경에 채우기 서식을 적용한다.

④ **테두리** : 테두리 스타일을 적용한다.

⑤ **테두리 그리기** : 테두리 스타일, 테두리 두께, 펜 색을 설정하고 마우스로 드래그해 표 테두리를 그리거나 지운다.

[표 도구]–[레이아웃] 탭

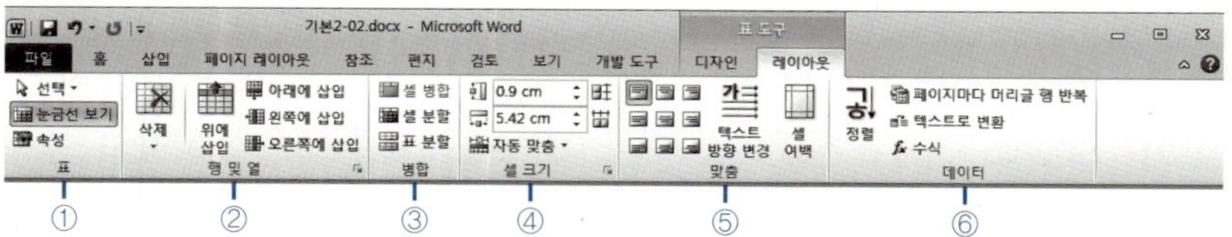

① **표** : 셀, 행, 열, 표 전체를 선택하고, 눈금선을 표시하거나 숨기고, 표 속성을 설정한다.

② **행 및 열** : 커서가 있는 셀의 행이나 열을 삭제하고, 새 행 및 열을 삽입한다.

③ **병합** : 여러 개의 셀을 하나의 셀로 병합하거나 분할하고, 표를 두 개로 분할한다.

④ **셀 크기** : 커서가 있는 셀의 높이 및 너비를 정확히 설정하고, 선택한 여러 개의 셀의 행 높이 및 열 너비를 동일하게 맞추고, 자동 맞춤 명령을 사용해 내용에 맞게 또는 창 크기에 맞게 표 전체 너비를 맞춘다.

⑤ **맞춤** : 셀 내용을 가로 및 세로 방향으로 정렬하고, 텍스트 방향을 가로 또는 세로 방향으로 설정하고, 셀 여백을 설정한다.

⑥ **데이터** : 표 내용을 오름차순 또는 내림차순으로 정렬하고, 두 페이지 이상 크기의 표에서 첫 행을 다음 페이지의 머리글로 표시되도록 설정하고, 표를 일반 텍스트로 변환하고, 셀의 내용을 이용해 수식 계산을 수행할 수 있다.

- 표에 중간 '음영 1 –강조색 3' 표 스타일을 적용하고, 줄무늬 행 서식을 제거합니다.
- 표 전체의 내용을 정 가운데로 맞춥니다.
- 표의 너비를 '80%'로 지정하고 문서 가운데에 배치합니다.
- 표 전체의 행 높이를 '1cm'로 설정합니다.

1. 표 안에 커서를 이동한다.

2. [표 도구]–[디자인] 탭–[표 스타일] 그룹에서 [자세히] 명령(▼)을 클릭하여 '중간 음영 1–강조색 3'을 선택한다.

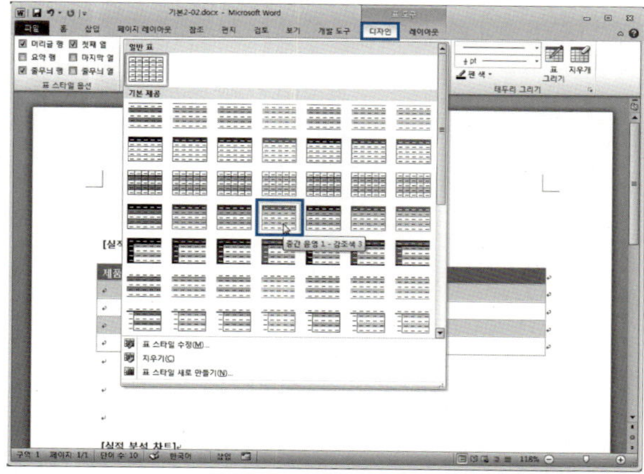

3. [표 도구]–[디자인] 탭–[표 스타일 옵션] 그룹에서 '줄무늬 행' 확인란의 선택
을 해제한다.

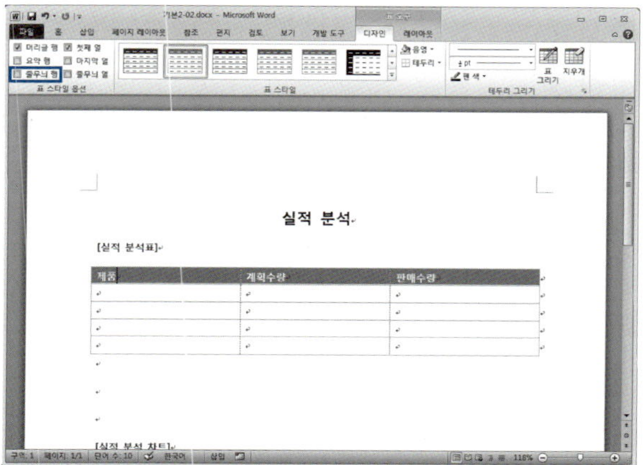

4. 표 전체를 선택한다.

5. [표 도구]–[레이아웃] 탭–[맞춤] 그룹에서 [정가운데] 명령(▤)을 클릭한다.

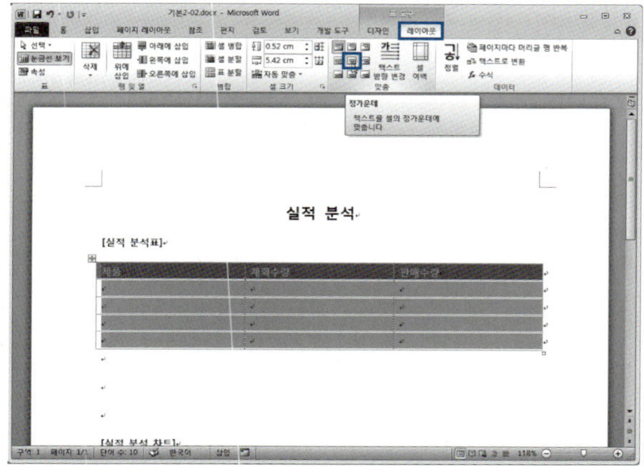

6. 다음 중 하나의 명령을 실행한다.

- [표 도구]–[레이아웃] 탭–[표] 그룹에서 [속성] 명령을 클릭한다.
- 표 위에서 마우스 오른쪽 단추를 눌러 [표 속성] 메뉴를 클릭한다.

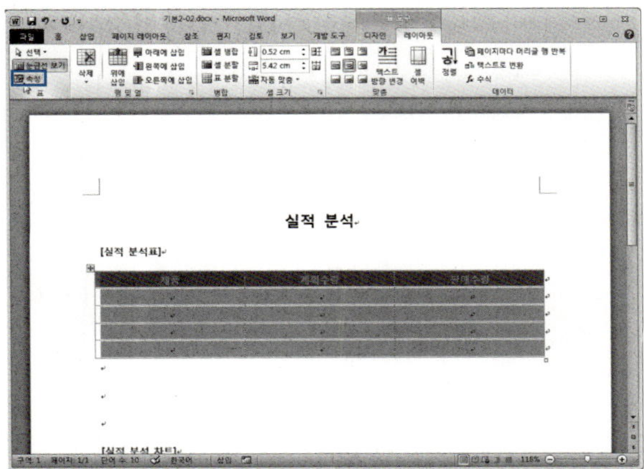

7. [표 속성] 대화 상자의 [표] 탭에서 [크기]의 '너비 지정' 확인란을 선택한다.

8. [단위]는 '퍼센트'로 설정하고 [값]에 80%를 입력한다.

9. [맞춤]은 '가운데'로 선택한다.

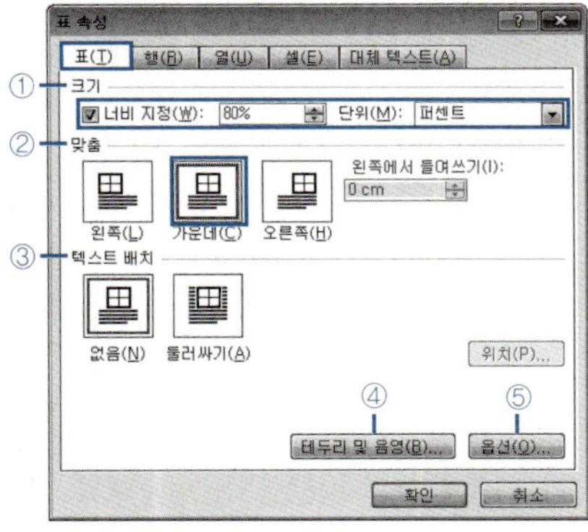

① **크기** : 표 전체의 너비를 퍼센트나 센티미터 단위로 변경한다.

② **맞춤** : 표 전체 너비가 100%가 아닌 경우 페이지 편집 영역에서 왼쪽, 가운데, 오른쪽 기준으로 정렬한다.

③ **텍스트 배치** : 기본값은 '없음'이며, '둘러싸기'를 선택하면 표 주위에 텍스트가 배치된다.

④ **테두리 및 음영** : 표 테두리와 셀 음영을 설정한다.

⑤ **옵션** : 기본 셀 여백, 기본 셀 간격, 내용에 맞게 자동으로 크기 조정 옵션을 설정한다.

10. [행] 탭으로 이동한다.

11. '높이 지정'의 확인란을 선택하고 값에 1cm를 입력하고 **[확인]** 단추를 클릭한다.

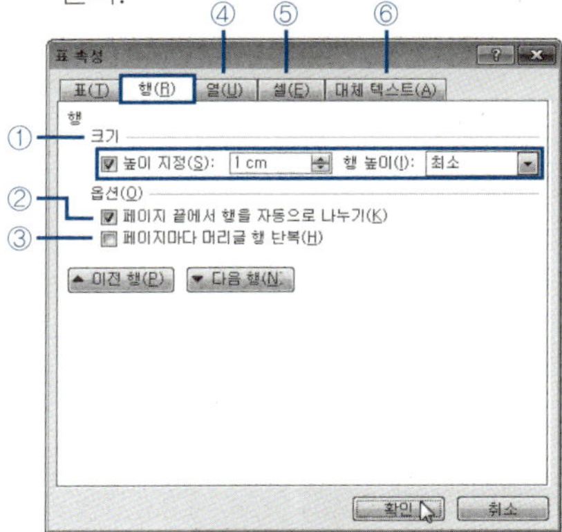

① **크기** : 선택한 행의 높이를 '최소' 또는 '고정' 단위로 변경한다. '고정'으로 설정하면 여러 줄로 입력될 때 행 높이가 자동으로 변경되지 않는다.

② **페이지 끝에서 행을 자동으로 나누기** : 페이지 끝에 있는 행의 한 셀에 여러 줄의 내용을 입력한 경우 공간이 부족한 줄부터 다음 페이지로 나뉜다. 이 옵션의 선택을 해제하면 이런 경우 모든 줄이 다음 페이지로 넘어간다.

③ **페이지마다 머리글 행 반복** : 선택한 표의 첫 행을 다음 페이지에도 이어서 표시한다.

④ **열** : 열 너비를 설정한다.

⑤ **셀** : 셀 너비와 세로 맞춤 및 셀 여백 등의 옵션을 설정한다.

⑥ **대체 텍스트** : 웹 브라우저에서 표를 로드하는 동안이나 표가 제거된 경우에 대신 표시할 텍스트를 설정한다. 또한 웹 검색 엔진에서 웹 페이지를 검색할 때 대체 텍스트를 키워드로 사용하기도 한다.

12. 표 너비와 맞춤 그리고 행 높이가 변경된다.

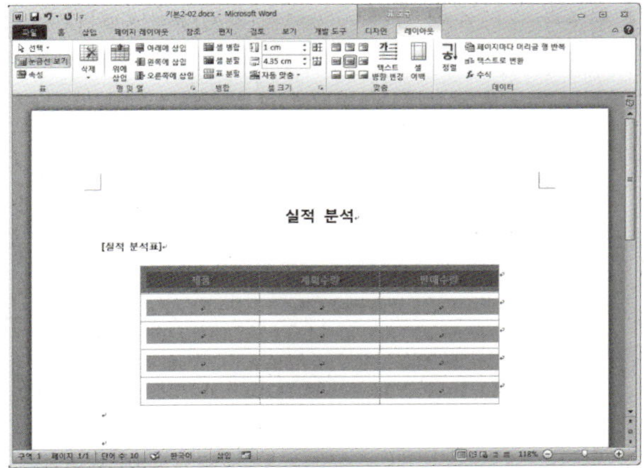

 **차트 삽입**

Word에서 직접 차트를 삽입하거나 Excel과 같은 외부 프로그램의 데이터를 기초로 차트를 작성할 수 있다. 특히, Word에서 직접 차트를 삽입하면 Excel 프로그램이 실행되어 워크시트에 데이터를 입력하고 직접 집계를 수행할 수 있다.

> [실적 분석 차트] 제목 단락 아래에 묶은 원통형 차트를 작성합니다. 첫 번째 계열 레이블에 계획수량, 두 번째 계열 레이블에 판매수량으로 설정하고 나머지 계열은 삭제하고 차트 데이터 범위를 수정합니다.

1. '[실적 분석 차트]' 제목 단락 아래의 빈 단락으로 커서를 이동한다.

2. [삽입] 탭–[일러스트레이션] 그룹에서 [차트] 명령을 클릭한다.

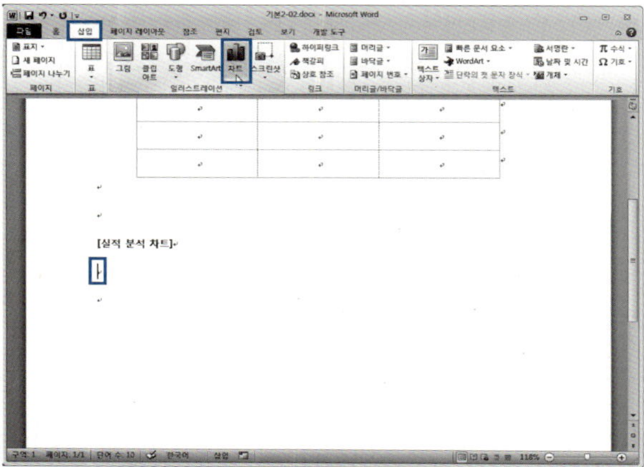

3. [차트 삽입] 대화 상자에서 [세로 막대형] 범주의 '묶은 원통형'을 선택하고 [확인] 단추를 클릭한다.

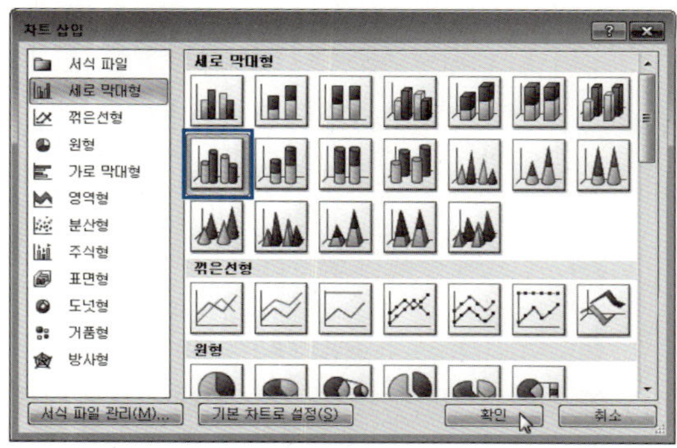

4. Excel 프로그램이 나타나면 계열1인 B1 셀을 클릭하고 계획수량을 입력한 다음 〈Tab〉 키를 누른다.

5. 계열2인 C1 셀로 이동되면 판매수량을 입력한 다음 〈Enter〉 키를 누른다.

6. 계열3 범위인 D1:D5 셀 범위를 드래그해 선택하고 〈Delete〉 키를 눌러 삭제한다.

7. 차트 오른쪽 하단의 점을 C열까지 드래그해 차트 데이터 범위를 수정한다.

8. Excel 프로그램의 **[닫기]** 명령( )을 클릭한다.

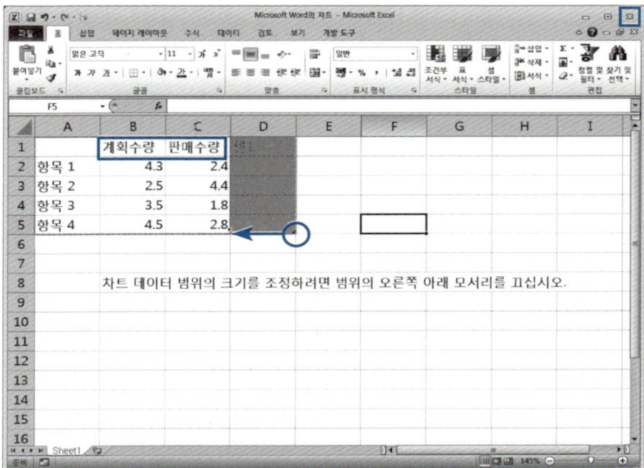

9. 문서에 차트가 삽입된다.

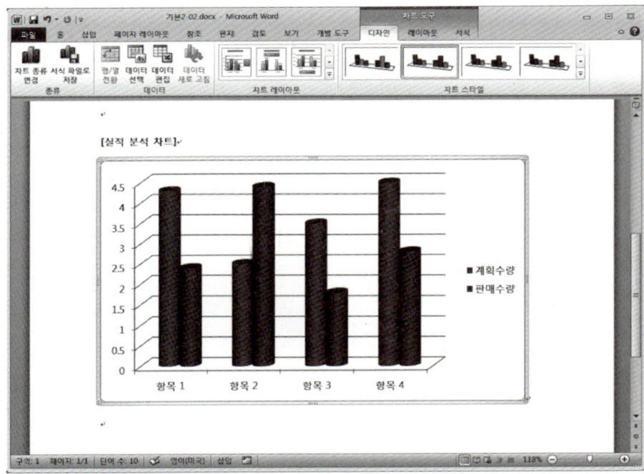

 **차트 편집**

차트를 선택하면 [차트 도구] 상황별 도구가 나타나고 [디자인] 탭, [레이아웃] 탭 및 [서식] 탭이 표시되어 차트를 편집할 수 있다.

[차트 도구]-[디자인] 탭

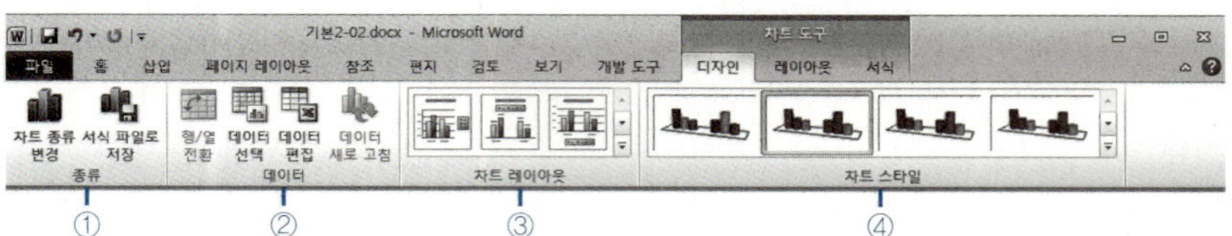

① **종류** : 차트 종류를 변경하고 현재 차트를 차트 서식 파일로 저장한다.

② **데이터** : 계열과 항목을 바꾸고, 차트의 항목 및 계열 데이터를 수정하고, 차트 데이터를 편집하고, 연결된 차트 데이터를 업데이트한다.

③ **차트 레이아웃** : 빠른 차트 레이아웃을 적용한다.

④ **차트 스타일** : 빠른 차트 스타일을 적용한다.

[차트 도구]-[레이아웃] 탭

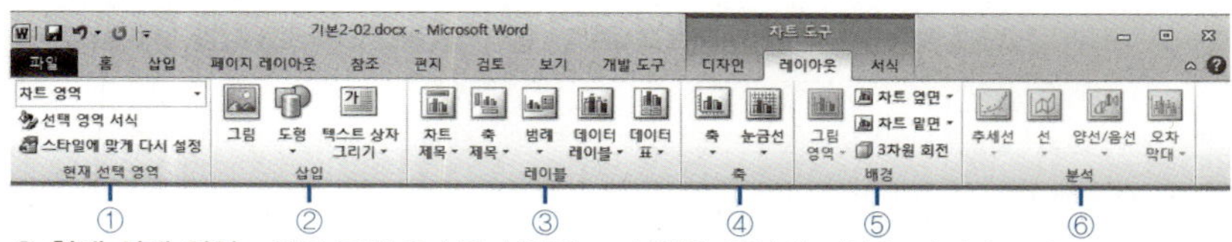

① **현재 선택 영역** : 차트 구성 요소를 선택하고, 선택한 영역의 서식을 변경하고, 원래의 차트 스타일로 되돌린다.

② **삽입** : 차트에 그림, 도형, 텍스트 상자를 삽입한다.

③ **레이블** : 차트에 차트 구성 요소인 차트 제목, 축 제목, 범례, 데이터 레이블, 데이터 표를 삽입하거나 제거하고 위치를 변경한다.

④ **축** : 차트에 가로 및 세로 축과 눈금자를 삽입하거나 제거한다.

⑤ **배경** : 차트의 그림 영역, 3차원 차트의 차트 옆면, 차트 밑면 서식을 변경하고, 3차원 회전 옵션을 설정한다.

⑥ **분석** : 차트에 추세선, 계열선, 하강선, 최고/최저선, 양선/음선, 오차 막대 등의 분석선을 추가한다.

[차트 도구]-[서식] 탭

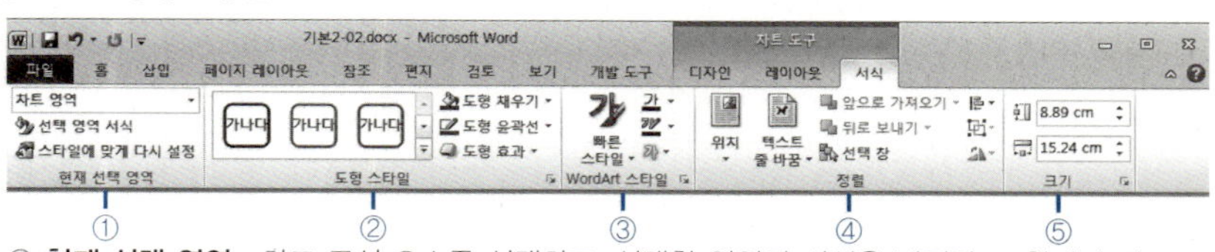

① **현재 선택 영역** : 차트 구성 요소를 선택하고, 선택한 영역의 서식을 변경하고, 원래의 차트 스타일로 되돌린다.

② **도형 스타일** : 차트에서 선택한 구성 요소에 빠른 도형 스타일을 적용하거나 도형 채우기, 도형 윤곽선과 도형 효과를 세부적으로 설정한다.

③ **WordArt 스타일** : 차트에서 선택한 텍스트 항목에 WordArt 스타일을 적용하거나, 텍스트 채우기, 텍스트 윤곽선, 텍스트 효과를 세부적으로 설정한다.

④ **정렬** : 차트의 배치, 텍스트 줄 바꿈 옵션, 순서, 정렬, 그룹 및 회전 등의 편집 기능을 사용한다.

⑤ **크기** : 차트 크기의 정확한 값을 확인하고 수정한다.

차트에 '스타일 29' 차트 스타일을 적용하고 범례의 위치를 위쪽으로 이동합니다.

1. 차트를 선택하고 [**차트 도구**]–[**디자인**] 탭–[**차트 스타일**] 그룹에서 [**자세히**] 명령()을 클릭해 '스타일 29'를 선택한다.

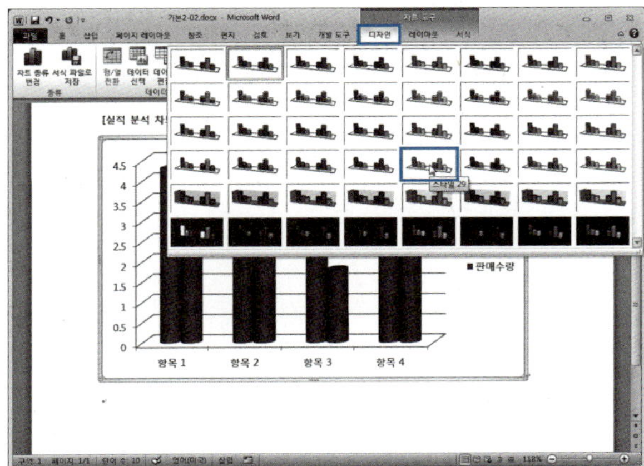

2. [**차트 도구**]–[**레이아웃**] 탭–[**레이블**] 그룹에서 [**범례**] 명령을 클릭해 '위쪽에 범례 표시'를 선택한다.

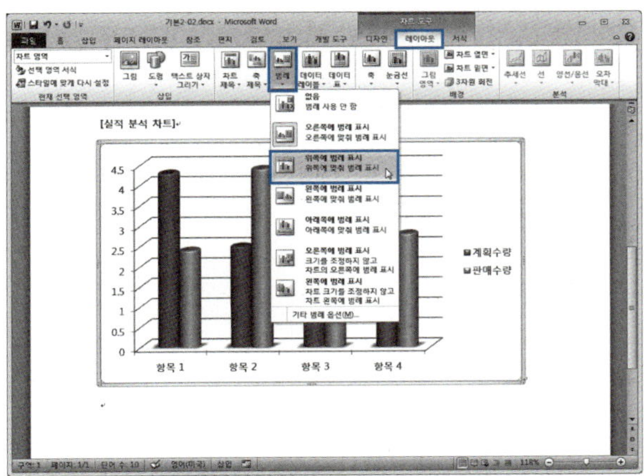

3. 차트 범례의 위치가 변경된다.

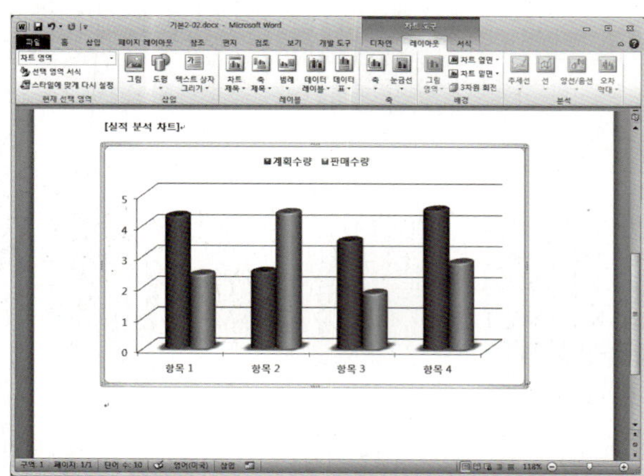

| 확인학습 |

준비파일: 확인2-02.docx   완성파일: 확인2-02(완성).docx

확인2-02.docx를 열어 다음 작업을 완성하시오.

(1) 결재표의 너비를 60%로 지정하고 표를 오른쪽으로 맞춰 정렬하시오.

(2) [출장내역] 표에서 '(인)' 텍스트를 오른쪽 가운데로 정렬하시오.

(3) [출장내역] 표에 출장내역사항을 대체 텍스트로 추가하시오.

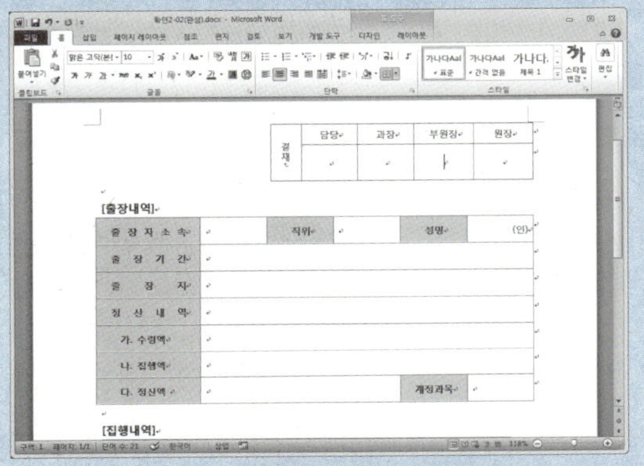

(4) [집행내역] 텍스트 아래쪽에 원형 차트를 삽입하고 집행내역 분석차트를 차트 제목으로 변경하시오. 그러고 나서 백분율과 항목 레이블을 안쪽 끝에 추가하고 범례를 제거하시오.

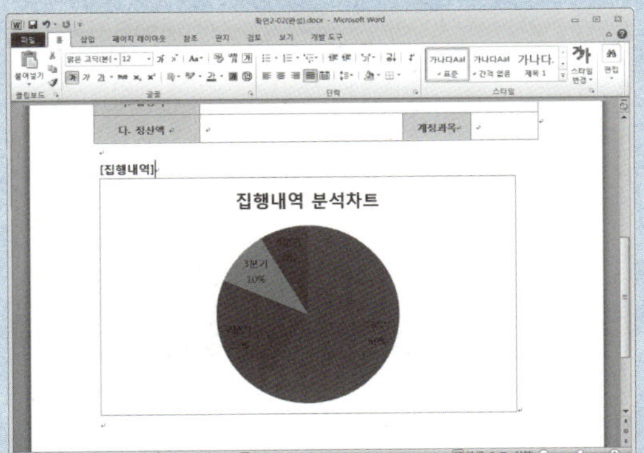

Hint

1. 표 너비, 표 맞춤 및 대체 텍스트를 설정하려면 **[표 도구]**–**[레이아웃]** 탭–**[표]** 그룹에서 **[속성]** 명령이나, 표 위에서 마우스 오른쪽 단추를 눌러 **[표 속성]** 메뉴를 이용하세요.

2. 셀에 텍스트를 맞춤하려면 **[표 도구]**–**[레이아웃]** 탭–**[맞춤]** 그룹을 이용하세요.

3. 차트를 삽입하려면 **[삽입]** 탭–**[일러스트레이션]** 그룹–**[차트]** 명령을 이용하세요.

4. 차트에 데이터 레이블을 추가하려면 **[차트 도구]**–**[레이아웃]** 탭–**[레이블]** 그룹–**[데이터 레이블]** 명령을 이용하세요.

5. 차트에 범례를 제거하려면 **[차트 도구]**–**[레이아웃]** 탭–**[레이블]** 그룹–**[범례]** 명령을 이용하세요.

문서에 다시 사용할 수 있는 콘텐츠 생성

준비파일: 기본2-03.docx   완성파일: 기본2-03(완성).docx

중요 용어 | 빠른 문서 요소, 문서 블록, 상용구, 머리글, 바닥글, 문서 속성
출제 포인트 | 텍스트나 개체를 빠른 문서 요소로 저장하고 빠른 문서 요소를 삽입하는 방법을 묻는 문제

Word에서 제공하는 다양한 갤러리의 문서 블록을 삽입할 수 있다. 또한 사용자가 자주 입력하게 되는 텍스트를 상용구로 직접 만들어 등록하거나, 그래픽이나 표와 같은 개체를 문서 블록으로 등록하여 쉽게 재사용할 수 있다.

01 선택 영역을 문서 블록에 저장

머리글, 바닥글, 목차, 수식, 워터마크, 텍스트 상자, 페이지 번호, 표, 표지 등의 Word에서 제공하는 문서 블록 갤러리가 존재하며 이러한 문서 블록을 문서에 간단히 삽입할 수 있다. 문서 블록에 없으나 사용자가 자주 사용하는 텍스트(상용구), 빠른 문서 요소, 그래픽, 표 등의 요소들을 문서 블록 갤러리에 저장하여 재사용할 수 있다.

- 결재 표를 문서 블록으로 저장합니다. 이름은 결재란으로 지정하고 표 갤러리에 저장합니다.
- 1페이지 하단의 '시사상회' 텍스트를 문서 블록으로 저장합니다. 이름은 상호로 지정하고 상용구 갤러리에 저장합니다.

1. 결재 표 전체를 그래그한다.

2. [삽입] 탭–[텍스트] 그룹에서 [빠른 문서 요소] 명령을 클릭해 '선택 영역을 빠른 문서 요소 갤러리에 저장'을 클릭한다.

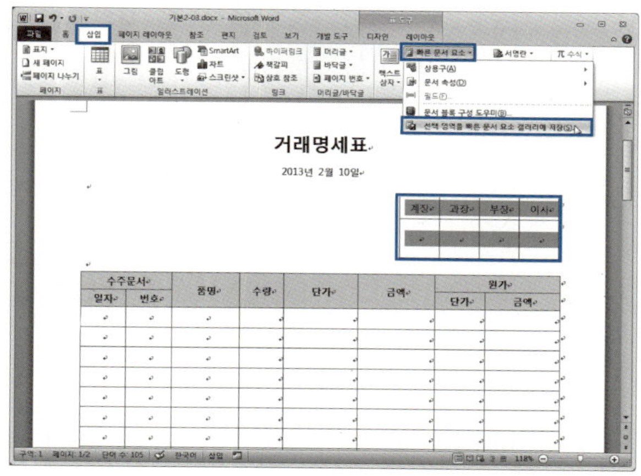

3. [새 문서 블록 만들기] 대화 상자에서 [이름]에 결재란을 입력한다. [갤러리]는 '표'를 선택하고 [확인] 단추를 클릭한다.

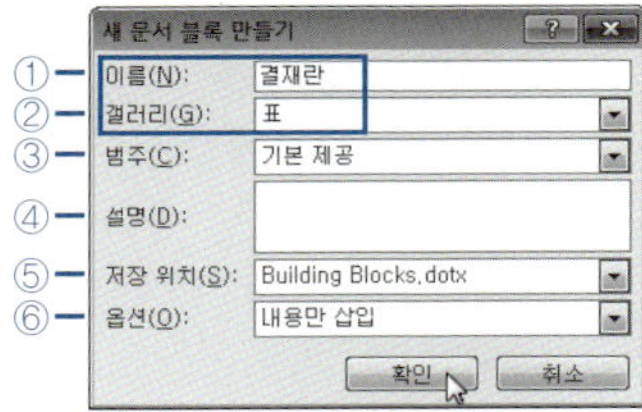

① **이름** : 문서 블록의 고유 이름을 입력한다.

② **갤러리** : 문서 블록을 표시할 갤러리를 선택한다.

③ **범주** : 일반 또는 기본 제공과 같은 범주를 선택하거나, 새 범주를 만든다.

④ **설명** : 문서 블록에 대한 설명을 입력한다.

⑤ **저장 위치** : 문서 블록을 저장할 서식 파일 이름(Building Blocks.dotx)을 선택한다. 열려 있는 서식 파일만 목록에 표시된다.

⑥ **옵션** : 선택한 내용을 페이지, 단락, 텍스트 단위로 추가한다.

4. 1페이지 하단의 '시사상회' 텍스트를 드래그하여 선택한다.

5. [삽입] 탭-[텍스트] 그룹에서 [빠른 문서 요소]-[상용구] 명령을 클릭해 '선택 영역을 상용구 갤러리에 저장'을 선택한다.

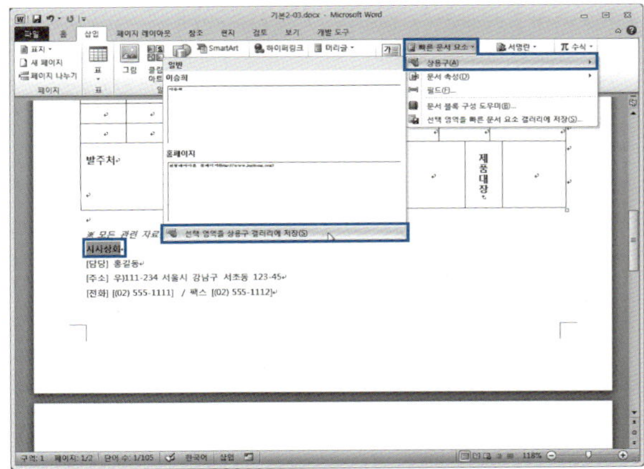

6. [새 문서 블록 만들기] 대화 상자에서 [이름]에 상호를 입력한다. [갤러리]는 '상용구'로 표시됨을 확인하고 [확인] 단추를 클릭한다.

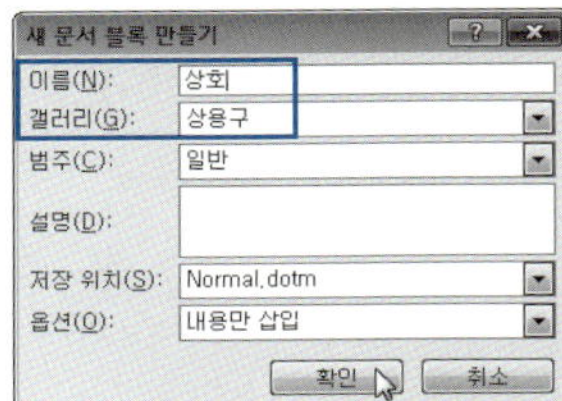

02 문서 블록 삽입

Word에서 제공하는 문서 블록이나 사용자가 추가한 빠른 문서 요소나 상용구를 문서 블록 구성 도우미를 사용하여 삽입한다.

2페이지 시작 위치에 상호 상용구를 추가합니다.

1. 2페이지 시작 위치로 커서를 이동한다.

2. [삽입] 탭–[텍스트] 그룹에서 [빠른 문서 요소]–[상용구] 명령을 클릭하여 '상호' 문서 블록을 선택한다.

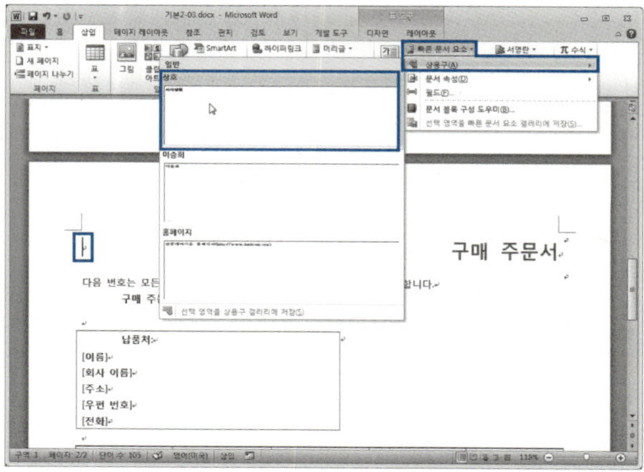

3. 상용구가 삽입된다.

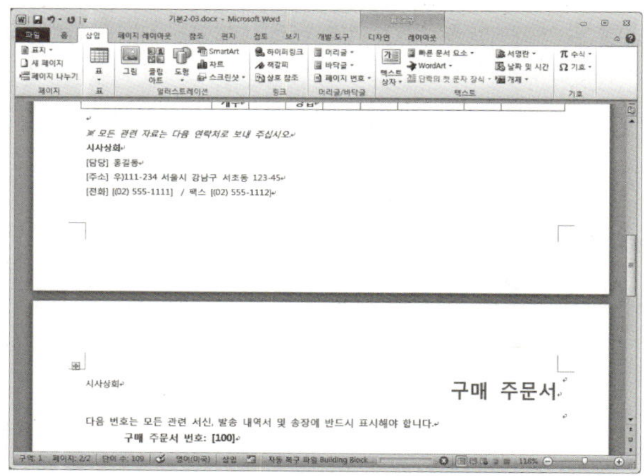

---

tip

문서 블록 구성 도우기

문서 블록을 확인하고 삽입하려면 [삽입] 탭–[텍스트] 그룹–[빠른 문서 요소] 명령을 클릭해 '문서 블록 구성 도우미'를 클릭한다. [문서 블록 구성 도우미] 대화 상자에서 문서 블록 요소들을 확인할 수 있다. 이 중에서 선택하고 [삽입] 단추를 클릭하면 해당 문서 블록이 삽입된다.

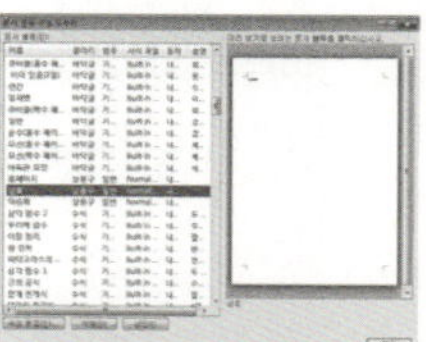

03 머리글/바닥글 삽입

머리글/바닥글은 문서 블록인 머리글/바닥글 갤러리에 저장되어 있는 요소나 문서 속성을 사용하거나, 직접 머리글/바닥글 내용을 편집할 수 있다.

신문 용지 문서 블록을 머리글에 추가하고, 제목 문서 속성을 바닥글에 추가합니다.

1. [삽입] 탭–[머리글/바닥글] 그룹에서 [머리글] 명령을 클릭해 머리글 갤러리에서 '신문 용지'를 클릭한다.

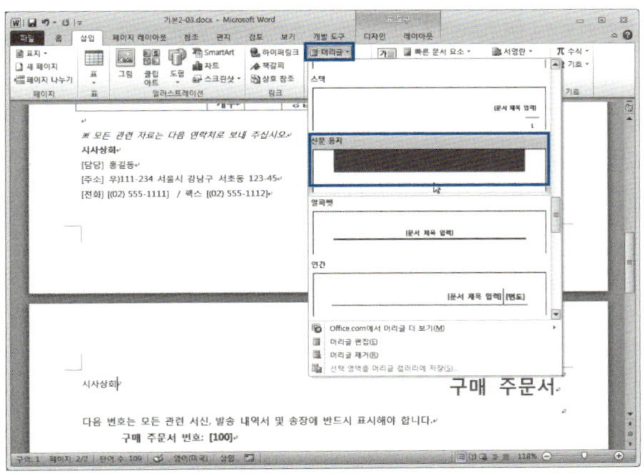

2. 머리글 편집 영역으로 이동되면 바닥글을 편집하기 위해 다음 중 하나의 명령을 수행한다.

- [머리글/바닥글 도구]–[디자인] 탭–[머리글/바닥글] 그룹–[바닥글] 명령을 클릭해 '바닥글 편집'을 선택한다.
- [머리글/바닥글 도구]–[디자인] 탭–[탐색] 그룹–[바닥글로 이동] 명령을 클릭한다.

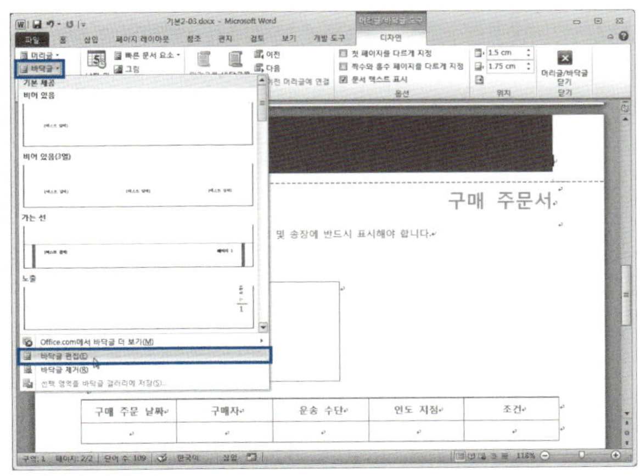

3. 바닥글로 이동되면 문서 속성을 삽입하기 위해 **[머리글/바닥글 도구]**–**[디자인]** 탭–**[삽입]** 그룹–**[빠른 문서 요소]**–**[문서 속성]** 명령을 클릭해 '제목'을 선택한다.

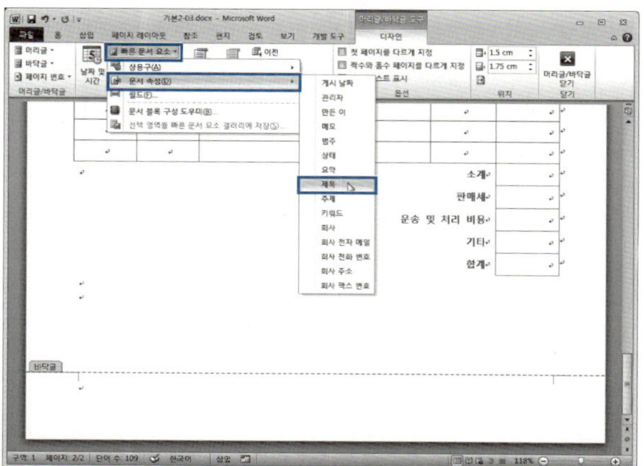

4. 제목 콘텐츠 컨트롤이 삽입되면 **[머리글/바닥글 도구]**–**[디자인]** 탭–**[닫기]** 그룹에서 **[머리글/바닥글 닫기]** 명령을 클릭한다.

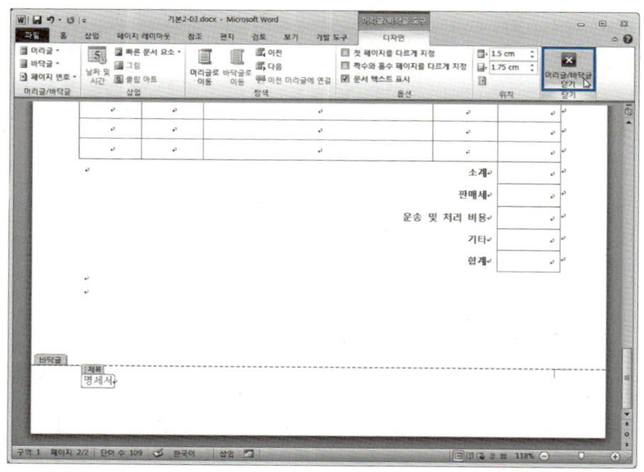

5. 모든 페이지에 머리글/바닥글이 표시된다.

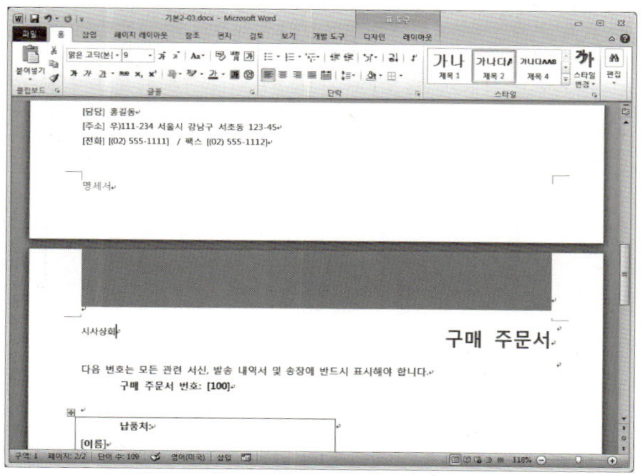

tip

문서 속성

문서 속성은 현재 파일에 대한 작성자, 회사, 제목 등에 대한 정보를 의미하며 **[파일]** 탭–**[정보]** 범주에서 확인하거나 수정할 수 있다. 이곳에 등록된 문서 속성을 **[삽입]** 탭–**[텍스트]** 그룹에서 **[빠른 문서 요소]**–**[문서 속성]** 명령을 이용해 문서의 커서가 있는 위치에 삽입하거나, 머리글/바닥글에 삽입해 사용한다.

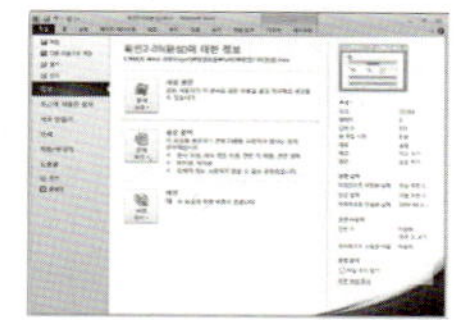

Check

머리글/바닥글 편집이 완료되면 반드시 머리글/바닥글을 닫는다.

|확인학습|

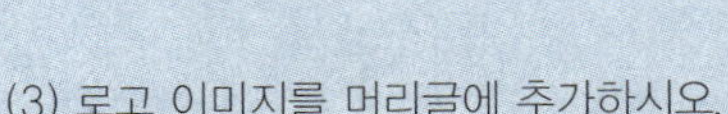

확인2-03.docx를 열어 다음 작업을 완성하시오.

(1) 회사 문서 속성을 바닥글에 추가하시오.

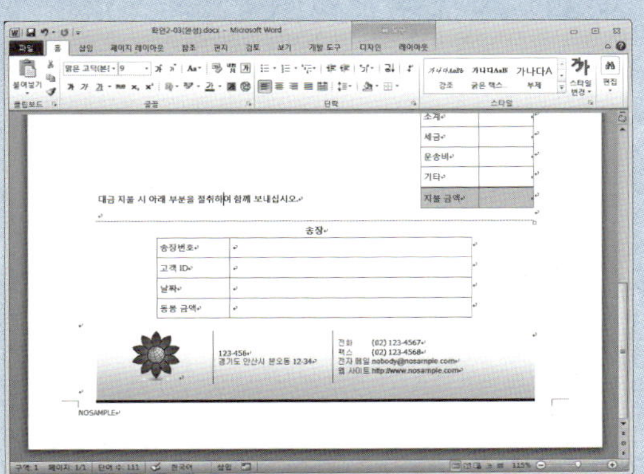

(2) 그림을 문서 블록으로 저장하시오. 이름을
    로고 이미지로 지정하고 머리글 갤러리에
    지정하시오.

(3) 로고 이미지를 머리글에 추가하시오.

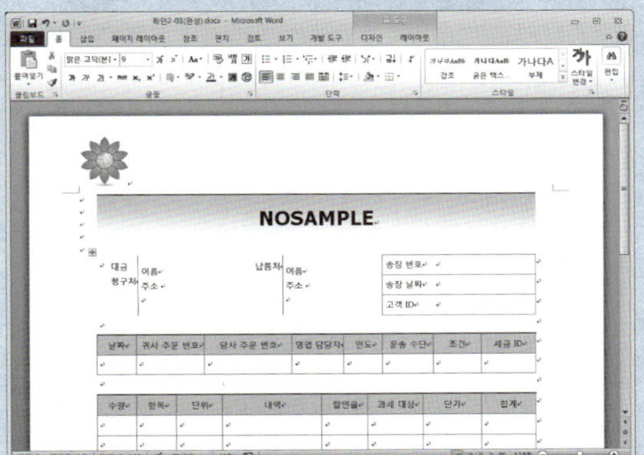

Hint

1. 바닥글에 문서 속성을 삽입하려면 [삽입] 탭–[머리글/바닥글] 그룹–[바닥글] 명령에서 '바닥글 편집'을
   이용하세요.

2. 문서 블록으로 추가하려면 [삽입] 탭–[텍스트] 그룹에서 [빠른 문서 요소] 명령에서 '선택 영역을 빠른 문서
   요소 갤러리에 저장'을 이용하세요.

3. 머리글 갤러리 내용을 삽입하려면 [삽입] 탭–[머리글/바닥글] 그룹–[머리글] 명령을 이용하세요.

2-4
구역 연결

중요 용어 | 텍스트 상자, 연결 만들기, 이전 머리글에 연결, 이전 바닥글에 연결
출제 포인트 | 두 개의 텍스트 상자 내용을 연결하거나 끊고, 구역별로 머리글/바닥글을 다르게 설정하는 방법
을 묻는 문제

텍스트 상자를 사용하면 문서의 어떤 위치에 상관없이 자유롭게 텍스트를 배치할 수 있다. 이때 텍스트 상자의 내용이 많
다면 다른 텍스트 상자에 연결되게 표시할 수 있다. 또한 한 문서에 머리글/바닥글을 다르게 사용하려면 구역을 나눈 후
이전 머리글/바닥글과 연결을 끊어 개별적으로 머리글/바닥글을 삽입할 수 있다.

 **텍스트 상자 연결**

텍스트 상자에 많은 내용을 입력하면 아래 내용은 숨겨져 보이지 않는다. 텍스트
상자의 높이를 변경할 수 있으나 다른 위치에 내용을 이어서 표시하려면 텍스트 상
자를 연결해 내용을 공유할 수 있다.

> 1페이지에서 그림 아래쪽에 새 텍스트 상자를 삽입하고 위쪽 텍스트 상자의 내용을 새 텍스트
> 상자에 연결합니다.

1. [**삽입**] 탭–[**텍스트**] 그룹에서 [**텍스트 상자**] 명령을 클릭해 '텍스트 상자 그리
기'를 선택한다.

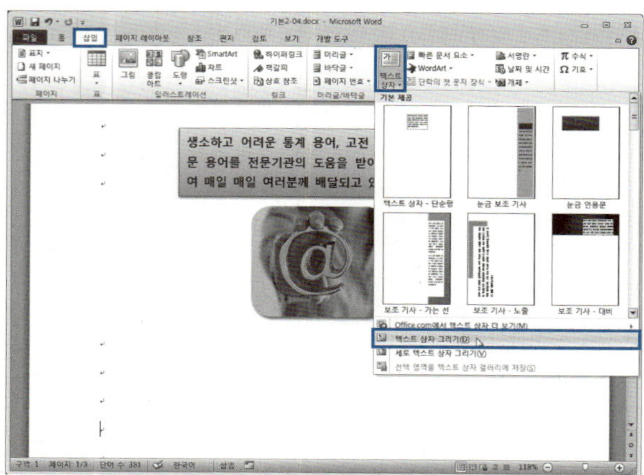

2. 텍스트 상자를 그림 아래쪽에 드래그해 그린다.

3. 그림 위쪽의 텍스트 상자 안쪽으로 커서를 이동한다.

4. [그리기 도구]–[서식] 탭–[텍스트] 그룹에서 [연결 만들기] 명령을 클릭한다.

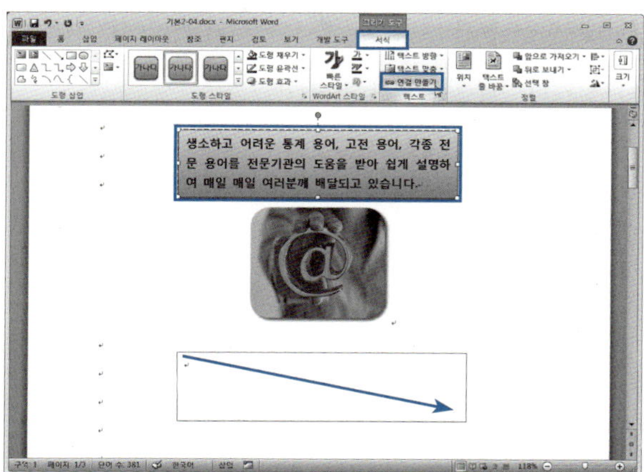

5. 그림 아래쪽 새 텍스트 상자를 클릭한다.

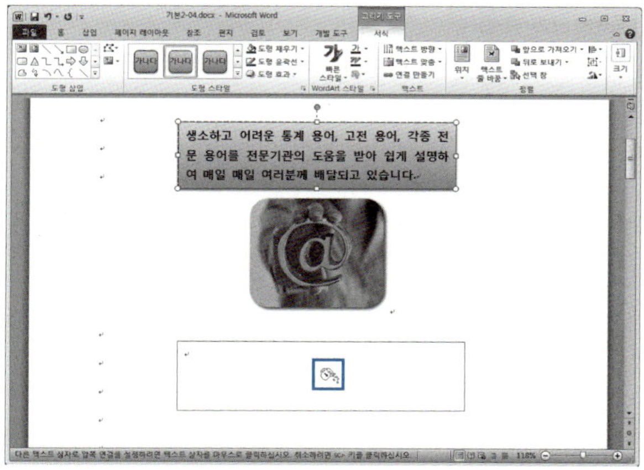

6. 위쪽 텍스트 상자의 내용이 아래쪽 새 텍스트 상자에 연결되어 나타난다.

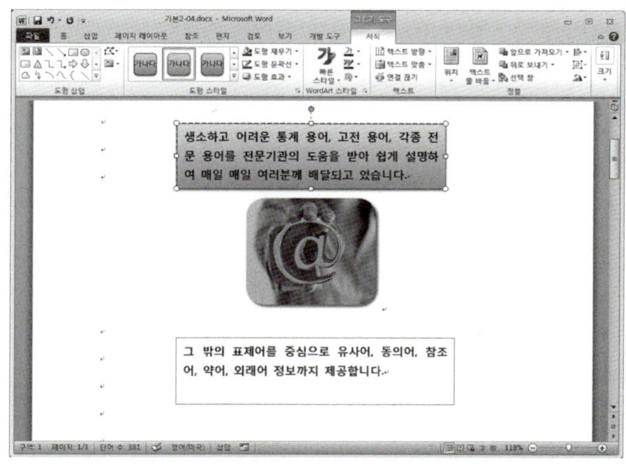

tip

텍스트 상자 연결 끊기

텍스트 상자 간의 연결을 끊으려면 원본 텍스트 상자를 선택하고 [그리기 도구]–[서식] 탭–[텍스트] 그룹에서 [연결 끊기] 명령을 클릭한다.

02 머리글/바닥글 연결

기본적으로 모든 페이지에 동일한 머리글/바닥글이 삽입된다. 하지만 특정 페이지만 다른 머리글/바닥글을 삽입하려면 우선 구역을 나눈 후 각 구역별로 다른 머리글/바닥글을 삽입하면 된다.

> 캐시 제목 텍스트부터 다음 페이지로 구역을 나눕니다. 그리고 나서 2페이지 이후에만 인터넷 용어 사전 머리글을 삽입합니다.

1. '캐시' 제목 텍스트 왼쪽으로 커서를 이동한다.

2. 구역을 나누기 위해 [**페이지 레이아웃**] 탭–[**페이지 설정**] 그룹에서 [**나누기**] 명령을 클릭해 [**구역 나누기**]에서 '다음 페이지부터'를 선택한다.

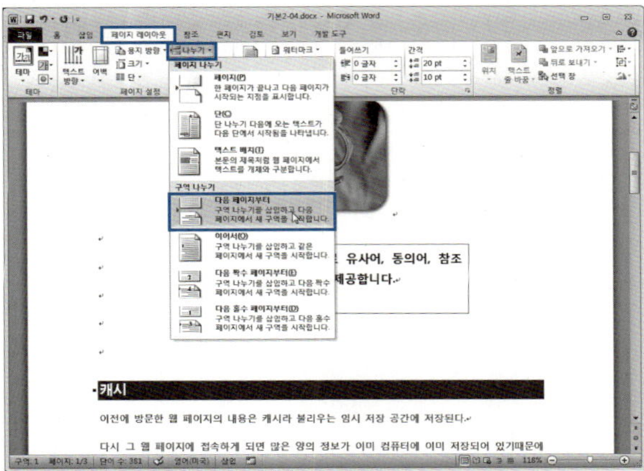

3. 커서가 있던 제목 텍스트가 다음 페이지로 나뉘고 동시에 구역도 나뉜다.

4. 2페이지(2구역)에 커서가 있는 상태에서 머리글을 삽입하기 위해 [**삽입**] 탭–[**머리글/바닥글**] 그룹에서 [**머리글**] 명령을 클릭해 '머리글 편집'을 선택한다.

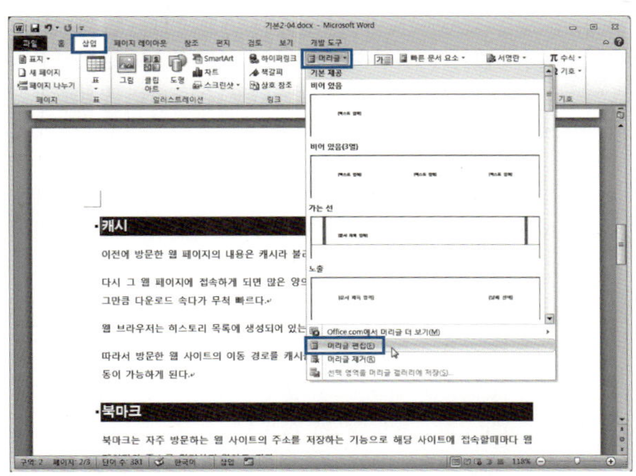

---

tip

구역 나눈 위치와 구역 번호 확인하기

구역을 나눈 후 [**홈**] 탭–[**단락**] 그룹에서 [**편집 기호 표시/숨기기**] 명령(）을 클릭하면 구역을 나눈 위치를 확인할 수 있다. 구역 나누기 구분선을 클릭하고 〈Delete〉 키를 누르면 구역 나누기가 제거된다.

———— 구역 나누기(다음 페이지부터) ————

또한 상태 표시줄에 구역 번호가 표시되어 구역 번호의 위치를 정확하게 확인할 수 있다.

5. 머리글 편집 화면으로 이동되면 이전 구역과 머리글 연결을 끊기 위해 [**머리글/바닥글 도구**]–[**디자인**] 탭–[**탐색**] 그룹에서 [**이전 머리글에 연결**] 명령을 클릭한다.

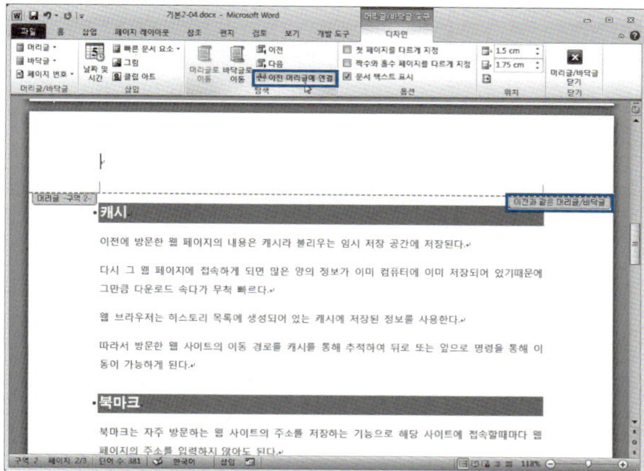

6. 이전과 같은 머리글/바닥글 내용이 제거되면 머리글에 <u>인터넷 용어 정리</u>를 입력한다.

7. [**머리글/바닥글 도구**]–[**디자인**] 탭–[**닫기**] 그룹에서 [**머리글/바닥글 닫기**] 명령을 클릭한다.

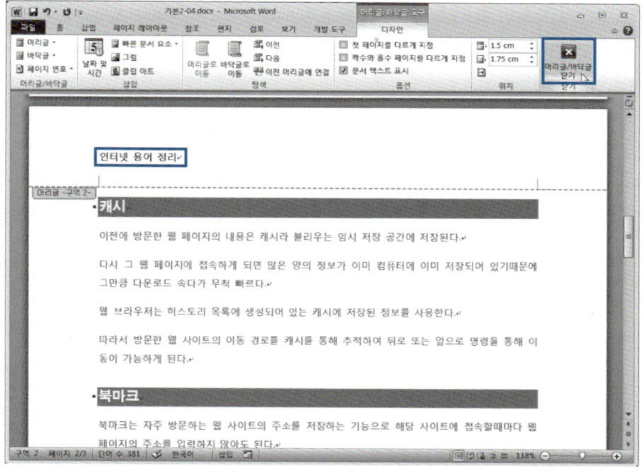

8. 1페이지(1구역)에는 머리글이 없으며, 2페이지 이후(2구역)에만 머리글이 표시 된다.

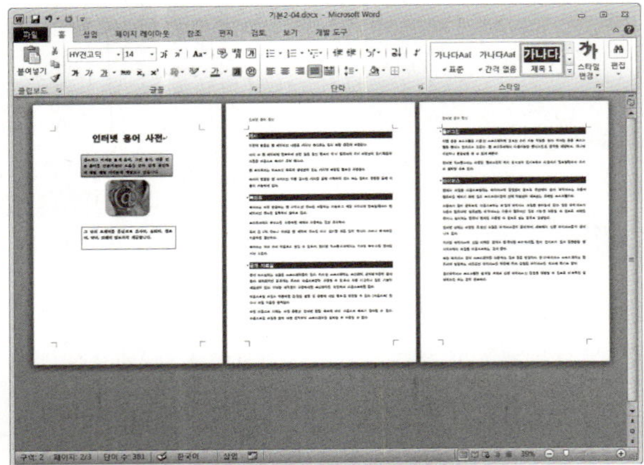

| 확인학습 |

준비파일 : 확인2-04.docx   완성파일 : 확인2-04(완성).docx

확인2-04.docx를 열어 다음 작업을 완성하시오.

(1) 2페이지에 있는 두 텍스트 상자의 연결을 끊으시오.

(2) 2구역(3페이지)의 머리글을 이전 구역의 머리글과 연결하시오.

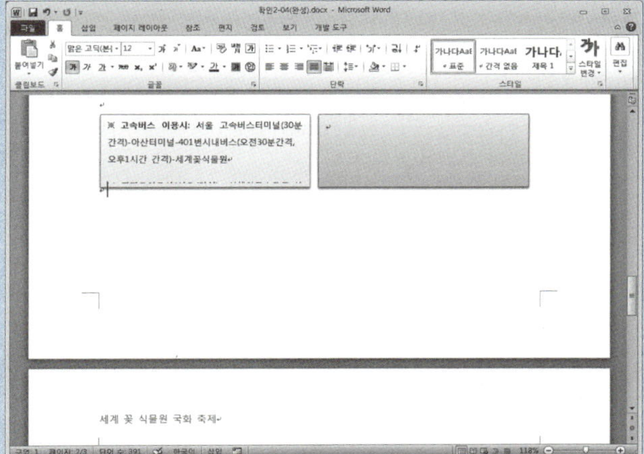

Hint

1. 텍스트 상자의 연결을 끊으려면 원본 텍스트 상자에 커서가 있어야 해요.

2. **[그리기 도구]**–**[서식]** 탭–**[텍스트]** 그룹에서 **[연결 끊기]** 명령을 이용하세요.

3. 이전 구역의 머리글로 나타내려면 머리글 편집 영역으로 이동하고 **[머리글/바닥글 도구]**–**[디자인]** 탭–**[탐색]** 그룹에서 **[이전 머리글에 연결]** 명령을 이용하세요.

02 내용 서식 지정 족보 공개

2-1 고급 글꼴 및 단락 특성 적용

- 글꼴 서식은 적용할 텍스트 범위를 선택한 후 (1) 리본 메뉴의 **[홈]** 탭–**[글꼴]** 그룹이나, (2) **[글꼴]** 대화 상자나, (3) 미니 도구 모음을 이용하여 설정한다.
- **[글꼴]** 대화 상자를 실행하려면 (1) **[홈]** 탭–**[글꼴]** 그룹–**[글꼴]** 명령( )이나, (2) 선택한 셀 범위 위에서 마우스 오른쪽 단추를 눌러 **[글꼴]** 메뉴나, (3) 단축키 〈Ctrl+Shift+F〉 키를 누른다.
- 단락 단위로 정렬, 들여쓰기, 첫 줄 들여쓰기, 단락 앞/뒤 간격, 줄 간격 등의 서식을 변경할 수 있다.
- 단락 서식은 (1) 리본 메뉴의 **[홈]** 탭–**[단락]** 그룹이나, (2) **[단락]** 대화 상자나, (3) 미니 도구 모음을 이용하여 적용한다.
- **[단락]** 대화 상자를 실행하려면 (1) **[홈]** 탭–**[단락]** 그룹에서 **[단락]** 명령( )이나, (2) 선택한 범위 위에서 마우스 오른쪽 단추를 눌러 **[단락]** 메뉴를 클릭한다.
- 스타일은 각종 글꼴 서식 및 단락 서식이 모두 포함된 서식 집합을 의미하며, 빠른 스타일 모음에 있는 기존 스타일을 적용하거나 새 스타일을 만들어 적용한다.
- 새 스타일을 만들려면 **[홈]** 탭–**[스타일]** 그룹–**[스타일]** 명령( )을 클릭하고 **[스타일]** 작업창 하단의 **[새 스타일]** 명령( )을 클릭한다.
- **[서식에서 새 스타일 만들기]** 대화 상자에서 **[스타일 이름]**과 **[스타일 형식]**을 선택한다. 그 밖에 서식을 지정한 후 **[확인]** 단추를 클릭한다.
- 스타일을 적용하려면 (1) **[홈]** 탭–**[스타일]** 그룹의 빠른 스타일 모음이나, (2) **[스타일]** 작업창에서 선택한다.
- 스타일에서 일부 서식을 변경하면 해당 스타일이 적용되어 있는 모든 위치의 서식이 한꺼번에 변경되어 일관성 있는 문서 서식을 유지할 수 있다.
- 스타일의 서식을 수정하려면 (1) **[홈]** 탭–**[스타일]** 그룹이나, (2) **[스타일]** 작업창의 스타일 위에서 마우스 오른쪽 단추를 눌러 **[수정]** 메뉴를 클릭한다. **[스타일 수정]** 대화 상자에서 필요한 서식을 변경한다.
- 스타일을 삭제하려면 **[스타일]** 작업창의 스타일 위에서 마우스 오른쪽 단추를 눌러 **[용어 삭제]** 메뉴를 클릭한다. 스타일이 삭제되면 '표준' 스타일로 대체된다.

2-2 표 및 차트 만들기

- 표는 복잡한 내용을 구조적이고 보기 쉬운 형태로 나열한 것을 의미하며, 많은 문서에서 표를 작성하게 된다.
- 새 표를 삽입하려면 (1) **[삽입]** 탭–**[표]** 그룹–**[표]** 명령을 클릭한 후에 표 크기를 지정하거나, (2) **[삽입]** 탭–**[표]** 그룹–**[표]**–**[표 삽입]** 명령을 클릭해 **[표 삽입]** 대화 상자에서 표 크기를 지정한다.
- 새 표를 삽입한 후에는 **[표 도구]** 상황별 도구가 나타나 **[디자인]** 탭에서 표 레이아웃 및 표 스타일의 디자인을 꾸미고, **[레이아웃]** 탭에서 행과 열의 크기, 새 행 및 열을 추가 또는 삭제, 셀 병합 및 셀 분할 등의 편집 기능을 사용해 표 레이아웃을 자유롭게 구성할 수 있다.

- 표 속성을 변경하려면 ⑴ [표 도구]–[레이아웃] 탭–[표] 그룹–[속성] 명령이나, ⑵ 표 위에서 마우스 오른쪽 단추를 눌러 [표 속성] 메뉴를 클릭한다.
- [표 속성] 대화 상자의 [표] 탭에서 크기 및 맞춤 등을 설정한다. [행] 및 [열] 탭에서는 크기를 변경하고, [셀] 탭에서는 크기, 맞춤, 세부 옵션을 설정한다.
- Word에서 직접 차트를 삽입하면 Excel 프로그램이 실행되어 워크시트에 데이터를 입력하고 직접 집계를 수행할 수 있다.
- 차트를 삽입하려면 [삽입] 탭–[일러스트레이션] 그룹–[차트] 명령을 클릭하고 [차트 삽입] 대화 상자에서 차트 종류를 선택한다. Excel 프로그램이 실행되면 워크시트에 차트 데이터를 입력한다.
- 차트를 선택하면 [차트 도구] 상황별 도구가 나타나고 [디자인] 탭에서 차트 레이아웃 및 차트 스타일을 꾸미고, [레이아웃] 탭에서는 차트 제목, 축 제목, 범례, 레이블, 표, 눈금선 등의 차트 구성 요소를 추가하고, [서식] 탭에서 차트 서식을 변경할 수 있다.

2-3 문서에 다시 사용할 수 있는 콘텐츠 생성

- 머리글, 바닥글, 목차, 수식, 워터마크, 텍스트 상자, 페이지 번호, 표, 표지 등의 Word에서 제공하는 문서 블록 갤러리가 존재하며 이러한 문서 블록을 문서에 간단히 삽입할 수 있다.
- 문서 블록으로 저장할 내용을 선택하고 [삽입] 탭–[텍스트] 그룹–[빠른 문서 요소] 명령을 클릭해 '선택 영역을 빠른 문서 요소 갤러리에 저장'을 선택한다. [새 문서 블록 만들기] 대화 상자에서 [이름]과 [갤러리]를 설정하고 [확인] 단추를 클릭한다.
- 빠른 문서 요소를 삽입하려면 [삽입] 탭–[텍스트] 그룹–[빠른 문서 요소] 명령을 클릭해 [상용구] 또는 [문서 블록 구성 도우미]를 선택해 삽입한다.
- 머리글/바닥글은 머리글/바닥글 갤러리에 저장되어 있는 문서 블록 요소나, 문서 속성을 사용하거나, 직접 머리글/바닥글 내용을 편집해 삽입한다.
- [삽입] 탭–[머리글/바닥글] 그룹에서 [머리글] 또는 [바닥글] 명령을 클릭해 갤러리에서 선택한다.
- 머리글/바닥글에 빠른 문서 요소나 문서 속성을 삽입하려면 [머리글/바닥글 도구]–[디자인] 탭–[삽입] 그룹–[빠른 문서 요소]–[문서 속성] 명령을 클릭해 선택한다.
- 머리글/바닥글 편집 화면을 닫으려면 [머리글/바닥글 도구]–[디자인] 탭–[닫기] 그룹에서 [머리글/바닥글 닫기] 명령을 클릭한다.

2-4 구역 연결

- 텍스트 상자에 많은 내용을 입력하면 아래 내용은 숨겨져 보이지 않는다. 텍스트 상자의 높이를 변경할 수 있으나 다른 위치에 내용을 이어서 표시하려면 텍스트 상자를 연결해 내용을 공유할 수 있다.
- 텍스트 상자를 삽입하려면 [삽입] 탭–[텍스트] 그룹–[텍스트 상자] 명령을 클릭해 '텍스트 상자 그리기' 를 선택한 다음 문서 위에서 드래그해 그린다.
- 두 텍스트 상자를 연결하려면 텍스트 상자 안쪽으로 커서를 이동한 다음 [그리기 도구]–[서식] 탭–[텍스트] 그룹–[연결 만들기] 명령을 클릭하고 다른 텍스트 상자를 클릭한다.
- 기본적으로 모든 페이지에 동일한 머리글/바닥글이 삽입되지만 특정 페이지만 다른 머리글/바닥글을 삽입하려면 우선 구역을 나눈 후 각 구역별로 다른 머리글/바닥글을 삽입한다.
- 구역을 나누려면 [페이지 레이아웃] 탭–[페이지 설정] 그룹–[나누기]–[구역 나누기]에서 '다음 페이지부터'를 선택한다. 커서가 있던 제목 텍스트가 다음 페이지로 나뉘고 동시에 구역도 나눠진다.
- 다른 페이지 서식을 지정할 구역에 커서가 있는 상태에서 [삽입] 탭–[머리글/바닥글] 그룹에서 [머리글]/[바닥글] 명령을 클릭해 '머리글 편집' 또는 '바닥글 편집'을 선택한다.
- 머리글/바닥글 편집 화면으로 이동되면 이전 구역과 머리글 연결을 끊기 위해 [머리글/바닥글 도구]–[디자인] 탭–[탐색] 그룹–[이전 머리글에 연결] 명령을 클릭한다. 이전 구역과 연결이 끊어지면 다른 머리글/바닥글을 작성한다.

PART 03

문서 추적 및 참조

문서에서 변경된 내용 및 서식의 위치를 추적하고, 다른 버전 문서의 변경 내용을 비교하고, 다른 검토자가 수정한 문서와 병합하여 변경된 내용을 확인하고 적용 및 취소하는 방법을 살펴본다. 또한 한 문서에서 다른 위치를 쉽게 참조할 수 있도록 인용 및 참고 문헌, 관련 근거 목차 및 색인을 만들고 업데이트하는 방법을 익힌다.

Word Expert

3-1
문서 통합 및 비교, 검토

준비파일 : 기본3-이.docx, 검토.docx   완성파일 : 1차편집(완성).docx, .비교완료(완성).docx, 검토완료(완성).docx

중요 용어 | 변경 내용 추적, 문서 비교, 문서 병합, 변경 내용 적용, 변경 내용 취소

출제 포인트 | 변경 내용 추적 기능을 설정하고, 원본과 수정본 또는 검토본 문서를 비교하거나 병합하고, 변경된 내용을 적용 또는 취소하는 방법을 묻는 문제

변경되는 내용을 기록하도록 설정하여 나중에 쉽게 변경 내용을 추적할 수 있다. 편집 이전의 1차 문서와 편집 후의 2차 문서의 변경 내용을 서로 비교해 볼 수 있다. 또한 검토가 필요한 문서를 다른 검토자에게 보낸 후 검토자가 문서를 검토하고 회신한 다음에 원본과 검토 문서를 하나의 문서로 병합하여 변경 내용을 추적하여 원하는 부분을 적용하거나 취소할 수 있다.

01 변경 내용 추적

문서에서 변경된 모든 과정을 기록하려면 문서에 변경 내용 추적 기능을 켜 둔다. 그러고 나서 문서를 변경하면 삽입한 텍스트에는 다른 색상의 밑줄로 표시되고, 삭제한 텍스트에는 취소선이, 그 밖의 변경한 사항은 변경된 정보가 풍선 도움말로 표시된다.

> 변경 내용을 추적하도록 옵션을 설정합니다. 그러고 나서 다음의 내용으로 문서를 편집한 다음 1차편집.docx라는 파일 이름으로 저장하고 닫습니다.
> - 제목 텍스트의 글꼴 색을 '파랑'으로 변경합니다.
> - 제목 텍스트 다음의 단락 끝에 두 번째 '섬이다.'를 삭제합니다.
> - 두 번째 본문 단락에서 'Sarawak()'의 괄호 안에 사라와크를 입력합니다.

1. 변경 내용 추적을 활성화하기 위해 **[검토]** 탭–**[추적]** 그룹–**[변경 내용 추적]** 명령을 클릭한다.

2. 변경 내용 추적 옵션이 켜지면 제목 텍스트를 드래그해 선택한다.

3. 제목 위에서 마우스 오른쪽 단추를 눌러 미니 도구 모음에서 **[글꼴 색]** 명령
(가 ▾)의 목록 단추를 클릭해 **[표준 색]**에서 '파랑'을 선택한다.

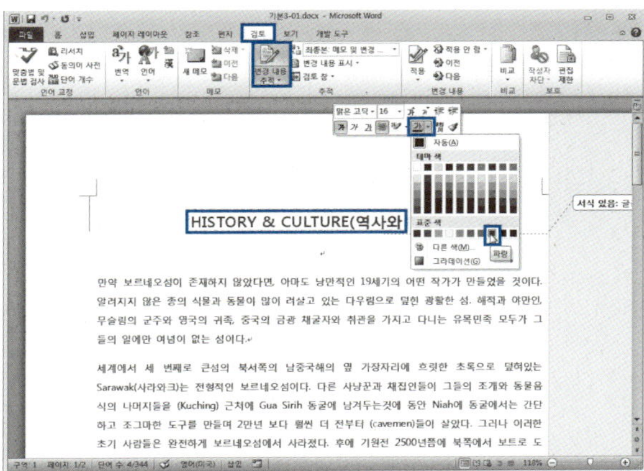

4. 서식이 변경된 위치에는 풍선 도움말에 변경 정보가 표시된다.

5. 첫 번째 본문 단락 끝의 두 번째 '섬이다.'를 드래그해 선택하고 〈Delete〉 키를
눌러 삭제한다.

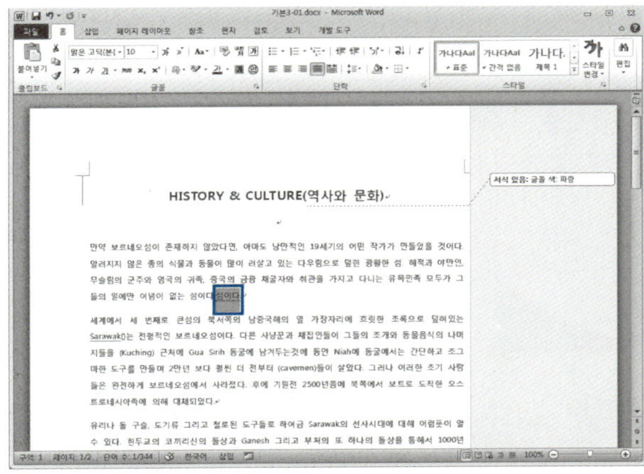

6. 삭제한 내용은 취소선으로 표시된다.

7. 두 번째 본문 단락의 'Sarawak' 오른쪽의 괄호 안쪽을 클릭하고 사라와크를 입력한다.

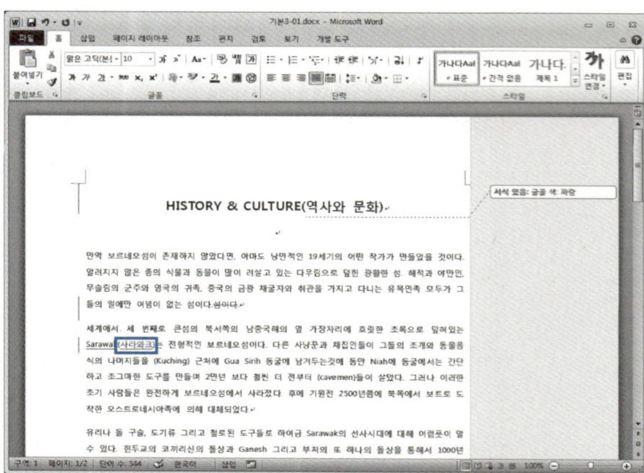

8. [파일] 탭–[다른 이름으로 저장] 명령을 클릭한다.

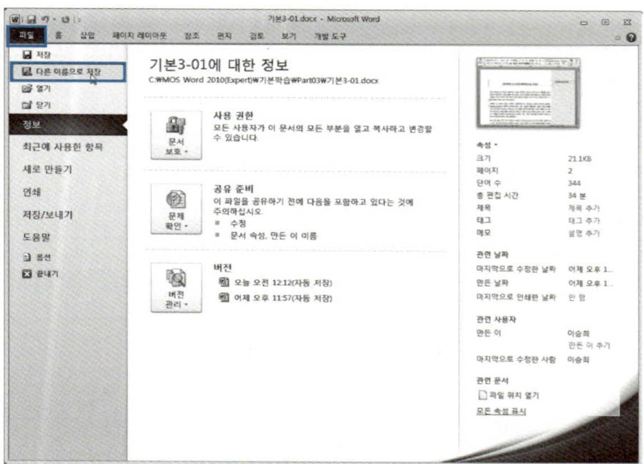

9. [다른 이름으로 저장] 대화 상자에서 [파일 이름]에 1차편집을 입력하고 [저장] 단추를 클릭한다.

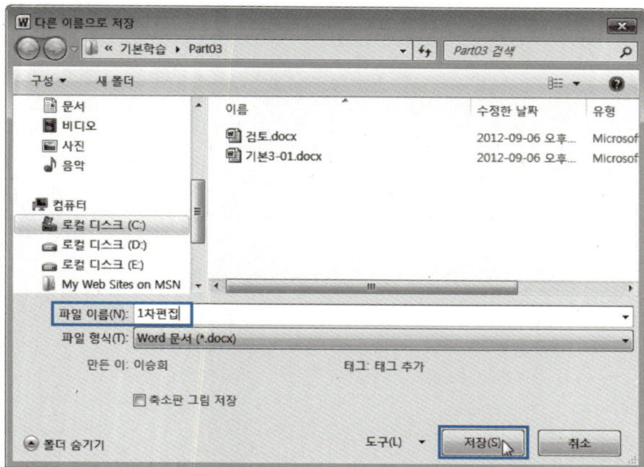

10. [파일] 탭-[닫기] 명령을 클릭한다.

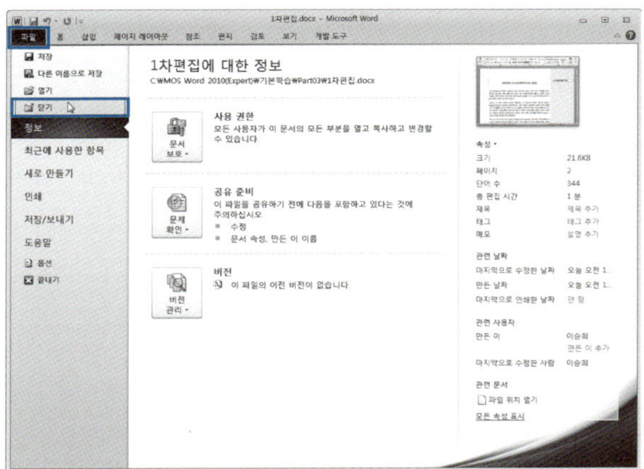

02 문서 버전 비교

버전 비교 기능은 원본과 수정본 두 개의 문서를 하나의 문서로 합쳐 서로 간의 변경된 내용을 비교 및 확인할 수 있게 해 준다. 두 문서의 버전을 비교하면 비교 결과가 기본적으로 별도의 새 문서에 표시되지만, 원본 또는 수정본에 비교 결과를 표시할 수 있다.

> 기본3-01.docx와 1차편집.docx 파일을 비교합니다. 기본3-01.docx를 원본 문서로 설정하고 비교 결과를 새 문서에 표시하고 모든 변경 내용을 적용합니다. 새 문서를 <u>비교완료.docx</u> 파일 이름으로 문서 폴더에 저장하고 문서를 닫습니다.

1. [검토] 탭-[비교] 그룹에서 [비교] 명령을 클릭해 '비교'를 선택한다.

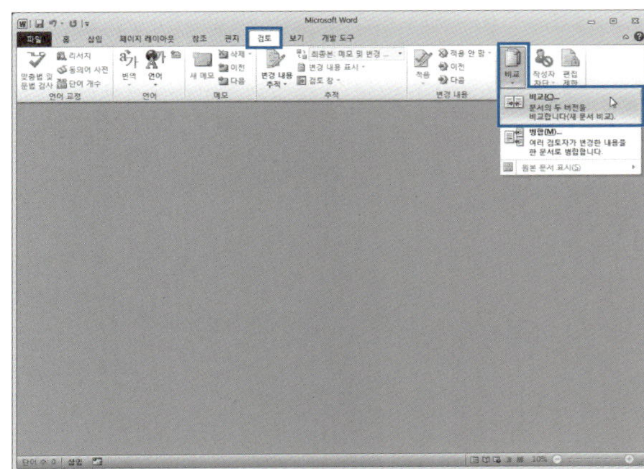

2. **[문서 비교]** 대화 상자에서 **[원본 문서]**의 목록 단추를 눌러 '기본3–01.docx'를 선택한다.

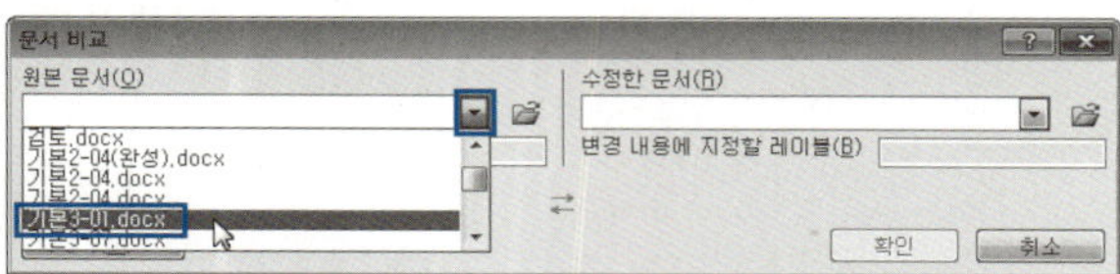

3. **[수정한 문서]**도 목록 단추를 클릭해 '1차편집.docx' 문서를 찾아 선택한다.

4. **[자세히]** 단추를 클릭한다.

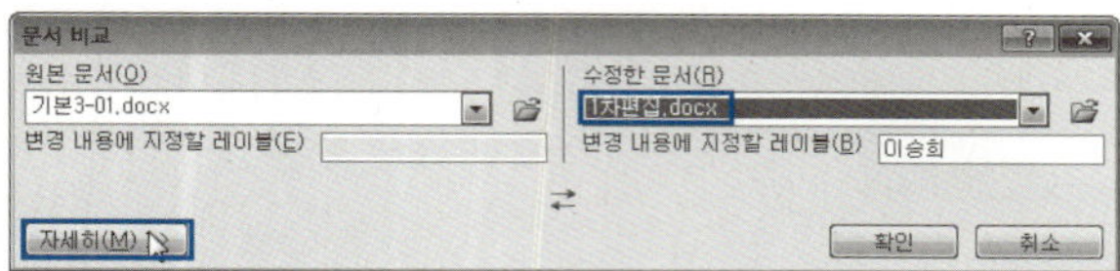

5. **[변경 내용 표시]**–**[변경 내용 표시 위치]**가 '새 문서'인지 확인하고 **[확인]** 단추를 클릭한다. 이곳에서 선택한 옵션은 이후의 문서를 비교할 때 기본 설정으로 사용된다.

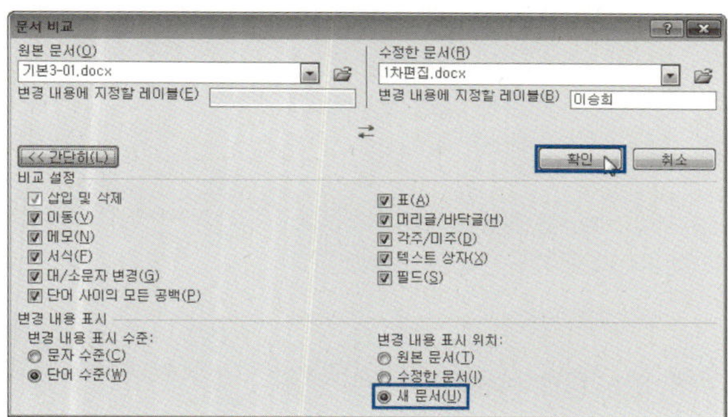

6. 두 문서 버전 중 하나에 변경된 내용이 있을 경우에는 다음과 같은 메시지 상자가 표시된다. 해당 변경 내용을 적용하고 문서를 비교하려면 **[예]** 단추를 클릭한다.

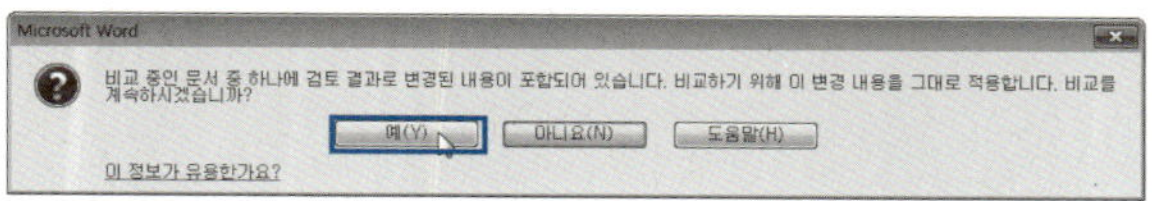

7. 원본과 수정 문서를 비교하여 다른 내용을 표시하는 새로운 문서가 나타난다.

8. 모든 변경 내용을 적용하기 위해 **[검토]** 탭–**[변경 내용]** 그룹에서 **[적용]** 명령의 목록 단추를 클릭해 '문서에서 변경 내용 모두 적용'을 선택한다.

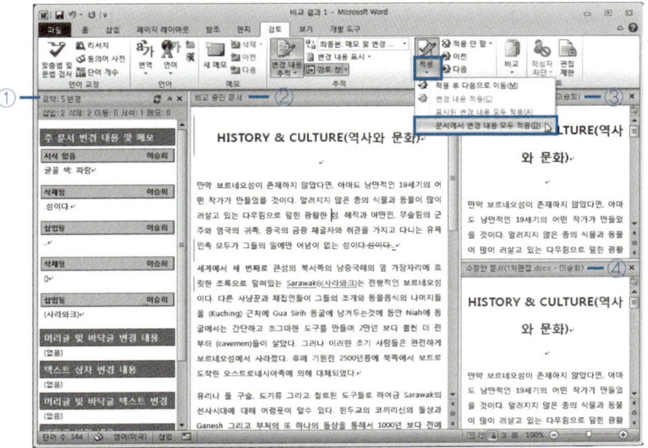

① **요약** : 삽입, 삭제, 이동, 서식, 메모의 변경 정보가 요약되어 나열된다.

② **비교 중인 문서** : 두 버전의 문서를 합친 화면이다.

③ **원본 문서** : 원본(기본3–01.docx) 문서가 표시된다.

④ **수정한 문서** : 수정본(1차편집.docx) 문서가 표시된다.

9. 새 문서를 저장하기 위해 빠른 실행 도구 모음에서 **[저장]** 명령(💾)을 클릭한다.

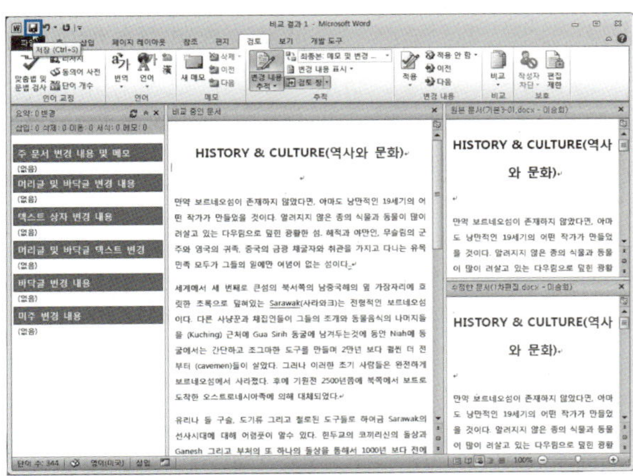

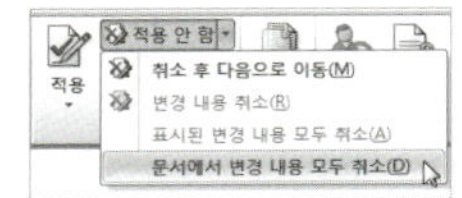

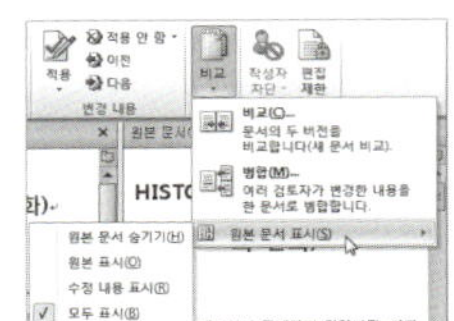

10. [다른 이름으로 저장] 대화 상자에서 저장 위치를 '문서' 폴더로 이동한다. [파일 이름]에 비교완료를 입력하고 [저장] 단추를 클릭한다.

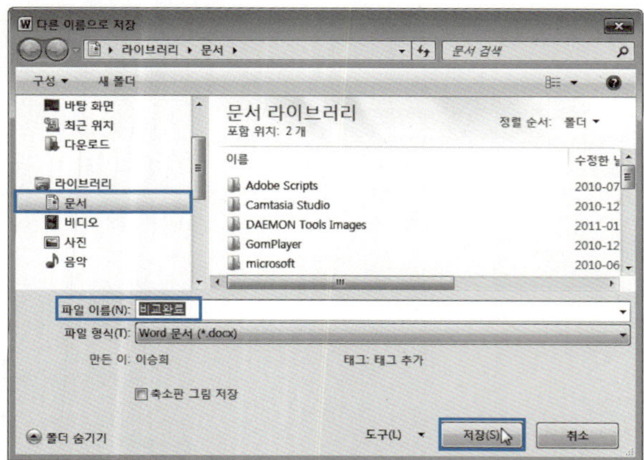

03 문서 병합

다른 검토자가 문서를 검토한 후 회신했다면 원본과 검토 문서를 하나의 문서로 병합하여 변경 내용을 추적하여 원하는 부분을 적용하거나 취소할 수 있다. 기본적으로 병합 결과는 별도의 새 문서에 나타나지만 원본 또는 검토 문서에 표시되도록 옵션을 변경할 수 있다.

> 기본3-01.docx와 검토.docx 파일을 병합합니다. 기본3-01.docx를 원본 문서로 설정하고 병합 결과를 새 문서에 표시하고 변경 내용을 추적해 'Sarawak()' 변경 내용만 적용 취소하고 나머지 모든 변경 내용을 적용합니다. 새 문서를 검토완료.docx 파일 이름으로 기본 위치에 저장합니다.

1. [검토] 탭-[비교] 그룹-[비교] 명령을 클릭해 '병합'을 클릭한다.

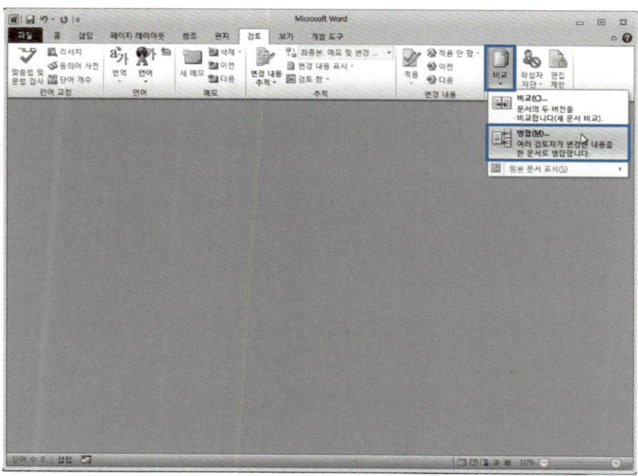

2. [문서 병합] 대화 상자에서 [원본 문서]의 목록 단추를 클릭해 '기본3–01.docx' 문서를 찾아 선택한다.

3. [수정한 문서]도 [찾아보기] 명령( )을 클릭한다.

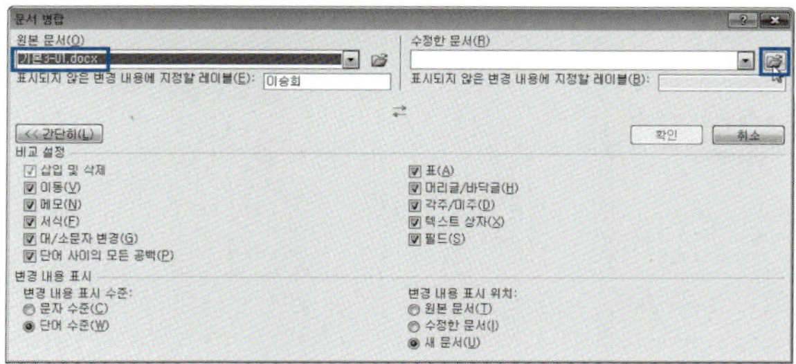

4. [열기] 대화 상자에서 '검토.docx' 문서를 찾아 선택하고 [열기] 단추를 클릭한다.

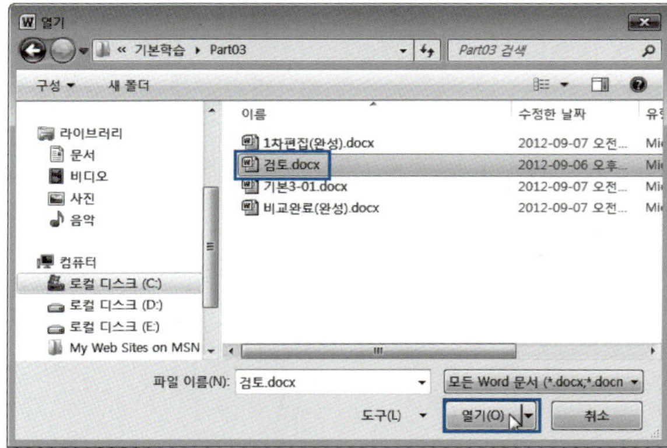

5. [변경 내용 표시]–[변경 내용 표시 위치]가 '새 문서'인지 확인하고 [확인] 단추를 클릭한다.

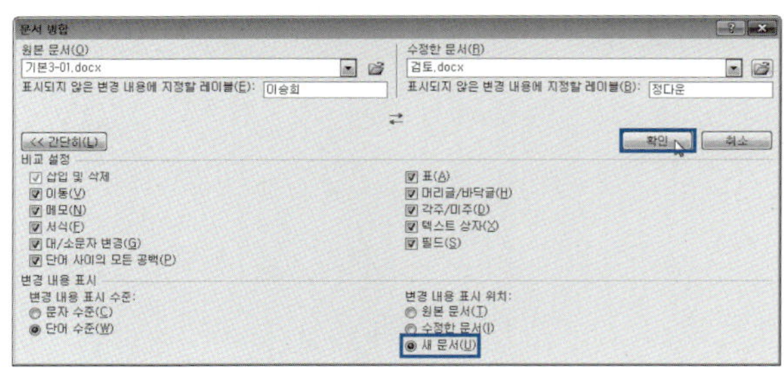

tip

중복 서식 확인 메시지 창

한 곳에 서로 다른 변경된 서식이 포함되어 있다면 변경 내용을 한 가지만 저장할 수 있으므로 다음의 확인 메시지 창이 나타난다. 기본값인 '사용자 문서'로 두고 [병합 계속] 단추를 클릭한다.

① **사용자 문서** : 원본 문서의 서식을 유지한다.

② **기타 문서** : 편집된 문서의 서식을 유지한다.

6. 원본과 검토 문서가 병합된 내용을 표시하는 새로운 문서가 나타난다.

7. [검토] 탭–[변경 내용] 그룹에서 [다음] 명령을 클릭한다.

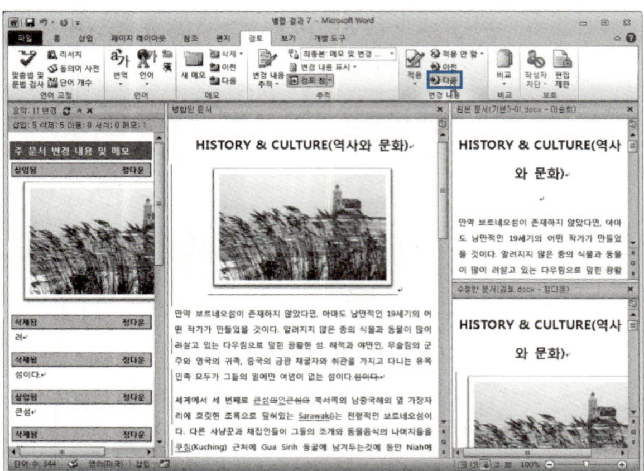

8. 선택된 변경 내용을 적용하려면 [검토] 탭–[변경 내용] 그룹에서 [적용] 명령을 클릭한다.

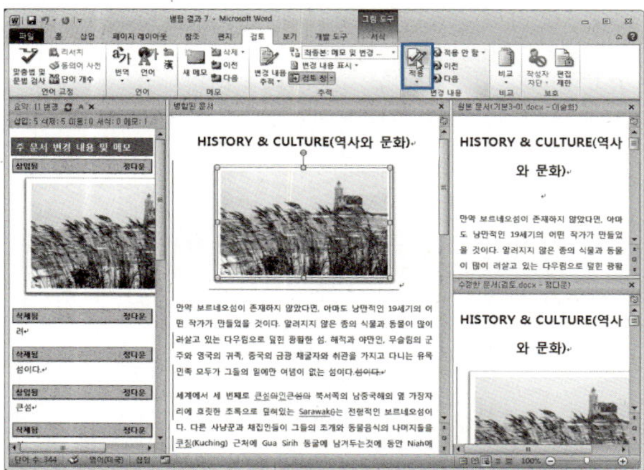

9. 첫 번째 변경 내용이 적용되고 다음 변경 내용이 추적된다. 연속해서 여섯 번 [적용] 명령을 클릭한다.

10. 'Sarawak()' 변경 내용으로 이동되면 변경 내용을 취소하기 위해 **[검토]** 탭–**[변경 내용]** 그룹에서 **[적용 안 함]** 명령을 클릭한다.

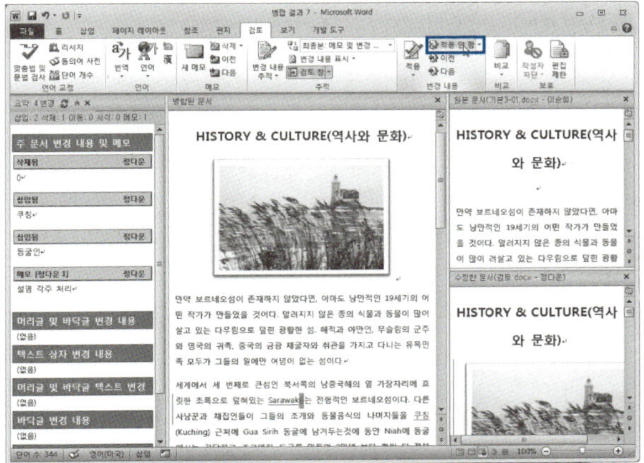

11. 해당 변경 사항이 적용 취소되면 세 번 더 **[적용]** 명령을 클릭한다.

12. 검색을 계속할지를 묻는 메시지 창이 나타나면 **[아니요]** 단추를 클릭한다.

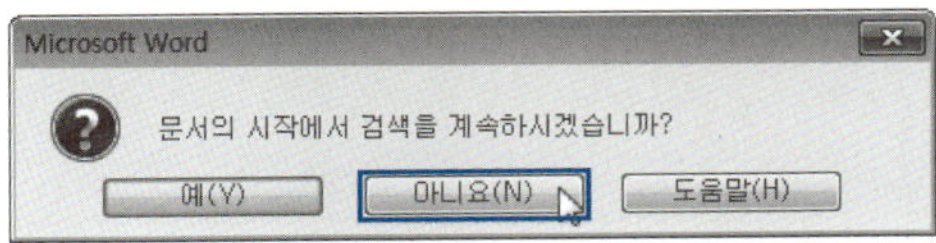

13. 새 문서를 저장하기 위해 빠른 실행 도구 모음에서 **[저장]** 명령(🖫)을 클릭한다.

14. **[다른 이름으로 저장]** 대화 상자에서 기본 저장 위치로 두고 **[파일 이름]**에 검토완료를 입력하고 **[저장]** 단추를 클릭한다.

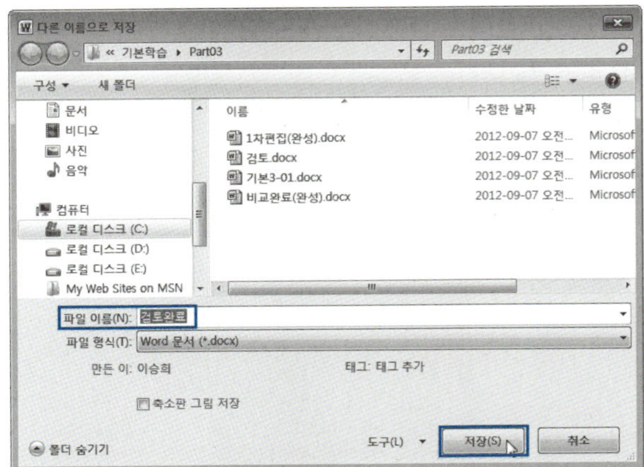

확인학습

준비파일 : 확인3-01.docx, 수정.docx, 설계도검토.docx   완성파일 : 비교최종(완성).docx, 검토최종(완성).docx

다음 작업을 완성하시오.

(1) 확인3-01.docx 문서와 수정.docx 수정 문서의 버전을 비교하시오. 확인3-01.docx를 원본 문서로 설정하고 비교 결과를 새 문서에 표시하고 모든 변경 내용을 적용하시오. 새 문서를 비교최종.docx 파일 이름으로 기본 위치에 저장하시오.

(2) 확인3-01.docx 문서와 설계도검토.docx 파일을 병합하시오. 확인3-01.docx를 원본 문서로 설정하고 병합 결과를 새 문서에 표시하고 모든 변경 내용을 적용 취소하시오. 새 문서를 검토최종.docx 파일 이름으로 문서 폴더에 저장하시오.

Hint

1. 두 문서의 버전을 비교하려면 **[검토]** 탭–**[비교]** 그룹–**[비교]** 명령을 클릭해 '비교'를 선택하세요.
2. 두 문서를 병합하려면 **[검토]** 탭–**[비교]** 그룹–**[비교]** 명령을 클릭해 '병합'을 선택하세요.
3. 변경 내용을 적용하려면 **[검토]** 탭–**[변경 내용]** 그룹–**[적용]** 명령을 이용하세요.
4. 변경 내용을 취소하려면 **[검토]** 탭–**[변경 내용]** 그룹–**[적용 안 함]** 명령을 이용하세요.

3-2
참조 페이지 만들기

준비파일 : 기본3-02.docx, 인용목록.xml   완성파일 : 기본3-02(완성).docx

중요 용어 | 새 출처 추가, 출처 관리자, 참고 문헌, 상호 참조
출제 포인트 | 새 출처를 추가하고, 출처 관리자로 출처 목록을 편집하고, 참고 문헌을 삽입하고, 상호 참조를 삽입하는 방법을 묻는 문제

참고하거나 인용한 출처를 표시하는 참고 문헌을 추가한 후 문서에 사용한 출처 정보를 기반으로 참고 문헌 목록을 자동으로 생성할 수 있다. 또한 상호 참조 기능을 이용해 문서의 특정 위치의 내용을 참조할 수 있도록 텍스트와 페이지 번호를 추가할 수 있다.

01 새 출처 추가

참고 문헌은 문서를 만들 때 참고하거나 인용한 출처를 표시하는 것으로 출처는 책, 보고서 또는 웹 사이트 등이 될 수 있다. 새 출처를 만들면서 동시에 커서가 있는 위치에 새롭게 만들어진 출처가 삽입된다.

> '1.1 손익계산서 계산식' 제목 텍스트 오른쪽 위치에 다음의 내용을 사용하여 새 웹 사이트 출처를 만들어 삽입하시오.
> - 저자 : Alerbert Polkiz
> - 웹 사이트 이름 : 재무제표 이것만 알자!
> - 연도 : 2011
> - 태그 이름 : AlePo11

1. '1.1 손익계산서 계산식' 제목 텍스트 오른쪽으로 커서를 이동한다.

2. 출처 정보를 추가하기 위해 **[참조]** 탭–**[인용 및 참고 문헌]** 그룹에서 **[인용 삽입]** 명령을 클릭해 '새 출처 추가'를 선택한다.

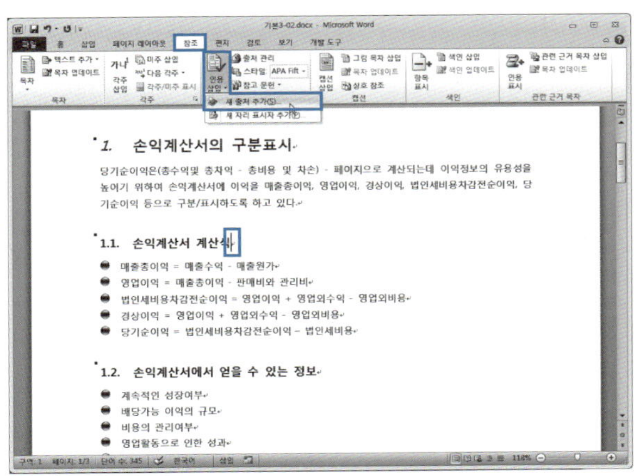

tip

새 자리 표시자 추가

인용을 만들고 나중에 출처 정보를 입력할 수 있도록 자리 표시자를 추가하려면 '새 자리 표시자 추가'를 클릭한다. 출처 관리자의 자리 표시자 출처 옆에 물음표가 나타난다.

"

3. **[출처 만들기]** 대화 상자에서 **[출처 유형]** 목록 단추를 눌러 '웹 사이트'를 선택한다.

4. **[저자]**에 Alerbert Polkiz를 입력한다.

5. **[웹 사이트 이름]**에 재무제표 이것만 알자!를 입력한다.

6. **[연도]**에 2011을 입력한다.

7. **[태그 이름]**에 AlePo11을 입력한다. 태그 이름은 이 출처를 고유하게 식별하기 위해 사용한다.

8. **[확인]** 단추를 클릭한다.

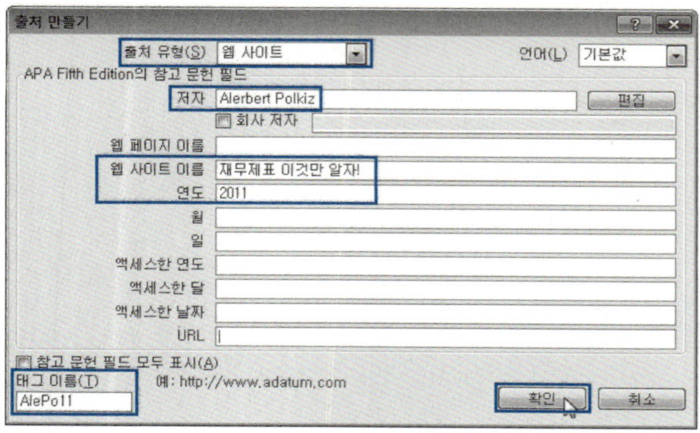

9. 커서가 있던 위치에 출처가 삽입되고 **[참조]** 탭–**[인용 및 참고 문헌]** 그룹에서 **[인용 삽입]** 명령을 클릭해 보면 출처가 추가되어 있는 것을 알 수 있다. 해당 출처를 클릭해 반복해 삽입할 수 있다.

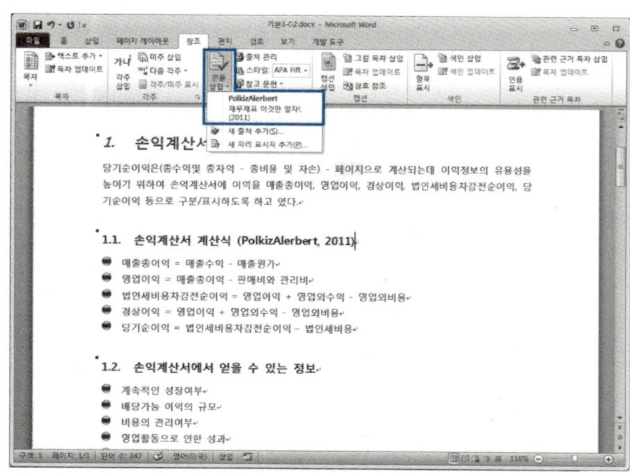

---

tip

출처 콘텐츠 컨트롤

삽입된 출처를 클릭하면 콘텐츠 컨트롤이 나타난다. 목록 단추를 클릭해 인용 및 원본을 편집하거나, 콘텐츠 컨트롤에서 일반 텍스트로 변환하거나, 원본이 수정된 경우 내용을 업데이트할 수 있다. 콘텐츠 컨트롤을 삭제하려면 왼쪽 상단의 선택 영역을 클릭한 후 〈Delete〉 키를 누른다.

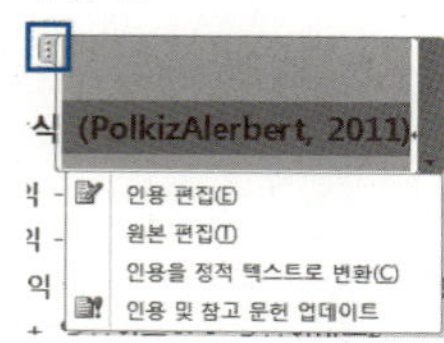

Check

새 출처를 추가한 후 삽입하지 않으려면 **[참조]** 탭–**[인용 및 참고 문헌]** 그룹에서 **[출처 관리]** 명령을 클릭해 새 출처를 추가한다.

02 출처 관리

새 출처 정보를 추가할 때마다 컴퓨터에 출처 정보가 저장되므로 이전에 만든 모든 출처를 쉽게 찾아 다시 사용하거나, 별도로 저장한 인용 목록 파일로 XML 파일로 저장되어 불러와 현재 문서의 출처 목록으로 복사해 재사용할 수 있다. 아직 인용이 없는 문서를 열면 이전 문서에서 사용한 모든 출처가 마스터 목록에 나타나고 인용이 있는 문서를 열면 현재 목록에 해당 인용의 출처가 나타난다.

> 인용목록.xml을 사용 가능한 출처 목록으로 설정합니다. 그리고 나서 인용목록에 있는 모든 항목을 현재 목록으로 복사합니다.

1. [참조] 탭–[인용 및 참고 문헌] 그룹에서 [출처 관리] 명령을 클릭한다.

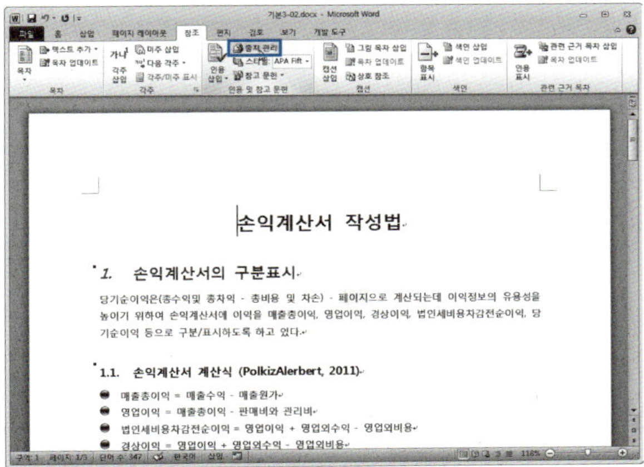

2. 새 출처가 저장되어 있는 다른 마스터 목록을 가져오기 위해 [사용 가능한 출처]의 [마스터 목록]에서 [찾아보기] 단추를 클릭한다.

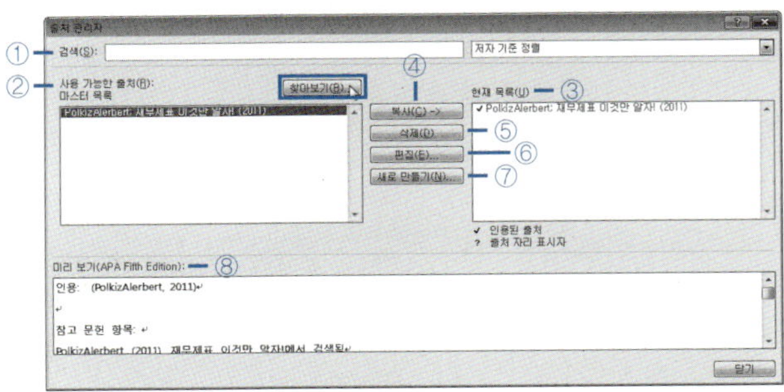

① **검색** : 검색 상자에 찾으려는 출처의 제목 또는 만든 이를 입력하고 만든 이, 제목, 인용 태그 이름 또는 연도를 기준으로 정렬 옵션을 설정해 결과 목록에서 찾으려는 출처를 검색하게 된다.

② **마스터 목록** : 사용 가능한 XML 출처 파일의 출처 목록이 나타나며 [찾아보기] 단추를 클릭해 출처 파일을 불러 올 수 있다.

③ **현재 목록** : 현재 문서에서 사용 중인 출처 목록이 나타난다.

④ **복사** : 선택한 출처 항목을 다른 출처 파일 또는 현재 목록 위치로 복사한다.

⑤ **삭제** : 선택한 출처 항목을 삭제한다.

⑥ **편집** : 선택한 출처 항목의 내용을 수정한다.

⑦ **새로 만들기** : 새 출처 항목을 추가한다.

⑧ **미리 보기** : 선택한 출처 항목의 내용을 미리 본다.

3. **[출처 목록 열기]** 대화 상자에서 '인용목록.xml' 파일을 찾아 선택하고 **[확인]** 단추를 클릭한다.

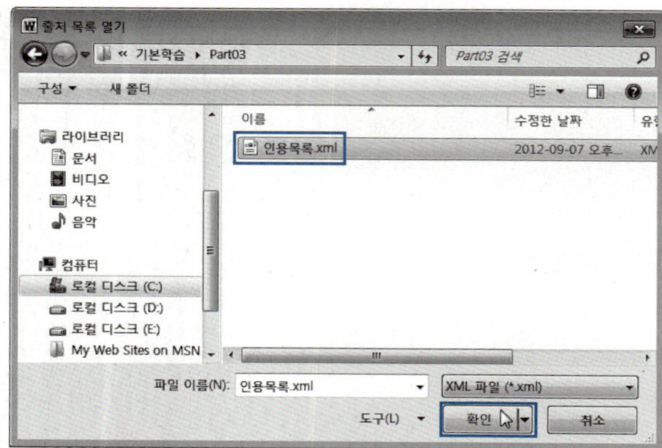

4. **[출처 관리자]** 대화 상자에 인용목록.xml 출처 파일에 저장되어 있던 출처 목록이 나타난다.

5. **[인용목록]**에서 '이순신; 부채와 자산 (2009)' 출처 항목을 선택하고 **[복사]** 단추를 클릭한다.

6. **[인용목록]**에서 '홍길동; 자산과 자산 (2010)' 출처 항목을 선택하고 **[복사]** 단추를 클릭한다.

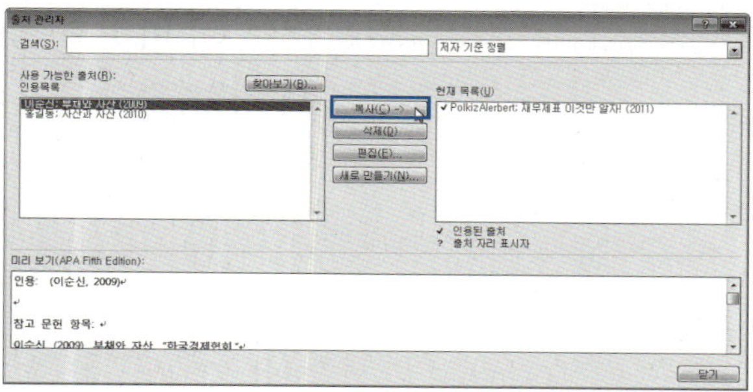

7. 인용 목록에서 현재 목록으로 복사되면 **[닫기]** 단추를 클릭한다.

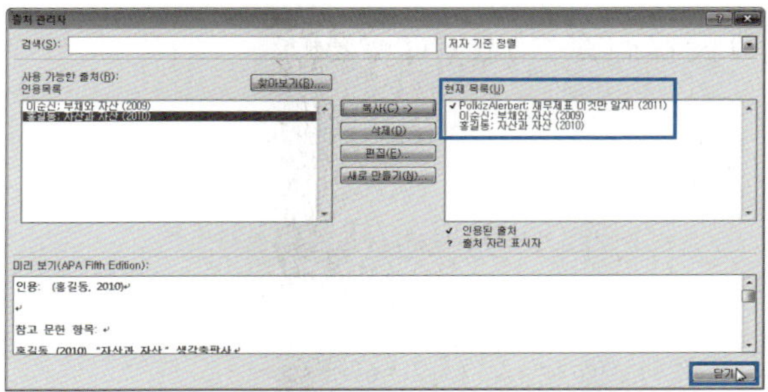

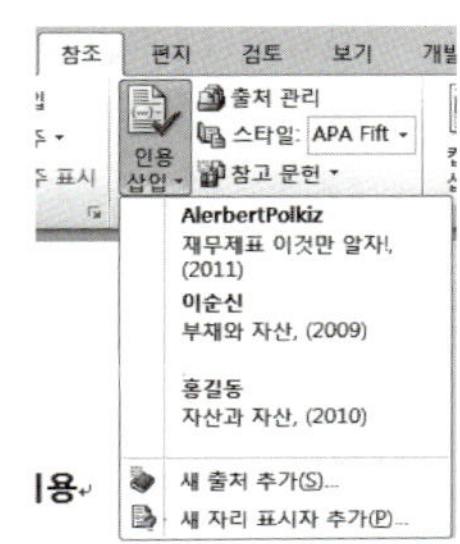

 참고 문헌 삽입

문서에 출처 항목을 하나 이상 삽입한 다음에는 언제든지 참고 문헌 목록을 만들 수 있다. 주로 문서 끝에 참고 문헌 목록을 삽입한다.

> 문서 마지막 위치에 참고 문헌 목록을 콘텐츠 컨트롤로 삽입합니다.

1. 〈Ctrl+End〉 키를 눌러 문헌을 삽입할 마지막 위치로 커서를 이동한다.

2. **[참조]** 탭–**[인용 및 참고 문헌]** 그룹에서 **[참고 문헌]** 명령을 클릭해 '참고 문헌'을 선택한다.

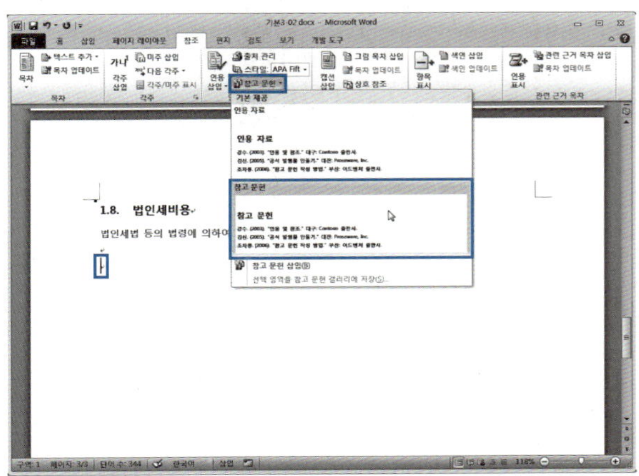

3. 콘텐츠 컨트롤 개체로 참고 문헌이 삽입된다.

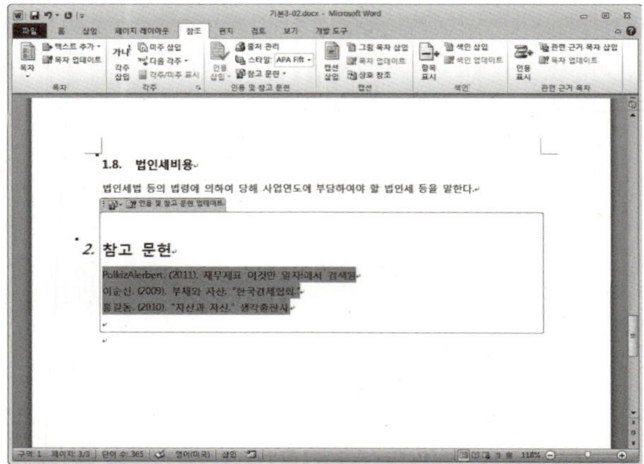

04 상호 참조

문서에 삽입된 캡션, 제목 스타일, 각주 및 미주, 책갈피, 표나 그림 캡션 등이 설정된 위치로 상호 참조를 설정할 수 있으며 참조 페이지 번호 및 참조 내용을 표시할 수 있다. 상호 참조 내용에는 하이퍼링크가 설정되어 있어 화면상에서 참조 위치로 쉽게 이동할 수 있으며, 항목의 내용이나 위치가 변경된 경우에 업데이트할 수 있다.

'1. 손익계산서의 구분표시' 제목 텍스트 아래의 본문에 '페이지' 단어 왼쪽에 당기순이익 책갈피 항목이 있는 페이지 번호를 상호 참조하도록 설정합니다.

1. 상호 참조 텍스트 및 페이지 번호 등을 삽입하기 위해 '1. 손익계산서의 구분표시' 제목 아래의 '페이지' 텍스트 왼쪽으로 커서를 이동한다.

2. 다음 중 하나의 명령을 수행한다.

- **[삽입]** 탭–**[링크]** 그룹에서 **[상호 참조]** 명령을 클릭한다.
- **[참조]** 탭–**[캡션]** 그룹에서 **[상호 참조]** 명령을 클릭한다.

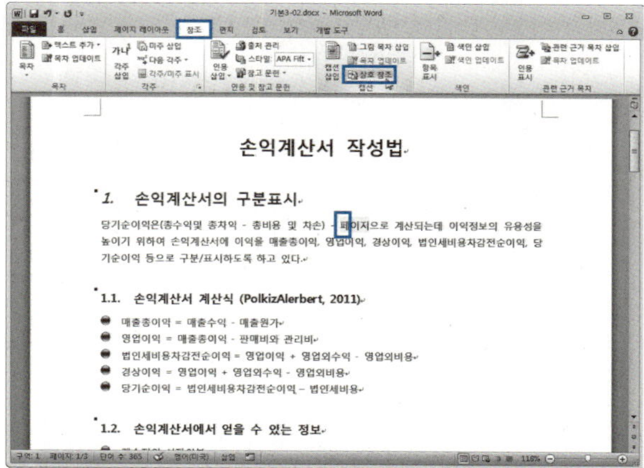

3. [상호 참조] 대화 상자에서 **[참조할 대상]**을 '책갈피', **[사용할 책갈피]**를 '당기순이익', **[삽입할 참조 내용]**을 '페이지 번호'로 선택하고 **[삽입]** 단추를 클릭한다.

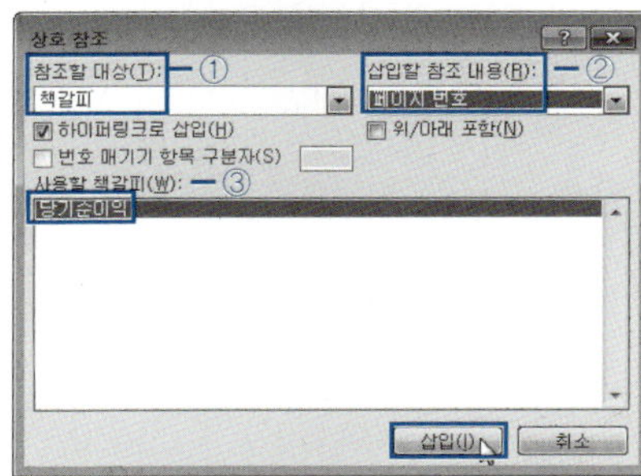

① **참조할 대상** : 문서에 삽입된 캡션, 제목 스타일, 각주 및 미주, 책갈피, 표나 그림 캡션 중에서 참조할 대상을 선택한다.

② **삽입할 참조 내용** : 참조할 대상에서 선택한 대상의 텍스트, 번호, 페이지 번호, 위쪽 또는 아래쪽 문구 등의 삽입할 참조 유형을 선택한다.

③ **사용할 책갈피** : 참조할 대상에서 선택한 대상이 적용되어 있는 목록 중에서 사용할 항목을 선택한다.

4. 커서가 있던 위치에 참조 내용이 필드로 삽입되면 **[상호 참조]** 대화 상자의 **[닫기]** 단추를 클릭한다.

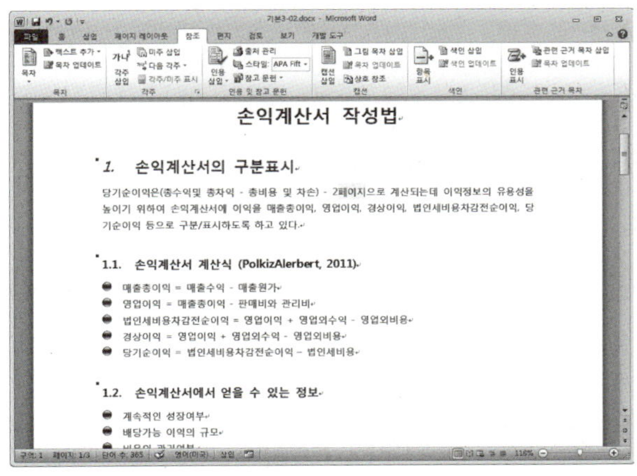

tip

상호 참조 위치로 이동하기

상호 참조 내용을 〈Ctrl〉 키를 누른 채 클릭하면 해당 위치로 바로 이동된다.

tip

상호 참조 내용 업데이트하기

상호 참조된 내용의 페이지 번호가 수정되었다면 〈Ctrl+A〉 키를 눌러 문서 전체를 선택하고 필드 업데이트 단축키인 〈F9〉 키를 눌러 업데이트한다.

| 확인학습 |

준비파일 : 확인3-02.docx, 레포트출처.xml   완성파일 : 확인3-02(완성).docx

확인3-02.docx를 열어 다음 작업을 완성하시오.

(1) 다음의 설정을 사용하여 새 학술 논문집 출처를 만드시오.

- 저자 : Brauny Jung
- 제목 : Current Asset & Liability
- 페이지 : pp103~108
- 연도 : 1997
- 태그 이름 : BJ97

(2) 레포트출처.xml을 사용 가능한 출처 목록으로 설정하시오. 그리고 나서 레포트출처 목록에 있는 모든 항목을 현재 목록으로 복사하시오.

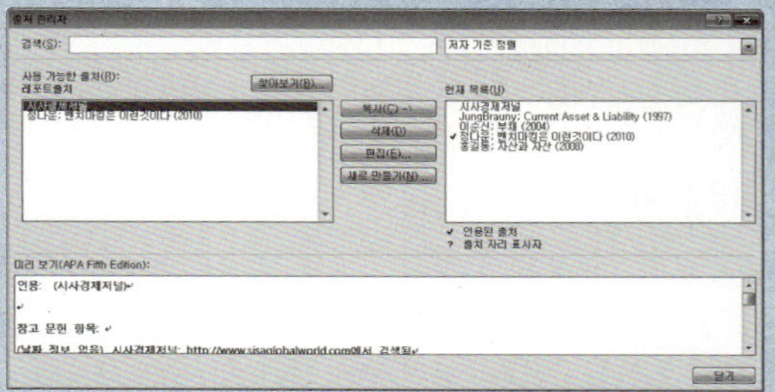

(3) '4. 자본의 정의' 제목 위쪽 빈 단락에 정다운 관련 출처 자료를 삽입하시오.

(4) 문서 마지막 위치에 인용 자료 목록을 삽입하시오.

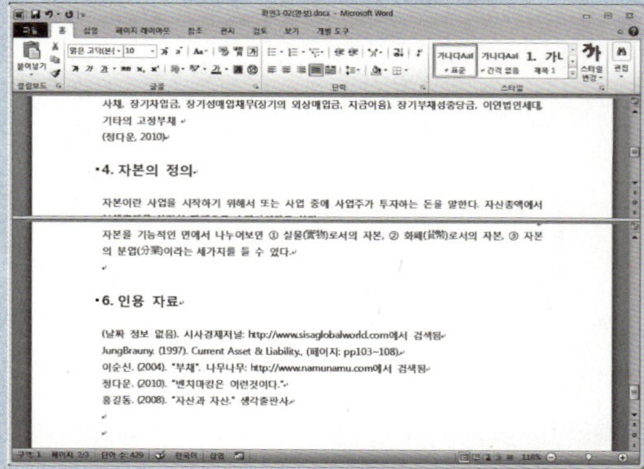

| 확인학습 |

(5) '2. 자산의 분류' 제목 텍스트 아래쪽의 노란색으로 표시된 영역에서 '(' 왼쪽에 유형자산 제목 텍스트를, '(' 오른쪽에 유형자산 제목이 있는 페이지 번호를 삽입하시오.

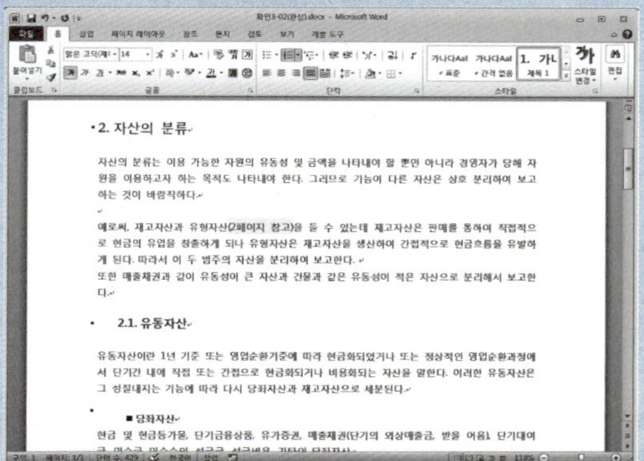

Hint

1. 새 출처를 추가만 하려면 [참조] 탭–[인용 및 참고 문헌] 그룹에서 [출처 관리] 명령을 이용하세요.

2. 다른 출처 목록을 가져오려면 [참조] 탭–[인용 및 참고 문헌] 그룹에서 [출처 관리] 명령을 이용하세요.

3. 단일 출처 항목을 문서에 삽입하려면 [참조] 탭–[인용 및 참고 문헌] 그룹에서 [인용 삽입] 명령을 이용하세요.

4. 출처 및 인용 자료 목록을 삽입하려면 [참조] 탭–[인용 및 참고 문헌] 그룹에서 [참고 문헌] 명령을 이용하세요.

5. 상호 참조를 삽입하려면 [삽입] 탭–[링크] 그룹에서 [상호 참조] 명령을 이용하세요.

3-3 문서에 관련 근거 목차 만들기

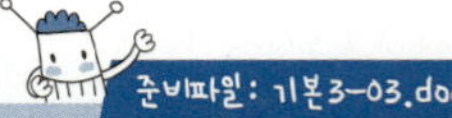

중요 용어 | 인용 표시, 관련 근거 목차, 관련 근거 목차 업데이트
출제 포인트 | 관련 근거 목차를 삽입하고 업데이트하는 방법을 묻는 문제

문서 본문에 사용된 근거 자료들에 인용 표시를 한 다음 관련 근거 목차로 삽입할 수 있다. 관련 근거 목차는 판례, 법령, 규칙 등과 같은 법률 문서에서 사용하는 참조를 페이지 번호와 함께 나열한 목록을 의미한다. 관련 근거 목차를 작성한 후 관련 근거 내용이 변경되면 간단히 관련 근거 목차를 업데이트할 수 있다.

01 인용 표시

관련 근거 목차를 만들려면 우선 관련 근거 목차로 사용할 근거 항목에 인용 표시를 해야 한다. 인용 항목은 특정 텍스트가 관련 근거 목차에 포함되도록 표시하는 필드 코드를 말한다. 인용 항목으로 표시한 텍스트 옆에는 숨겨진 텍스트로 서식이 지정된 TA 필드가 자동으로 삽입된다.

> 2페이지의 표 아래쪽의 '주식회사 시사유통(2011)'은 조항 범주로, 3페이지의 '1.8. 법인세 비용' 제목 아래의 'LAW협회지(2010)' 텍스트는 법규 범주로 인용 표시를 합니다.

1. 2페이지의 표 아래쪽의 '주식회사 시사유통(2011)' 텍스트를 드래그해 선택한다.

2. [**참조**] 탭–[**관련 근거 목차**] 그룹에서 [**인용 표시**] 명령을 클릭한다.

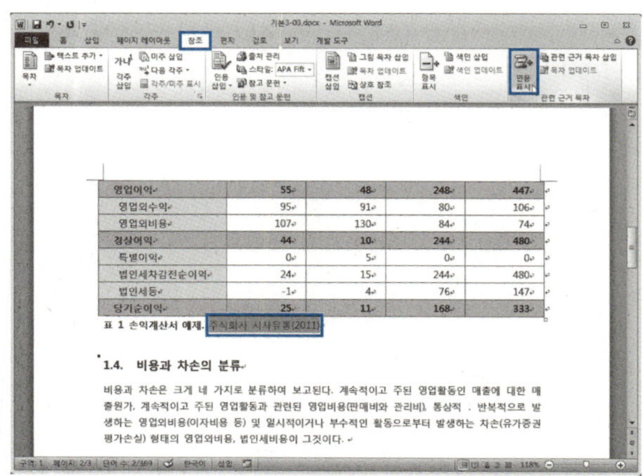

3. [**인용 표시**] 대화 상자에서 [**범주**] 목록 단추를 클릭해 '조항'을 선택하고 [**표시**] 단추를 클릭한다.

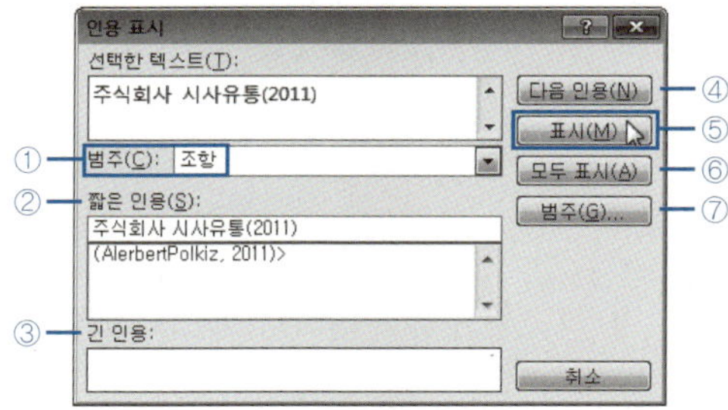

① **범주** : 범주 항목을 선택한다.

② **짧은 인용** : 인용 텍스트를 짧게 수정한다.

③ **긴 인용** : 긴 인용 텍스트를 추가한다.

④ **다음 인용** : 다음 인용을 찾는다.

⑤ **표시** : 선택한 텍스트에 인용 표시를 추가한다.

⑥ **모두 표시** : 선택한 텍스트를 문서 전체에서 찾아 인용 표시를 모두 추가한다.

⑦ **범주** : 범주를 선택하고 편집한다.

4. 선택한 텍스트에 인용 표시가 추가되면 [**인용 표시**] 대화 상자의 [**닫기**] 단추를 클릭한다.

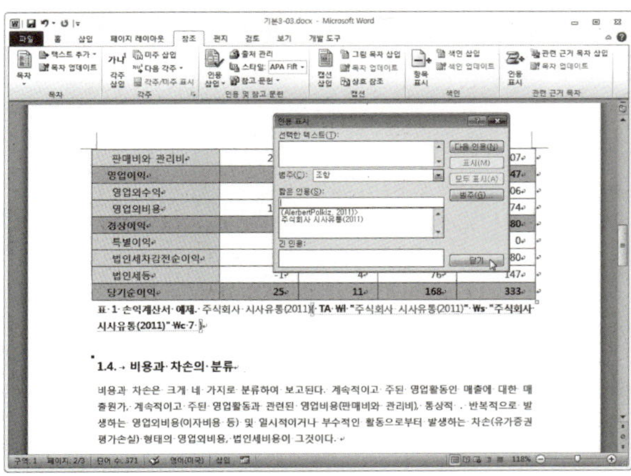

5. 3페이지의 '1.8. 법인세 비용' 제목 아래의 'LAW협회지(2010)' 텍스트를 드래그해 선택한다.

6. [참조] 탭–[관련 근거 목차] 그룹에서 [인용 표시] 명령을 클릭한다.

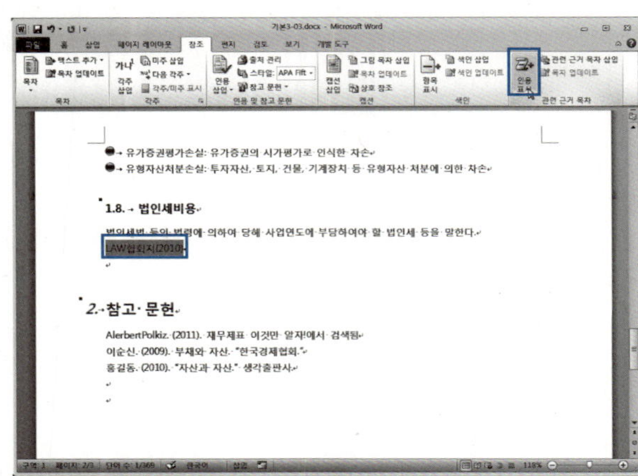

7. [인용 표시] 대화 상자에서 [범주] 목록 단추를 클릭해 '법규'를 선택하고 [표시] 단추를 클릭한다.

8. 선택한 텍스트에 인용 표시가 추가되면 [인용 표시] 대화 상자의 [닫기] 단추를 클릭한다.

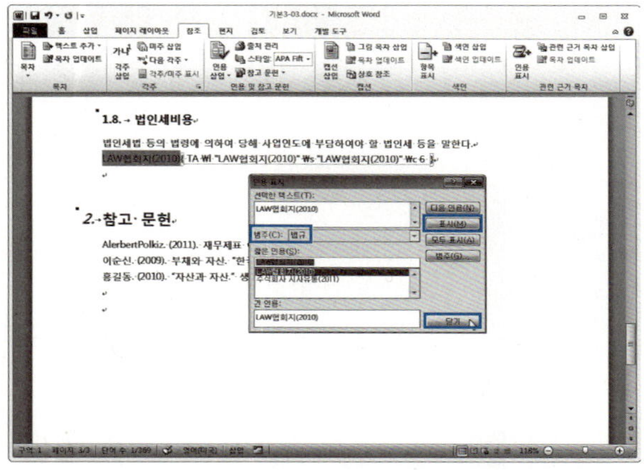

tip

인용 표시 필드 표시 및 숨기기

TA 필드를 숨기거나 표시하려면 [홈] 탭–[단락] 그룹에서 [편집 기호 표시/숨기기] 명령( )을 클릭한다.

 **관련 근거 목차 삽입**

인용 표시한 텍스트를 기초로 관련 근거 목차에 다양한 서식을 지정해 삽입할 수 있다.

> 1페이지 '[관련 근거 목차]' 텍스트 아래쪽의 빈 단락에 관련 정형 서식의 근거 목차를 삽입하시오.

1. 1페이지 [관련 근거 목차] 텍스트 아래쪽의 빈 단락으로 커서를 이동한다.

2. [참조] 탭–[관련 근거 목차] 그룹에서 [관련 근거 목차 삽입] 명령을 클릭한다.

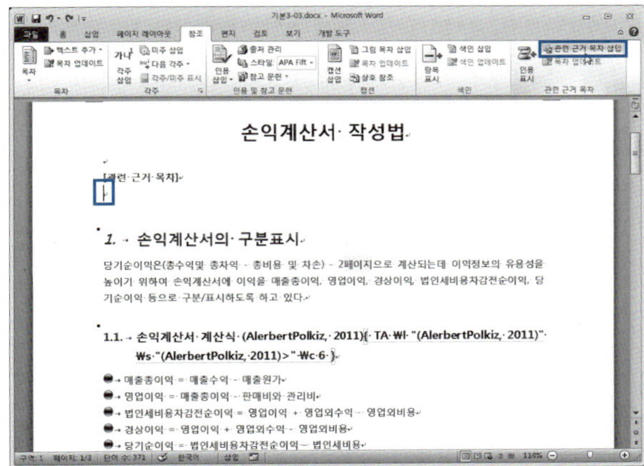

3. [관련 근거 목차] 대화 상자에서 [범주]는 '모두', [서식]은 '정형'을 선택하고 [확인] 단추를 클릭한다.

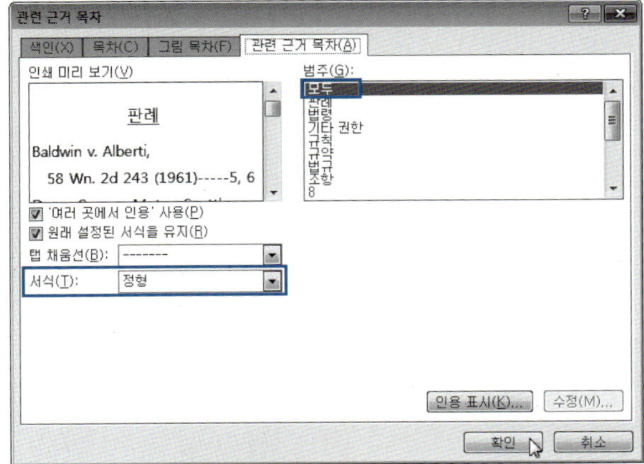

4. 커서가 있던 위치에 관련 근거 목차가 삽입된다.

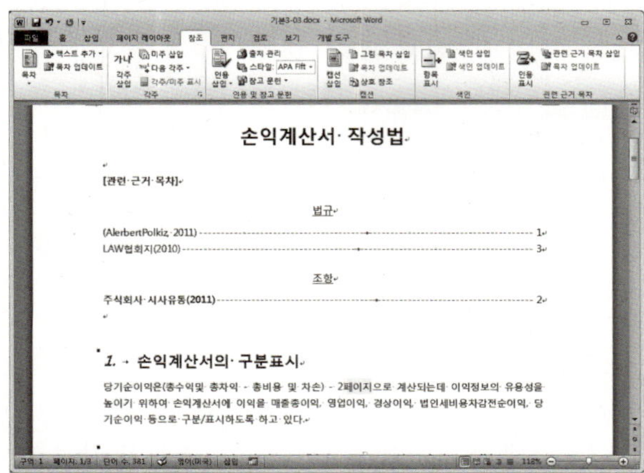

03 관련 근거 목차 업데이트

관련 근거 목차는 필드로 삽입되어 인용 항목의 텍스트나 범주가 변경되거나 원본이
제거된 경우 관련 근거 목차를 업데이트해 간단히 변경된 사항을 반영할 수 있다.

'AlerbertPolkiz'와 관련된 인용을 제거합니다. 그러고 나서 탭 채움선을 제거해 관련 근거 목차
를 업데이트합니다.

1. 1페이지의 '(AlerbertPolkiz, 2011)'부터 다음 줄 마지막까지 드래그해 선택하고
〈Delete〉 키를 눌러 삭제한다.

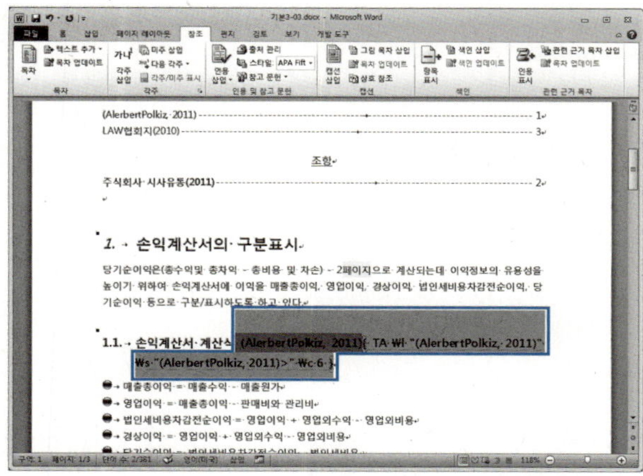

2. 관련 근거 목차의 내용 및 서식을 모두 변경하기 위해 관련 근거 목차로 커서를 이동한 후 **[참조]** 탭–**[관련 근거 목차]** 그룹에서 **[관련 근거 목차 삽입]** 명령을 클릭한다.

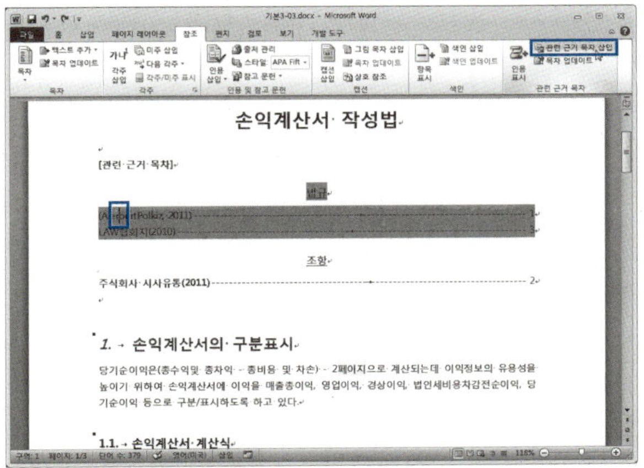

3. **[관련 근거 목차]** 대화 상자에서 **[범주]**가 '모두'인지 확인한다.

4. **[탭 채움선]**을 '없음'으로 선택하고 **[확인]** 단추를 클릭한다.

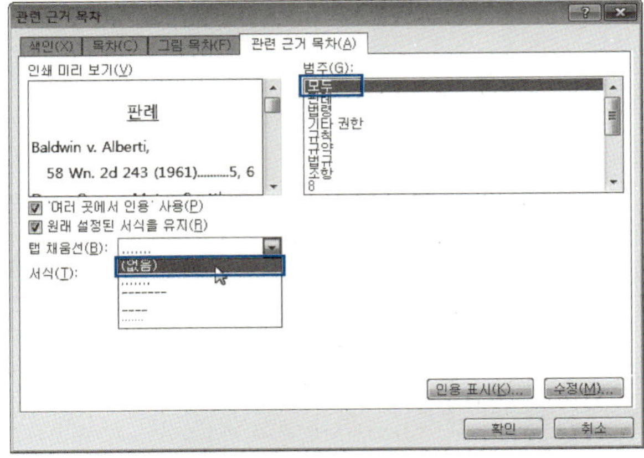

5. 관련 근거 목차를 바꾸는 것을 확인하는 메시지 창이 나타나면 **[예]** 단추를 클릭한다.

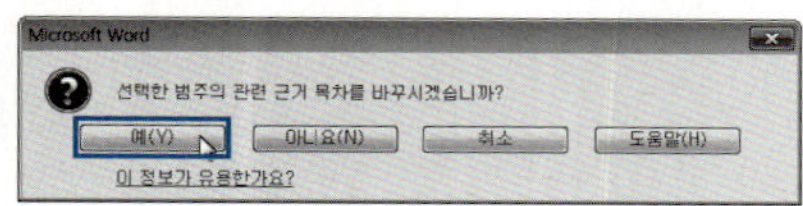

6. 관련 근거 목차에서 삭제한 항목과 채움선 서식도 제거된다.

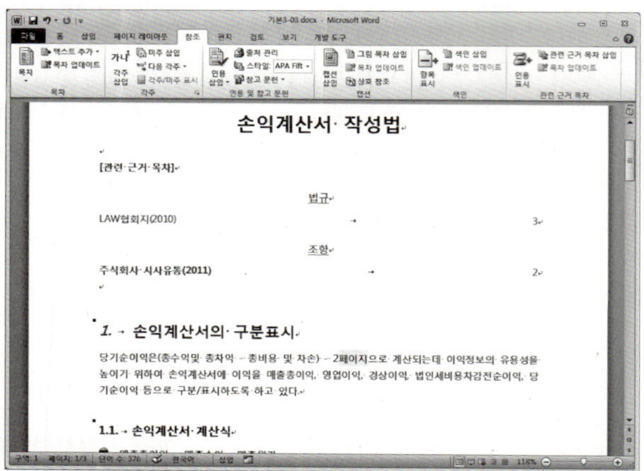

|확인학습|

준비파일 : 확인3-03.docx　　완성파일 : 확인3-03(완성).docx

확인3-03.docx를 열어 다음 작업을 완성하시오.

(1) 1페이지 '1. 자산의 정의'에서 '자산을 말하다, 2010' 텍스트를 조항 범주로 인용 표시하시오.

(2) 1페이지 [관련 근거 목차] 텍스트 아래쪽의 빈 단락에 장식형 서식의 관련 근거 목차를 삽입하시오.

(3) '부채를 말하다, 2010'과 관련된 근거의 내용을 삭제하고 관련 근거 목차를 업데이트하시오.

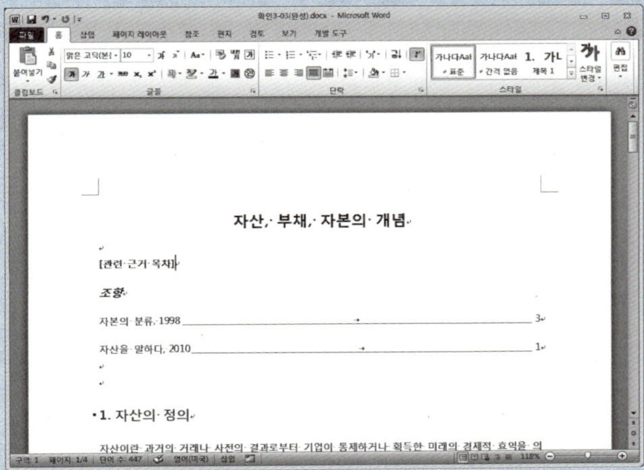

1. 관련 근거 목차 항목을 추가하려면 텍스트를 선택하고 [참조] 탭-[관련 근거 목차] 그룹에서 [인용 표시] 명령을 이용하세요.

2. 관련 근거 목차를 삽입하려면 [참조] 탭-[관련 근거 목차] 그룹에서 [관련 근거 목차 삽입] 명령을 이용하세요.

3. 관련 근거 목차를 업데이트하려면 목차로 커서를 이동하고 [참조] 탭-[관련 근거 목차] 그룹에서 [목차 업데이트] 명령이나, (2) 목차 위에서 마우스 오른쪽 단추를 눌러 [필드 업데이트] 메뉴를 이용하세요.

3-4
문서에 색인 만들기

중요 용어 | 색인 항목, 색인 삽입, 색인 업데이트
출제 포인트 | 색인 항목을 표시하고, 색인을 삽입하고, 색인을 업데이트하는 방법을 묻는 문제

대부분의 책 뒤에는 색인 페이지가 있어 본문을 읽는 중간에 원하는 주제를 쉽게 검색할 수 있도록 안내해 준다. 이러한 색인을 간단히 만들 수 있으며, 내용이나 위치가 변경된 경우 바로 업데이트할 수 있다. 먼저 본문에 색인 항목을 추가한 후 추가된 색인 항목을 기초로 색인을 만들면 된다.

01 색인 항목 표시

먼저 색인으로 만들 단어, 구문, 기호 등에 색인 항목을 표시해야 한다. 색인 항목은 특정 텍스트가 색인에 포함되도록 표시하는 필드 코드를 말한다. 색인 항목으로 표시한 텍스트 옆에는 숨겨진 텍스트로 서식이 지정된 XE(Index Entry) 필드가 자동으로 삽입된다.

> 1페이지에서 노란색으로 표시되어 있는 '손익계산서'는 색인 항목으로 표시하고 '당기순이익' 이라는 항목을 모두 색인 항목으로 표시합니다.

1. 1페이지의 '손익계산서' 텍스트를 드래그하여 선택한다.

2. [참조] 탭-[색인] 그룹에서 [항목 표시] 명령을 클릭한다.

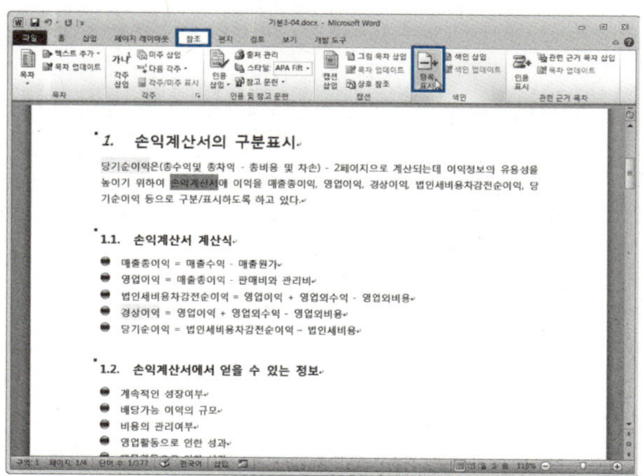

3. [색인 항목 표시] 대화 상자의 색인 [주 항목]에 선택한 텍스트가 표시된다.

4. [표시] 단추를 클릭한다.

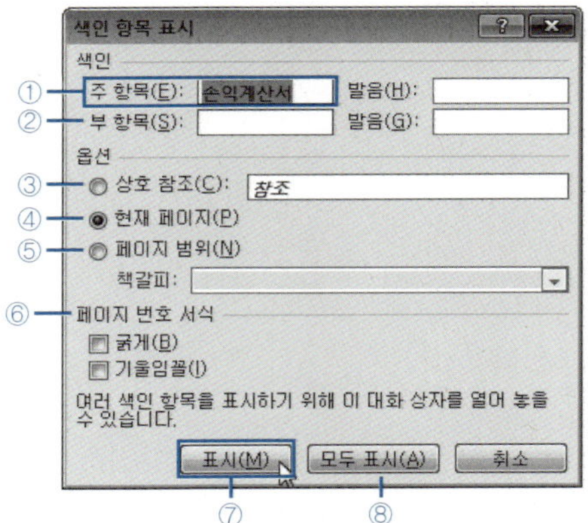

① **주 항목** : 색인 항목을 입력한다. 선택한 텍스트가 구라면 정확한 명사형으로 수정하는 것이 좋다. 주 항목의 서식을 변경하려면 주 항목 상자 위에서 마우스 오른쪽 단추를 눌러 **[글꼴]** 메뉴를 클릭하고 사용할 서식 옵션을 선택한다. 주 항목을 표시하면 {XE "주 항목"}과 같이 인쇄되지 않는 색인 항목(XE) 필드가 삽입된다.

② **부 항목** : 좀 더 일반적인 제목에 포함되는 색인 항목이다. 예를 들어 '학교'라는 색인 항목에는 '초등학교', '중학교', '고등학교', '대학교'와 같은 부 항목이 있을 수 있다. 세 번째 수준의 항목을 삽입하려면 부 항목 다음에 콜론(:)을 입력한 후 내용을 입력한다. 주 항목과 부 항목을 표시하면 {XE "주 항목:부 항목" \t "상호 참조"}와 같이 인쇄되지 않는 색인 항목(XE) 필드가 삽입된다.

③ **상호 참조** : 다른 항목에 대한 상호 참조를 만들어 항목을 표시한다.

④ **현재 페이지** : 색인 페이지에 색인 항목이 위치하고 있는 현재 페이지 번호를 삽입한다.

⑤ **페이지 범위** : 색인 항목과 책갈피 내용을 연결하려면 '페이지 범위'를 선택한 후 책갈피 이름을 선택한다.

⑥ **페이지 번호 서식** : 색인 페이지에 나타날 페이지 번호의 서식을 '굵게' 및 '기울임꼴'로 설정할 수 있다.

⑦ **표시** : 현재 선택한 텍스트를 색인 항목으로 표시한다.

⑧ **모두 표시** : 문서에 있는 현재 선택한 모든 동일 텍스트에 색인 항목을 표시한다.

5. 색인 항목이 추가된 위치에는 색인 항목 XE 필드가 표시된다.

6. [색인 항목 표시] 대화 상자는 계속 열려 있으므로 다른 색인 항목을 연속해서 추가할 수 있다. '당기순이익' 텍스트를 두 번 클릭한다.

7. 커서가 이동되면 '당기순이익' 텍스트를 드래그하여 선택한다.

8. [색인 항목 표시] 대화 상자를 클릭한다.

9. [주 항목]에 '당기순이익' 텍스트가 나타나면 [모두 표시] 단추를 클릭한다.

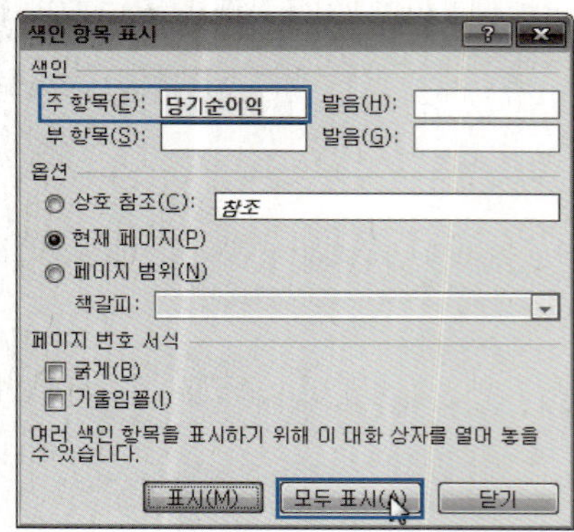

10. [색인 항목 표시] 대화 상자의 [닫기] 단추를 클릭한다.

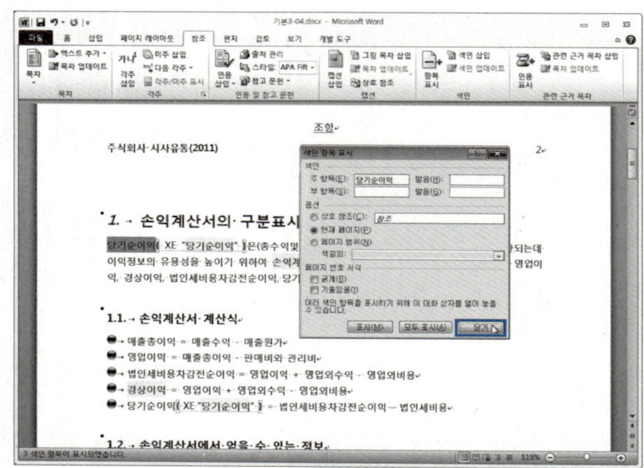

tip

색인 항목 필드 표시 및 숨기기

XE 필드를 숨기거나 표시하려면 [홈] 탭–[단락] 그룹에서 [편집 기호 표시/숨기기] 명령( )을 클릭한다.

색인 삽입

문서에 모든 색인 항목을 표시했다면 색인 항목을 기초로 색인 페이지를 간단히 만들 수 있다. 일반적으로 문서의 마지막 위치에 색인 목록을 삽입한다.

문서의 마지막 위치에 현대형 서식의 색인을 삽입합니다.

1. 〈Ctrl+End〉 키를 눌러 문서 마지막 위치로 커서를 이동한다.

2. [참조] 탭–[색인] 그룹에서 [색인 삽입] 명령을 클릭한다.

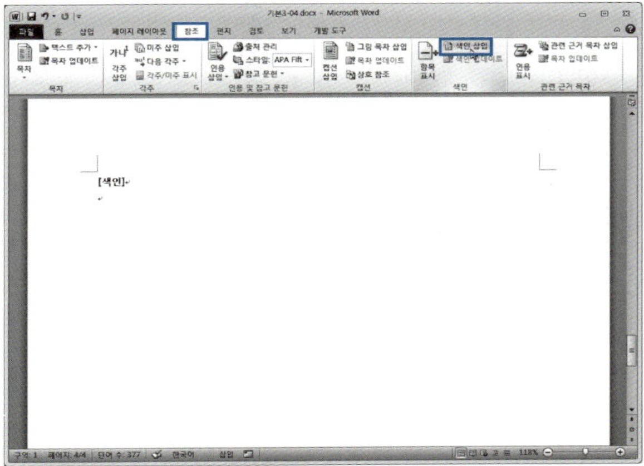

3. [색인] 대화 상자의 [색인] 탭에서 [서식]을 '현대형'으로 선택하고 [확인] 단추를 클릭한다.

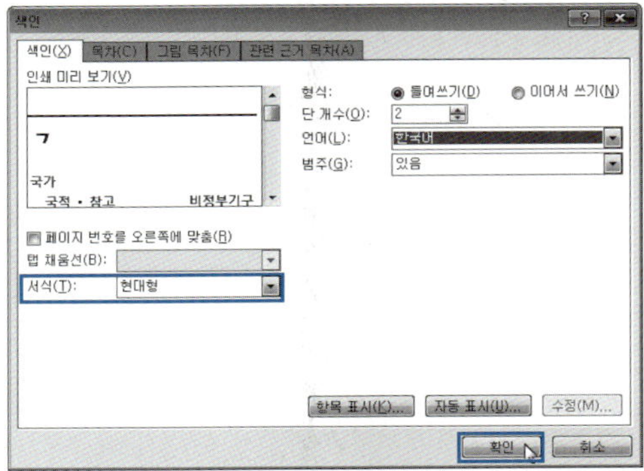

4. 커서가 있던 위치에 색인 목록이 삽입된다.

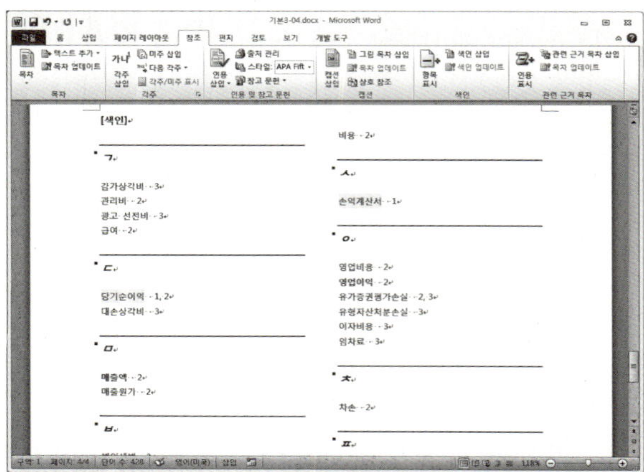

 색인 업데이트

목차와 마찬가지로 색인도 필드로 삽입되기 때문에 쉽게 업데이트할 수 있으나 하이 퍼링크 기능은 지원하지 않는다.

> 1페이지에서 노란색으로 표시되어 있는 '경상이익'이라는 항목을 모두 색인 항목으로 표시하고 현재 색인을 업데이트합니다.

1. 1페이지의 '경상이익' 텍스트를 드래그하여 선택한다.

2. [참조] 탭-[색인] 그룹에서 [항목 표시] 명령을 클릭한다.

3. [색인 항목 표시] 대화 상자의 색인 주 항목에 선택한 텍스트가 표시된다.

4. [모두 표시] 단추를 클릭한다.

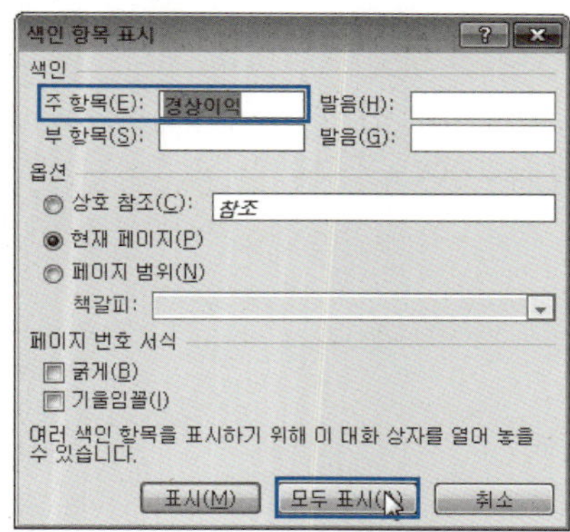

5. 색인 항목이 표시되면 **[닫기]** 단추를 클릭한다.

6. 〈Ctrl+End〉 키를 눌러 문서 마지막 위치로 이동한다.

7. 색인 목록을 클릭해 커서를 이동한다.

8. 색인을 업데이트하기 위해 다음 중 하나의 명령을 수행한다.

- **[참조]** 탭–**[색인]** 그룹에서 **[색인 업데이트]** 명령을 클릭한다.
- 마우스 오른쪽 단추를 눌러 **[필드 업데이트]** 메뉴를 클릭한다.
- 〈F9〉 키를 누른다.

9. 색인에 '경상이익' 항목이 추가된다.

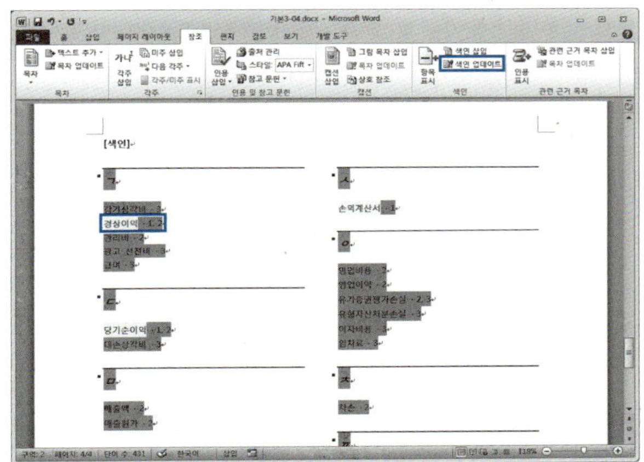

tip

색인 텍스트 수정하기

색인 항목의 텍스트를 수정하려면 겹따옴표 안에 있는 텍스트를 변경한다.

tip

색인 서식 변경하기

색인 목록의 서식이나 단 개수 등을 변경하려면 **[참조]** 탭–**[색인]** 그룹에서 **[색인 삽입]** 명령을 클릭한다. **[색인]** 대화 상자에서 필요한 형식 및 서식을 변경하고 **[확인]** 단추를 클릭한다. 색인을 바꿀 것인지를 묻는 메시지 창이 나타나면 **[예]** 단추를 클릭한다.

| 확인학습 |

준비파일: 확인3-04.docx   완성파일: 확인3-04(완성).docx

확인3-04.docx를 열어 다음 작업을 완성하시오.

(1) 1페이지 '자산' 텍스트에 색인 항목을 표시하시오.

(2) 문서 끝에 기본형 색인을 작성하시오.

(3) 3페이지의 '순자산' 텍스트의 색인 항목을 제거하고 현재 색인을 현대형 서식으로 업데이트하시오.

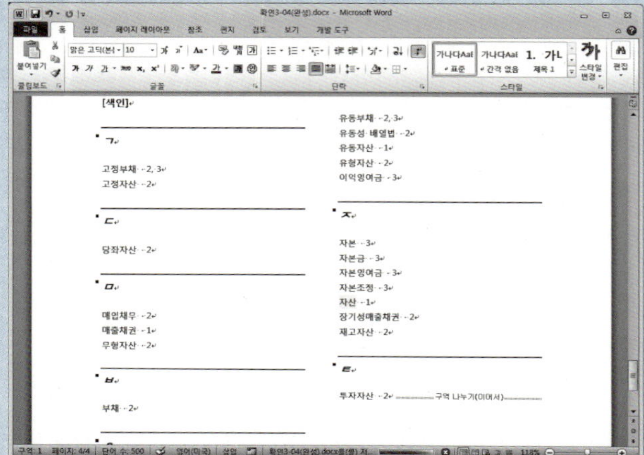

---

1. 색인 항목을 표시하려면 [참조] 탭–[색인] 그룹에서 [항목 표시] 명령을 이용하세요.

2. 색인을 만들려면 [참조] 탭–[색인] 그룹에서 [색인 삽입] 명령을 이용하세요.

3. 색인 항목을 삭제하려면 { XE "순자산" } 색인 필드를 삭제하세요.

03 문서 추적 및 참조 족보 공개

3-1 문서 통합 및 비교, 검토

- 변경되는 내용을 기록하도록 설정하여 나중에 쉽게 변경 내용을 추적할 수 있다. 문서에서 변경된 모든 과정을 기록하려면 문서에 변경 내용 추적 기능을 켜둔다.
- 문서를 변경하면 삽입한 텍스트에는 다른 색상의 밑줄로 표시되고, 삭제한 텍스트에는 취소선이, 그 밖의 변경한 사항은 변경된 정보가 풍선 도움말로 표시된다.
- 변경 내용 추적을 키려면 **[검토]** 탭-**[추적]** 그룹-**[변경 내용 추적]** 명령을 클릭한다.
- 버전 비교 기능은 원본과 수정본 두 개의 문서를 하나의 문서로 합쳐 서로 간의 변경된 내용을 비교 및 확인할 수 있다.
- 두 버전의 문서를 비교하려면 **[검토]** 탭-**[비교]** 그룹-**[비교]** 명령을 클릭해 '비교'를 선택한다. **[문서 비교]** 대화 상자에서 **[원본 문서]**과 **[수정한 문서]**에서 두 문서를 찾아 선택하면 원본과 수정 문서를 비교하여 다른 내용을 표시하는 새로운 문서가 나타난다.
- 다른 검토자가 문서를 검토한 후 회신했다면 원본과 검토 문서를 하나의 문서로 병합하여 변경 내용을 추적하여 원하는 부분을 적용하거나, 취소할 수 있다.
- 원본과 검토 문서를 병합하려면 **[검토]** 탭-**[비교]** 그룹-**[비교]** 명령을 클릭해 '병합'을 클릭한다. **[문서 병합]** 대화 상자에서 **[원본 문서]**와 **[수정한 문서]**에서 두 문서를 찾아 선택하면 병합된 내용이 새 문서에 나타난다.
- 변경 내용을 찾으려면 **[검토]** 탭-**[변경 내용]** 그룹에서 **[이전]**/**[다음]** 명령을 클릭한다.
- 선택된 변경 내용을 적용하거나 취소하려면 **[검토]** 탭-**[변경 내용]** 그룹-**[적용]**/**[적용 안 함]** 명령을 클릭한다.
- 모든 변경 내용을 적용하려면 **[검토]** 탭-**[변경 내용]** 그룹-**[적용]** 명령의 목록 단추를 클릭해 '문서에서 변경 내용 모두 적용'을 선택한다.
- 변경 내용을 일괄적으로 적용 취소하려면 **[검토]** 탭-**[변경 내용]** 그룹-**[적용 안 함]** 명령의 목록 단추를 클릭해 '문서에서 변경 내용 모두 취소'를 선택한다.

3-2 참조 페이지 만들기

- 참고 문헌은 문서를 만들 때 참고하거나 인용한 출처를 표시하는 것으로 출처는 책, 보고서 또는 웹 사이트 등이 될 수 있다.
- 새 출처 정보를 추가하려면 **[참조]** 탭-**[인용 및 참고 문헌]** 그룹-**[인용 삽입]** 명령을 클릭해 '새 출처 추가'를 선택한다. **[출처 만들기]** 대화 상자에서 **[출처 유형]**과 정보를 작성한다.
- 커서가 있던 위치에 출처가 삽입되고 **[참조]** 탭-**[인용 및 참고 문헌]** 그룹-**[인용 삽입]** 명령을 클릭해 보면 출처가 추가되어 있다. 해당 출처를 클릭해 반복해 삽입할 수 있다.
- 새 출처 정보를 추가할 때마다 컴퓨터에 출처 정보가 저장되므로 이전에 만든 모든 출처를 쉽게 찾아 다시 사용하거나 별도로 저장한 인용 목록이 XML 파일로 저장되어 있다면 불러와 현재 문서의 출처 목록으로 복사해 재사용할 수 있다.

- 새 출처가 저장되어 있는 다른 마스터 목록을 가져오려면 **[참조]** 탭–**[인용 및 참고 문헌]** 그룹–**[출처 관리]** 명령을 클릭한다. **[출처 관리자]** 대화 상자에서 **[찾아보기]** 단추를 클릭해 *.xml 파일을 찾아 연다.
- **[출처 관리자]** 대화 상자에 출처 목록이 나타나면 목록에서 출처 항목을 선택하고 **[복사]** 단추를 클릭해 현재 문서로 가져온다.
- 문서에 출처 항목을 하나 이상 삽입한 다음에는 언제든지 참고 문헌 목록을 만들 수 있다.
- 참고 문헌 목록을 작성하려면 **[참조]** 탭–**[인용 및 참고 문헌]** 그룹–**[참고 문헌]** 명령을 클릭해 '인용 자료' 또는 '참고 문헌'을 선택한다.
- 문서에 삽입된 캡션, 제목 스타일, 각주 및 미주, 책갈피, 표나 그림 캡션 등이 설정된 위치로 상호 참조를 설정할 수 있으며 참조 페이지 번호 및 참조 내용을 표시할 수 있다.
- 상호 참조 내용을 추가하려면 (1) **[삽입]** 탭–**[링크]** 그룹–**[상호 참조]** 명령이나, (2) **[참조]** 탭–**[캡션]** 그룹–**[상호 참조]** 명령을 클릭한다.
- **[상호 참조]** 대화 상자에서 **[참조할 대상]**, **[삽입할 참조 내용]**을 차례로 설정하고 **[삽입]** 단추를 클릭한다.

3-3 문서에 관련 근거 목차 만들기

- 문서 본문에 사용된 근거 자료들에 인용 표시를 한 다음 관련 근거 목차로 삽입할 수 있다. 관련 근거 목차는 판례, 법령, 규칙 등과 같은 법률 문서에서 사용하는 참조를 페이지 번호와 함께 나열한 목록을 의미한다.
- 관련 근거 목차를 만들려면 우선 관련 근거 목차로 사용할 근거 항목에 인용 표시를 해야 한다. 인용 항목은 특정 텍스트가 관련 근거 목차에 포함되도록 표시하는 필드 코드를 말한다. 인용 항목으로 표시한 텍스트 옆에는 숨겨진 텍스트로 서식이 지정된 TA 필드가 자동으로 삽입된다.
- 인용 표시를 하려면 **[참조]** 탭–**[관련 근거 목차]** 그룹–**[인용 표시]** 명령을 클릭한다. **[인용 표시]** 대화 상자에서 **[범주]**를 선택하고 **[표시]** 단추를 클릭한다.
- TA 필드를 숨기거나 표시하려면 **[홈]** 탭–**[단락]** 그룹에서 **[편집 기호 표시/숨기기]** 명령(¶)을 클릭한다.
- 인용 표시한 텍스트를 기초로 관련 근거 목차를 다양한 서식을 지정해 삽입할 수 있다.
- **[참조]** 탭–**[관련 근거 목차]** 그룹–**[관련 근거 목차 삽입]** 명령을 클릭한다. **[관련 근거 목차]** 대화 상자에서 **[범주]** 및 **[서식]**을 설정하고 **[확인]** 단추를 클릭한다.
- 관련 근거 목차는 필드로 삽입되어 인용 항목의 텍스트나 범주가 변경되거나 원본이 제거된 경우 관련 근거 목차를 업데이트해 간단히 변경된 사항을 반영할 수 있다.
- 관련 근거 목차의 내용 및 서식을 모두 변경하려면 **[참조]** 탭–**[관련 근거 목차]** 그룹–**[관련 근거 목차 삽입]** 명령을 클릭한다. **[관련 근거 목차]** 대화 상자에서 **[범주]** 및 **[서식]**을 수정하고 **[확인]** 단추를 클릭하면 관련 근거 목차에 변경 항목이 반영된다.
- 간단히 목차 내용 및 페이지 번호를 업데이트하려면 (1) **[참조]** 탭–**[관련 근거 목차]** 그룹–**[목차 업데이트]** 명령이나, (2) 목차 위에서 마우스 오른쪽 단추를 눌러 **[목차 업데이트]** 메뉴나, (3) 목차를 클릭하고 〈F9〉 키를 누른다.

3-4 문서에 색인 만들기

- 색인으로 만들 단어, 구문, 기호 등에 색인 항목을 표시해야 한다. 색인 항목은 특정 텍스트가 색인에 포함되도록 표시하는 필드 코드를 말한다. 색인 항목으로 표시한 텍스트 옆에는 숨겨진 텍스트로 서식이 지정된 XE(Index Entry) 필드가 자동으로 삽입된다.
- 색인 항목을 표시하려면 **[참조]** 탭–**[색인]** 그룹–**[항목 표시]** 명령을 클릭한다. **[색인 항목 표시]** 대화 상자의 색인 주 항목에 선택한 텍스트가 표시되면 **[표시]**/**[모두 표시]** 단추를 클릭한다.
- 문서에 표시된 모든 색인 항목을 기초로 색인 페이지를 만들려면 **[참조]** 탭–**[색인]** 그룹–**[색인 삽입]** 명령을 클릭한다. **[색인]** 대화 상자의 **[색인]** 탭에서 **[서식]**을 선택하고 **[확인]** 단추를 클릭한다.
- 색인도 필드로 삽입되기 때문에 쉽게 업데이트 할 수 있으나 하이퍼링크 기능은 지원하지 않는다.
- 색인을 업데이트하려면 (1) **[참조]** 탭–**[색인]** 그룹에서 **[색인 업데이트]** 명령이나, (2) **[필드 업데이트]** 메뉴나, (3) 〈F9〉 키를 누른다.

PART 04

편지 병합 작업 수행

고객에게 발송할 수 있는 DM 발송물에는 편지와 봉투에 붙일 수 있는
레이블 등이 필요하다. 여러 고객에게 동일한 내용의 편지와 주소 레이블을
데이터 파일과 병합하고 동일한 내용을 반복해 인쇄할 수 있는
레이블 및 봉투를 만들 수 있는 방법에 대해 학습한다.

Word Expert

4-1 편지 병합 실행

준비파일 : 기본4-이.docx, 사원목록.docx   완성파일 : 기본4-이(완성).docx, 급여병합(완성).docx

중요 용어	주문서, 데이터 문서, 편지 병합
출제 포인트	Word 주문서와 Word 데이터 문서를 편지 병합하면서 조건에 맞는 레코드만 표시하는 방법을 묻는 문제

동일한 형식의 편지를 여러 사람에게 발송해야 하고, 편지 본문에 받는 사람의 정보가 다르다면 편지 병합을 통해 간단히 DM 발송물을 만들 수 있다. 동일한 편지 양식과 다른 정보를 별도의 데이터 파일로 나누어 작성한 후 주문서와 데이터 문서를 하나의 편지로 병합하여 인쇄한다.

 01 데이터 문서 준비

Word 문서를 데이터 문서로 사용한다면 표로 작성하거나, 쉼표 또는 공백과 같은 구분 기호로 데이터를 나뉘어 작성한다. 데이터 목록에서 열은 필드, 첫 행은 필드명, 모든 필드를 포함하고 있는 한 행은 레코드라 한다. 데이터 목록은 이와 같은 구조로 준비되어 있어야 한다.

〈주문서〉

급여 명세서

사원번호:	,	이 름:	,
직 급:	,	호 봉:	,
주 소:	,		
급여액:	,		

수고 많으셨습니다.

2012년 9월 15일 토요일.

상 호: YBM상사.

주 소: 서울특별시 강남구 서초동 111.

대 표: 홍길동.

〈데이터 문서〉

사원번호	이름	직급	호봉	근무지	성별	급여액	우편_번호	주소1	근무상태
A001	박정현	부장	8	본사	남자	1700000	157-270	서울특별시 강서구 오쇠동 124-7	퇴사
A002	장동수	과장	4	본사	남자	1800000	400-140	인천광역시 중구 도원동 507-16	
A003	이인균	사원	12	물류센타	남자	1650000	427-100	경기도 과천시 갈현동 232-8	
A004	윤선화	부장	6	물류센타	여자	1500000	152-101	서울특별시 구로구 오류 1동 101	
A005	주성권	과장	7	지점	남자	1370000	402-110	인천광역시 남구 연수동 208-16	휴직
A006	강창우	대리	5	본사	남자	1130000	157-270	서울특별시 강서구 오쇠동 124-7	
A007	박영화	사원	5	본사	여자	1250000	100-411	서울특별시 중구 광희동 1가 100-41	
A008	강민우	사원	6	지점	여자	1100000	130-021	서울특별시 동대문구 전농1동 742-3	
A009	황영주	사원	11	지점	여자	970000	150-043	서울특별시 영등포구 당산동 3가 16	
A010	강소영	과장	4	물류센타	남자	850000	404-180	인천광역시서구 연희동 400-16	퇴사

① 필드   ② 필드명   ③ 레코드

02 편지 병합

준비된 Word 데이터 문서를 주문서와 병합해 새 문서로 병합 결과를 표시하거나, 바로 인쇄할 수 있다. 병합하면서 빈 레코드를 제외하거나 필드에 특정 단어가 포함된 레코드를 건너뛰는 등의 조건을 설정해 병합할 수도 있다.

현재 문서를 병합합니다. 사원목록.docx를 사용하여 받는 사람 목록으로 작성합니다. 사원번호, 이름, 직급, 호봉, 주소, 급여액 항목에 각 필드를 추가합니다. 근무상태가 비어 있지 않은 레코드는 모두 건너뜁니다. 개별 문서를 편집해 병합을 완료하고 급여병합이라는 파일 이름으로 문서 폴더에 저장합니다.

1. 주문서에서 [편지] 탭–[편지 병합 시작] 그룹에서 [편지 병합 시작] 명령을 클릭해 '편지'를 선택한다.

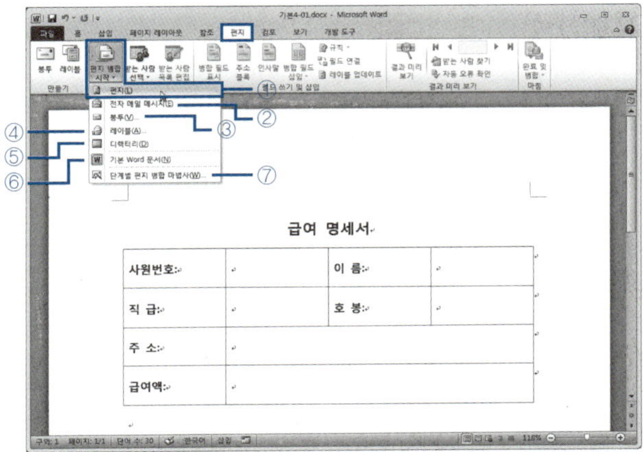

① **편지** : 여러 사람에게 편지 발송물을 작성한다.

② **전자 메일 메시지** : 여러 사람에게 전자 메일을 동시에 발송한다.

③ **봉투** : 주소가 다른 여러 개의 봉투를 만들어 한꺼번에 인쇄한다.

④ **레이블** : 내용이 다른 여러 개의 레이블을 만든다.

⑤ **디렉터리** : 카탈로그에 표시할 수 있는 이름과 설명을 모두 다르게 표시하기 위해 작성한다.

⑥ **기본 Word 문서** : 기본 Word 문서에서 편지 병합을 시작한다.

⑦ **단계별 편지 병합 마법사** : 이전 버전에서 사용하던 [편지 병합] 작업창에서 편지 병합을 수행할 수 있다.

2. 기존의 데이터 문서를 연결하기 위해 **[편지]** 탭–**[편지 병합 시작]** 그룹에서 **[받는 사람 선택]** 명령을 클릭해 '기존 목록 사용'을 선택한다.

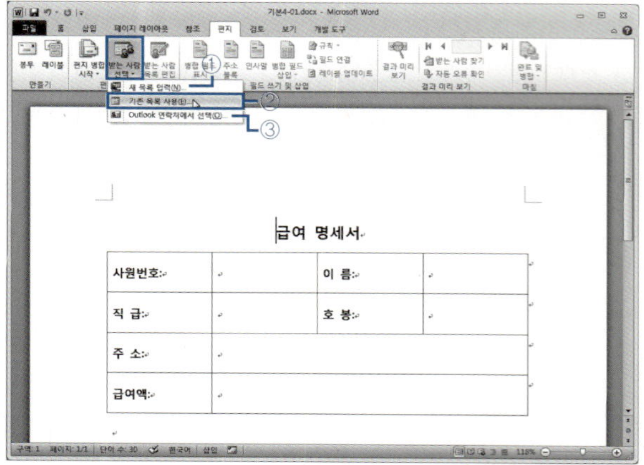

① **새 목록 입력** : 데이터 파일이 없는 경우 양식을 사용하여 목록을 새로 작성한다. 새 목록은 데이터베이스(*.acccb) 파일로 저장된다.

② **기존 목록 사용** : 준비되어 있는 Excel 워크시트나 Access 데이터베이스 및 Word 데이터 파일을 데이터 파일로 사용한다.

③ **Outlook 연락처에서 선택** : Outlook 연락처를 데이터 파일로 사용한다.

3. **[데이터 원본 선택]** 대화 상자에서 '사원목록.docx' Word 문서 파일을 선택하고 **[열기]** 단추를 클릭한다.

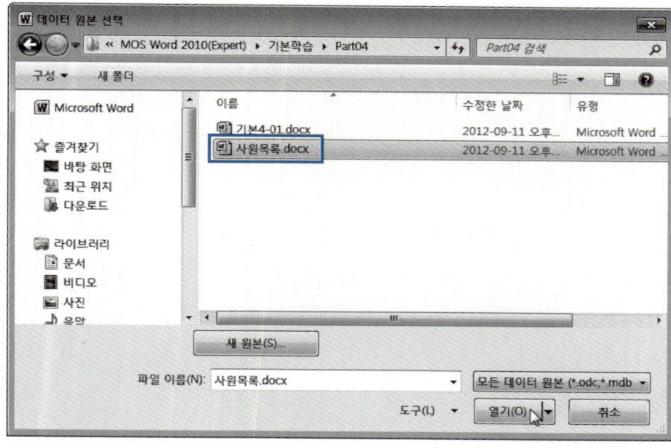

받는 사람 목록 편집

데이터 파일에서 목록을 확인하거나 편집하려면 **[편지]** 탭–**[편지 병합 시작]** 그룹에서 **[편지 병합 시작]**–**[받는 사람 목록 편집]** 명령을 클릭한다.

[편지 병합 받는 사람] 대화 상자에 데이터 목록이 나타난다. 편지 병합에서 제외할 항목이 있다면 체크를 해제한다.

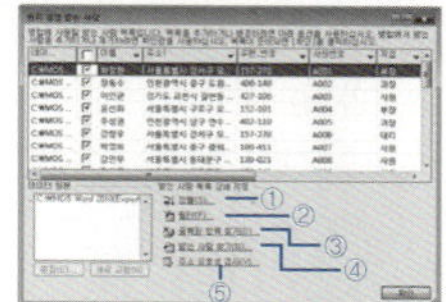

① **정렬** : 특정 필드를 기준으로 레코드를 오른차순 또는 내림차순으로 정렬한다.

② **필터** : 특정 필드에 어떤 값이 포함되어 있는 레코드만 추출해 병합한다.

③ **중복된 항목 찾기** : 중복된 데이터가 있는 레코드를 추출해주며 중복된 데이터를 제외시켜 병합할 수 있다.

④ **받는 사람 찾기** : 특정 필드에서 찾을 값을 입력해 검색한 후 해당 데이터가 포함된 레코드만 병합한다.

⑤ **주소 유효성 검사** : 받는 사람의 주소가 유효한지를 검사하는 옵션으로 주소 확인 추가 기능 소프트웨어를 설치해야 사용이 가능하다.

4. 주문서와 데이터 문서가 연결되고 데이터 파일에 있는 필드를 문서에 삽입할 단계이다.

5. '사원번호' 오른쪽 셀로 커서를 이동한 후 **[편지]** 탭-**[필드 쓰기 및 삽입]** 그룹에서 **[병합 필드 삽입]** 명령의 목록 단추를 클릭하여 '사원번호' 필드를 클릭한다.

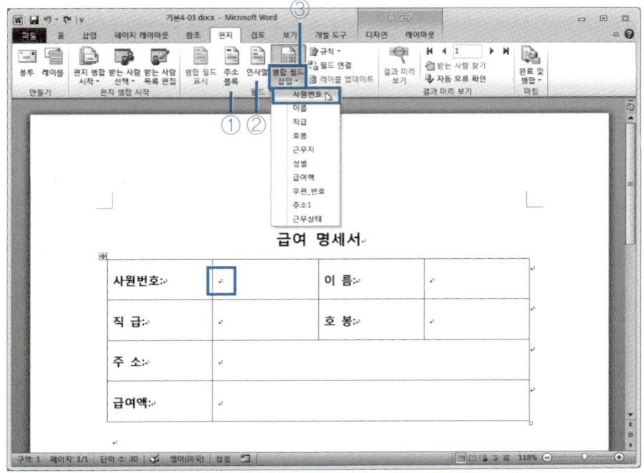

① **주소 블록** : 주소 관련 요소와 데이터 파일의 필드 명이 일치하는 필드를 삽입한다. 주소 요소와 필드 명이 일치하지 않는다면 [필드 연결] 명령을 사용하여 수동으로 일치되도록 설정한다. 주소 블록을 삽입하면 《〈Address〉》 필드가 삽입된다.

② **인사말** : 인사말과 함께 이름 필드를 일괄적으로 삽입한다. 인사말을 삽입하면 《〈Greet-ingLine〉》 필드가 삽입된다.

③ **병합 필드 삽입** : 데이터 파일의 개별 필드를 삽입한다.

6. 《사원필드》 필드가 삽입된다. 동일한 방법으로 '이름', '직급', '호봉', '주소1' 및 '급여액' 필드를 차례로 삽입한다.

7. 근무상태가 없는 레코드는 제외시키는 규칙을 설정하기 위해 **[편지]** 탭-**[필드 쓰기 및 삽입]** 그룹-**[규칙]** 명령을 클릭해 'Skip Record If'를 선택한다.

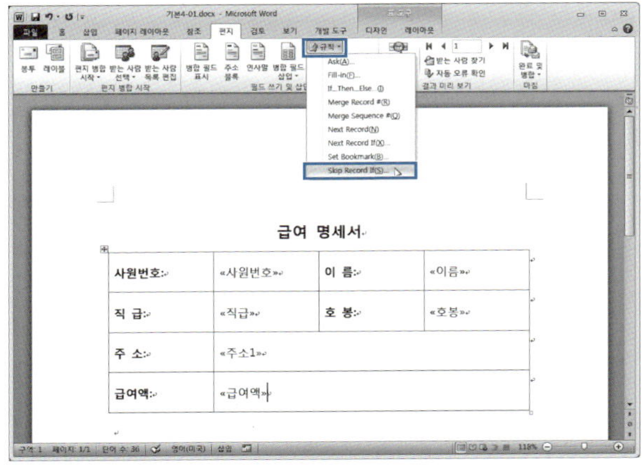

8. [Word 필드 삽입: Skip Record If] 대화 상자에서 [**필드 이름**]을 '근무상태', [**비교**]를 '공백이 아님'으로 설정하고 [**확인**] 단추를 클릭한다.

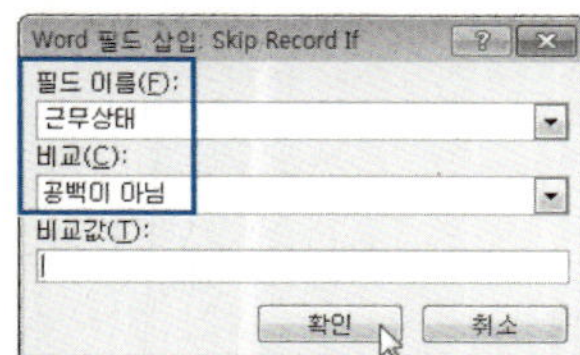

9. 커서가 있던 위치에 ⟪Skip Record If...⟫ 필드가 삽입된다.

10. 병합 결과를 새 문서로 만들기 위해 [**편지**] 탭–[**마침**] 그룹에서 [**완료 및 병합**] 명령을 클릭해 '개별 문서 편집'을 선택한다.

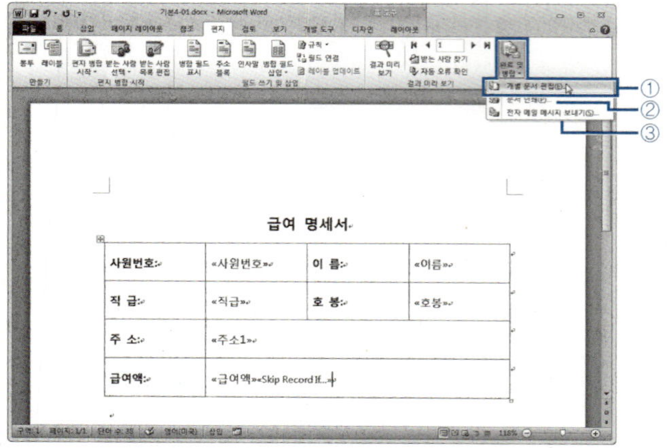

① **개별 문서 편집** : 병합 결과를 각 개별 문서로 병합한다.
② **문서 인쇄** : 병합 결과를 바로 프린트로 출력한다.
③ **전자 메일 메시지 보내기** : 병합 결과를 전자 메일 메시지로 발송한다.

11. [**새 문서로 병합**] 대화 상자에서 병합할 레코드 범위를 '모두'로 선택하고 [**확인**] 단추를 클릭한다.

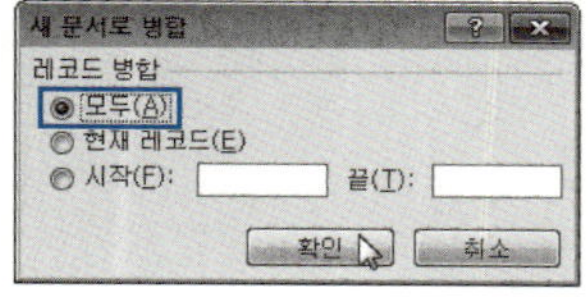

tip

병합 결과 미리 보기

병합 결과를 현재 문서에서 확인하려면 [**편지**] 탭–[**결과 미리 보기**] 그룹에서 [**결과 미리 보기**] 명령을 사용한다.

tip

병합 단계 저장하기

현재 병합 주문서에는 편지 병합 과정이 모두 기록되므로 현재 주문서를 저장해 두면 언제라도 각 단계의 정보를 수정하여 새 문서로 병합할 수 있다.

12. 새 문서에 레코드 수만큼 페이지가 생성된다. 빠른 실행 도구 모음의 **[저장]** 명령( )을 클릭한다.

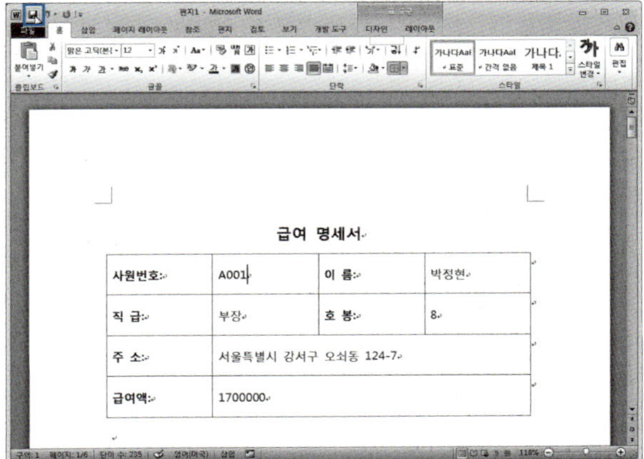

13. **[다른 이름으로 저장]** 대화 상자에서 저장 위치를 '문서'로 이동한다.

14. **[파일 이름]**에 급여병합을 입력한 후 **[저장]** 단추를 클릭한다.

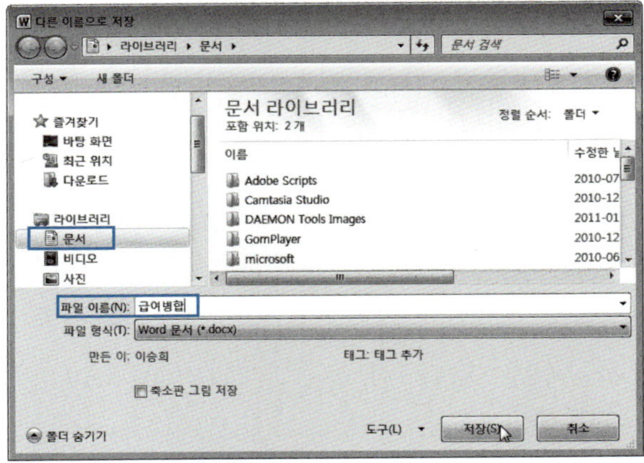

| 확인학습 |

준비파일 : 확인4-이.docx, 회원목록.docx   완성파일 : 4-이(완성).docx, 안내장(완성).docx

확인4-01.docx를 열어 다음 작업을 완성하시오.

(1) 현재 문서를 기준으로 편지 병합을 시작하시오. 회원목록.docx를 사용하여 받는 사람 목록으로 사용하고 '저희 뉴 월드~' 단락 위에 인사말을 삽입하시오. 노란색 위치에 회원번호, 마일리지 필드를 각각 삽입하고 할인율에는 마일리지가 100 이상인 레코드는 10%, 100 미만이면 0%가 표시되도록 규칙을 만드시오. 각 문서를 편집하여 병합을 완료하고 문서 폴더에 안내장.docx 파일 이름으로 저장하시오.

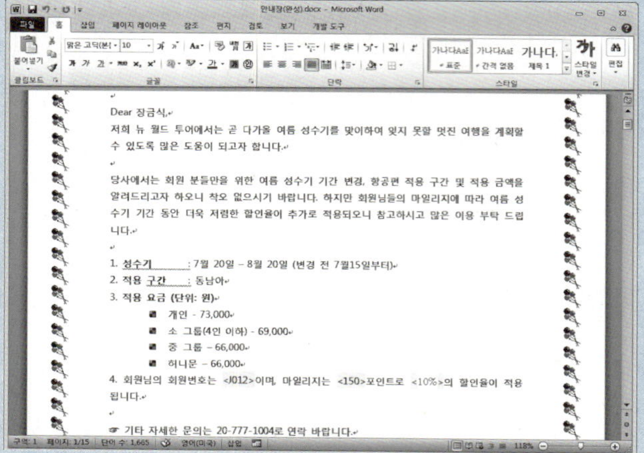

1. 편지를 병합하려면 [편지] 탭-[편지 병합 시작] 그룹에서 [편지 병합 시작]-[편지] 명령을 이용하세요.

2. 데이터 파일을 연결하려면 [편지] 탭-[편지 병합 시작] 그룹에서 [받는 사람 선택]-[기존 목록 사용] 명령을 이용하세요.

3. 인사말 필드나 병합 필드를 삽입하려면 [편지] 탭-[필드 쓰기 및 삽입] 그룹을 이용하세요.

4. 조건에 따라 참값 또는 거짓값을 반환하려면 [편지] 탭-[필드 쓰기 및 삽입] 그룹-[규칙] 명령에서 'If..Then..Else'를 이용하세요.

5. 병합 결과를 각 문서로 병합 완료하려면 [편지] 탭-[마침] 그룹에서 [완료 및 병합]-[개별 문서 편집] 명령을 이용하세요.

6. 병합 결과를 저장하려면 빠른 실행 도구 모음의 [저장] 아이콘( )을 이용하세요.

4-2
다른 데이터 원본을 사용하여 편지 병합 만들기

준비파일 : 기본4-02.docx, 판매정보.xlsx   완성파일 : 기본4-02(완성).docx

중요 용어 | 편지 병합, 받는 사람 선택, 결과 미리 보기
출제 포인트 | 현재 편지 병합 문서의 데이터 문서를 변경하고 필드를 수정하는 방법을 묻는 문제

데이터 문서로는 Word 외에 Excel, Access나 XML로 작성하거나 Outlook의 주소록을 이용할 수 있으며, 현재 주문서에서 연결되어 있는 데이터 문서를 다른 데이터 문서로 간단히 변경할 수 있다.

> 새 병합을 시작하지 않고 《근무지》 필드 대신에 회사 필드가 표시되도록 현재 편지 병합에 필드를 추가합니다. 판매정보.xlsx의 거래처목록 시트를 사용하여 받는 사람 목록을 입력합니다. 그러고 나서 병합 결과를 미리 봅니다.

1. 편지 병합 정보가 기록되어 있는 주문서에서 **[편지]** 탭–**[편지 병합 시작]** 그룹–**[받는 사람 선택]** 명령을 클릭해 '기존 목록 사용'을 선택한다.

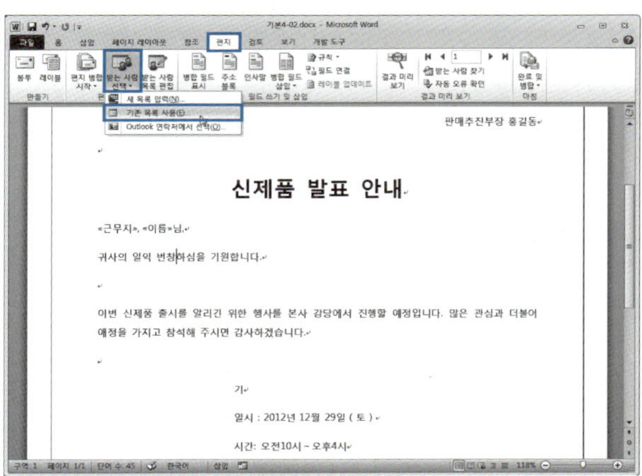

2. **[데이터 원본 선택]** 대화 상자에서 '판매정보.xlsx' 통합 문서를 선택하고 **[열기]** 단추를 클릭한다.

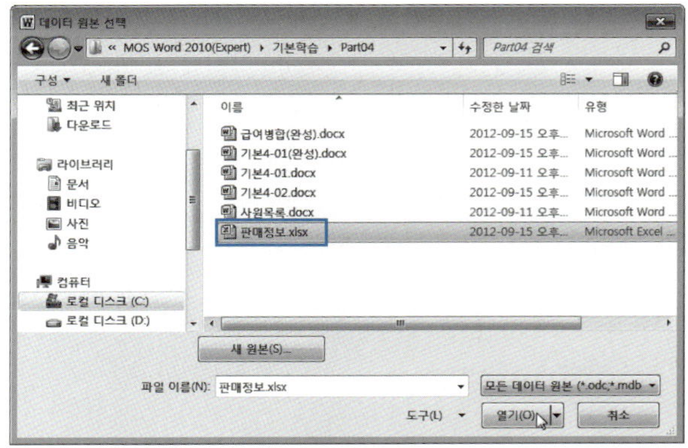

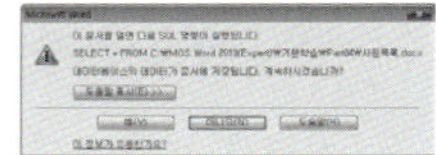

3. [**테이블 선택**] 대화 상자에서 '거래처목록' 워크시트를 선택하고 [**확인**] 단추를 클릭한다.

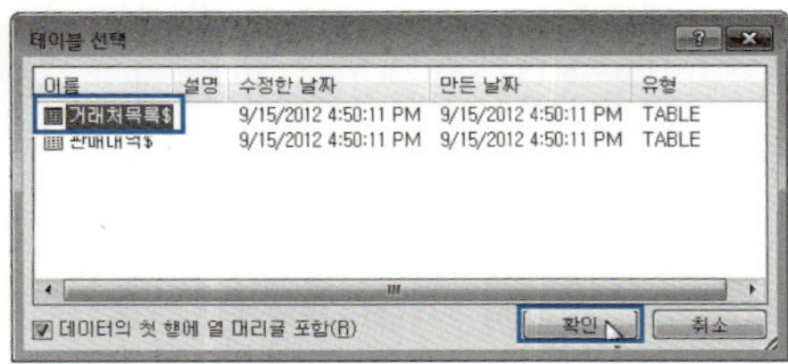

4. 《근무지》 필드를 드래그해 선택하고 〈Delete〉 키를 눌러 삭제한다.

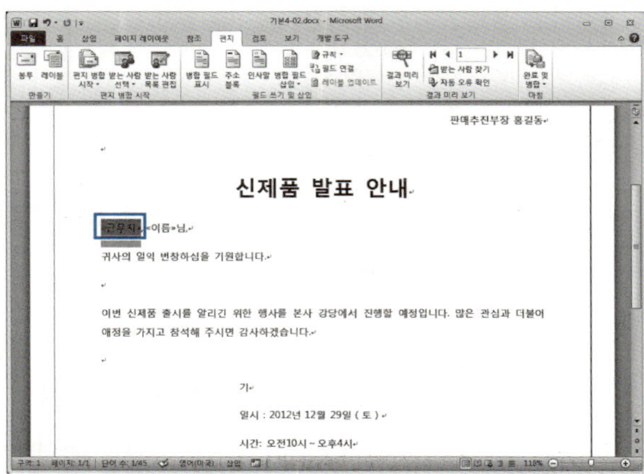

5. [**편지**] 탭–[**필드 쓰기 및 삽입**] 그룹에서 [**병합 필드 삽입**] 명령의 목록 단추를 클릭하여 '회사' 필드를 클릭한다.

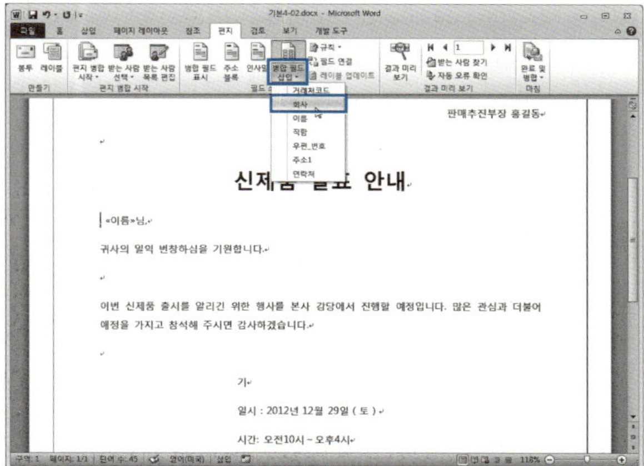

6. 커서가 있던 위치에 회사 필드가 삽입된다.

7. 병합 결과를 미리 보기 위해 **[편지]** 탭–**[결과 미리 보기]** 그룹에서 **[결과 미리 보기]** 명령을 클릭한다.

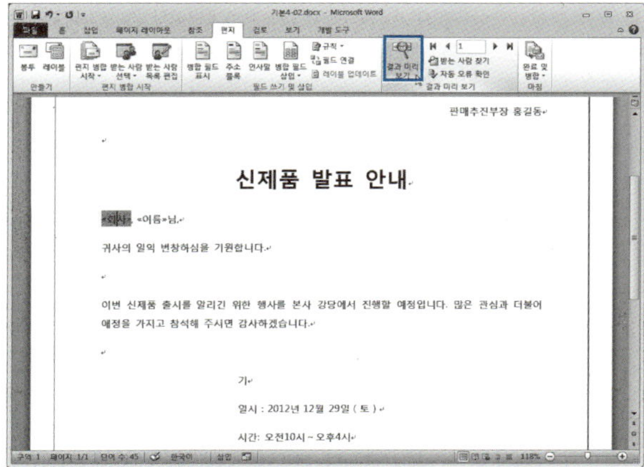

8. 회사 및 이름 필드 위치에 필드 데이터 결과가 나타난다.

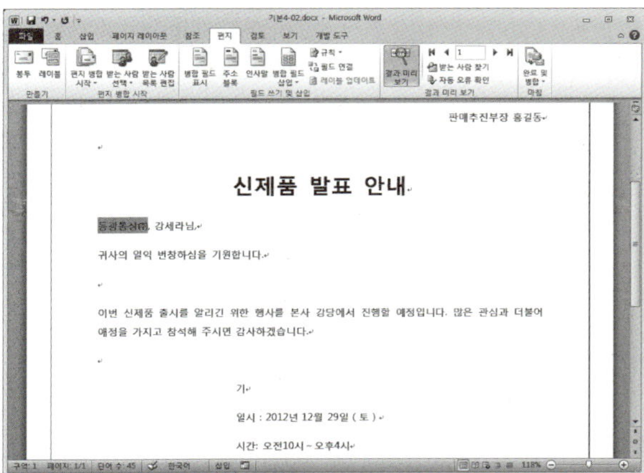

|확인학습|

준비파일 : 확인4-02.docx, 강동구.xlsx   완성파일 : 확인4-02(완성).docx

확인4-02.docx를 열어 다음 작업을 완성하시오.

(1) 새 병합을 시작하지 않고 《이름》 필드 대신에 주민센터명 필드가 표시되도록 현재 편지 병합에 필드를 추가하시오. 강동구.xlsx를 사용하여 받는 사람 목록을 입력하시오. 그리고 나서 병합 결과를 미리 보시오.

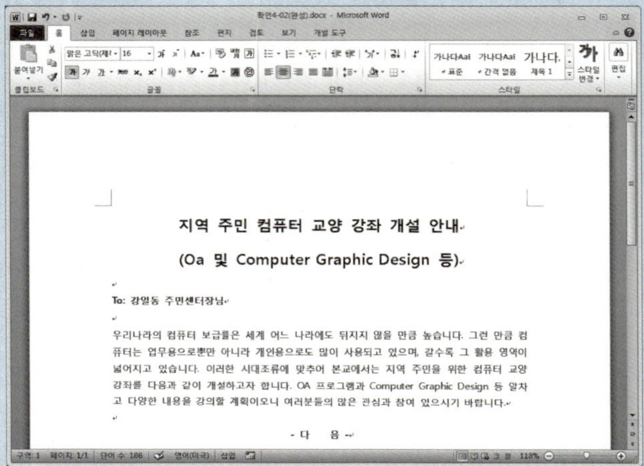

---

1. 받는 사람 목록을 변경하려면 [편지] 탭-[편지 병합 시작] 그룹-[받는 사람 선택] 명령을 이용하세요.

2. 기존 필드는 〈Delate〉 키로 삭제하세요.

3. 다른 필드를 삽입하려면 [편지] 탭-[필드 쓰기 및 삽입] 그룹-[병합 필드 삽입] 명령을 이용하세요.

4. 병합 결과를 미리보려면 [편지] 탭-[결과 미리 보기] 그룹-[결과 미리 보기] 명령을 이용하세요.

4-3

레이블 및 양식 만들기

중요 용어 | 레이블 병합, 레이블, 봉투
출제 포인트 | 레이블을 병합하고 레이블 및 봉투를 만드는 방법을 묻는 문제

봉투에 붙일 받는 사람 주소 레이블이나 일부 내용이 다른 레이블을 간단히 작성할 수 있다. 또한 레이블에 동일한 내용이나, 봉투에 직접 받는 사람 주소 및 반송 주소를 추가해 인쇄할 수도 있다. 레이블을 병합하고, 레이블 및 봉투를 만드는 방법을 살펴본다.

 **01 레이블 병합**

Word에는 다양한 제품의 레이블 종류가 제공되며 준비된 레이블의 제품 규격을 확인한다. 레이블 규격을 선택한 후 데이터 파일을 연결해 필요한 필드만 추가하여 레이블을 병합한다. 레이블을 병합할 때는 현재 문서의 내용을 삭제하므로 새 문서에서 레이블 병합을 수행한다.

> Avery A4/A5 레이블 제조 회사의 3484 제품 번호를 사용하여 레이블 병합을 시작합니다. 사원목록.docx를 사용하여 받는 사람 목록을 입력합니다. 레이블에 우편_번호, 주소1, 이름 필드를 각 행에 나누어 추가합니다. 개별 문서 편집하여 주소레이블이라는 파일 이름으로 문서 폴더에 저장합니다.

1. 새 문서에서 **[편지]** 탭–**[편지 병합 시작]** 그룹에서 **[편지 병합 시작]** 명령을 클릭해 '레이블'을 선택한다.

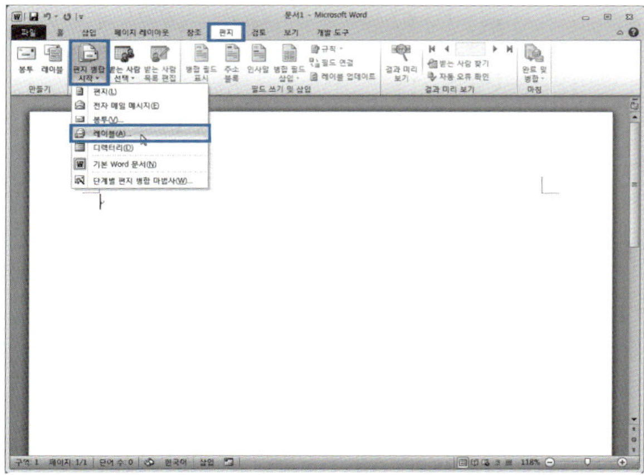

Word Expert

2. [레이블 옵션] 대화 상자에서 [레이블 제조 회사]의 목록 단추를 클릭해 'Avery A4/A5'를 선택한다.

3. [제품 번호] 목록에서 '3484'를 선택하고 [확인] 단추를 클릭한다.

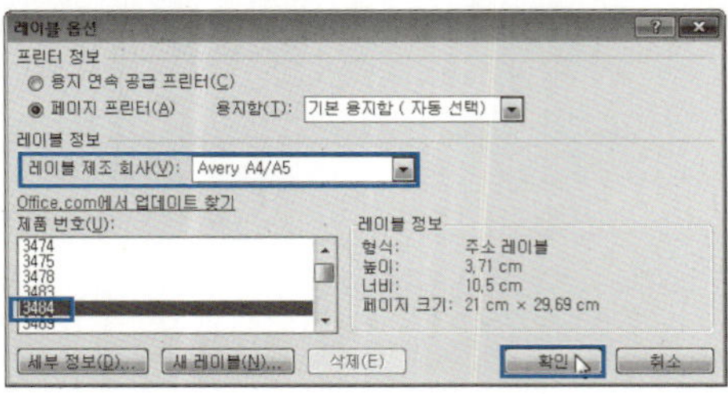

4. 빈 레이블이 표 구조로 삽입된다.

5. [편지] 탭–[편지 병합 시작] 그룹–[받는 사람 선택] 명령을 클릭해 '기존 목록 사용'을 선택한다.

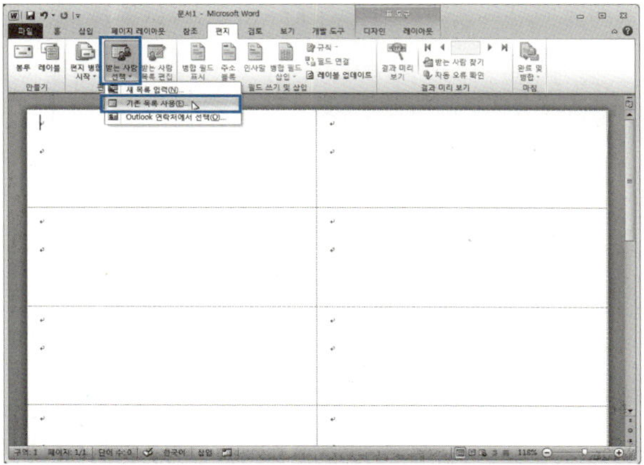

6. [데이터 원본 선택] 대화 상자에서 '사원목록.docx' Word 문서를 선택하고 [열기] 단추를 클릭한다.

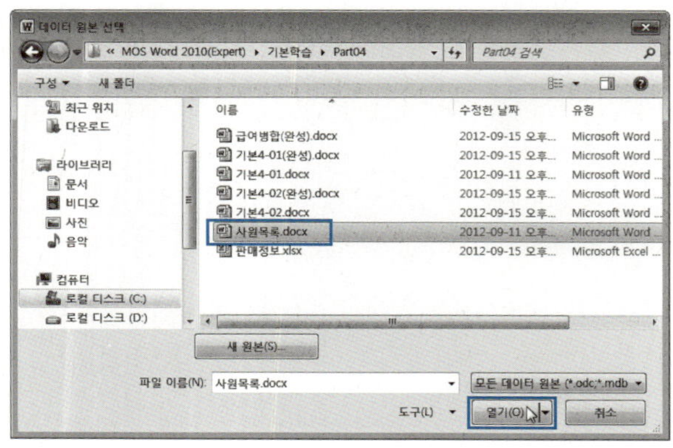

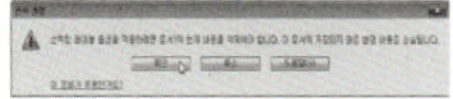

7. 첫 번째 레이블 셀에 커서가 있는 상태에서 **[편지]** 탭–**[필드 쓰기 및 삽입]** 그룹에서 **[병합 필드 삽입]** 명령의 목록 단추를 클릭해 '우편_번호' 필드를 클릭한다.

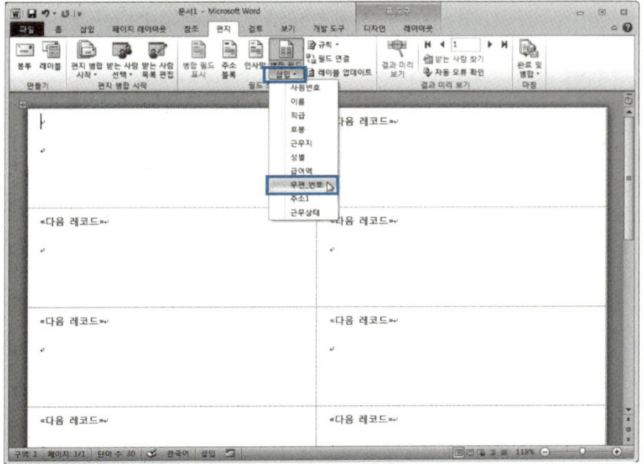

8. 다음 행으로 커서를 이동하고 **[편지]** 탭–**[필드 쓰기 및 삽입]** 그룹에서 **[병합 필드 삽입]** 명령의 목록 단추를 클릭해 '주소1' 필드를 클릭한다.

9. 〈Enter〉 키를 눌러 다음 행으로 커서를 이동한다.

10. **[편지]** 탭–**[필드 쓰기 및 삽입]** 그룹에서 **[병합 필드 삽입]** 명령의 목록 단추를 클릭해 '이름' 필드를 클릭한다.

11. 각 필드가 삽입되면 다른 레이블에서 필드를 업데이트하기 위해 **[편지]** 탭–**[필드 쓰기 및 삽입]** 그룹에서 **[레이블 업데이트]** 명령을 클릭한다.

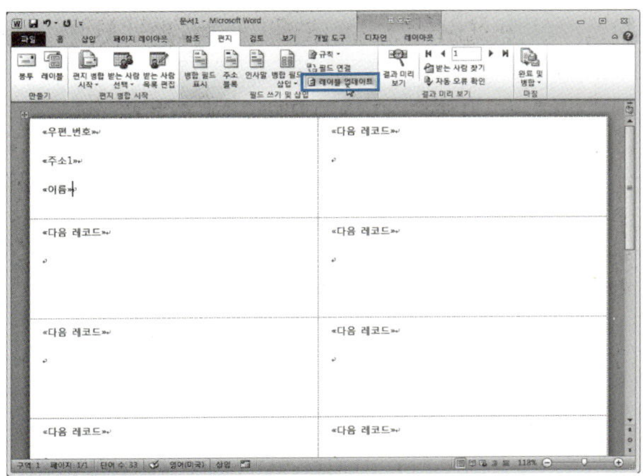

12. 다른 레이블에도 필드가 삽입된다.

13. **[편지]** 탭–**[마침]** 그룹–**[완료 및 병합]** 명령을 클릭해 '개별 문서 편집'을 선택한다.

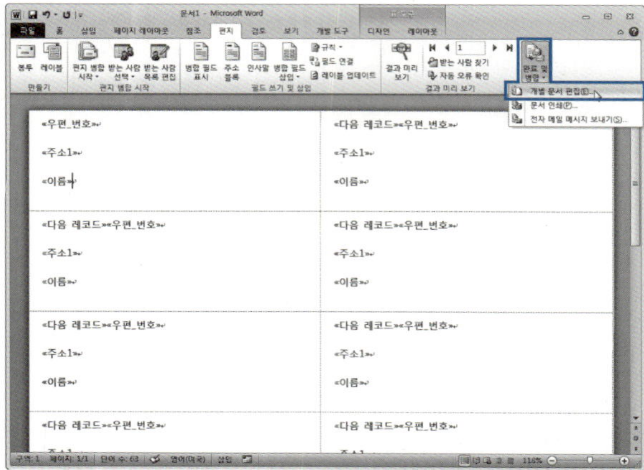

14. **[새 문서로 병합]** 대화 상자에서 '모두'로 두고 **[확인]** 단추를 클릭한다.

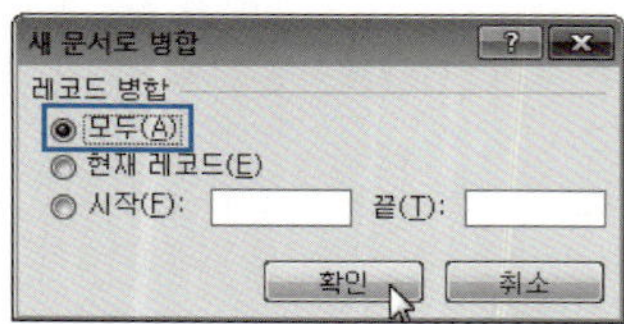

15. 새 문서에 병합 결과가 나타나면 빠른 실행 도구 모음의 **[저장]** 아이콘(🖫)을 클릭한다.

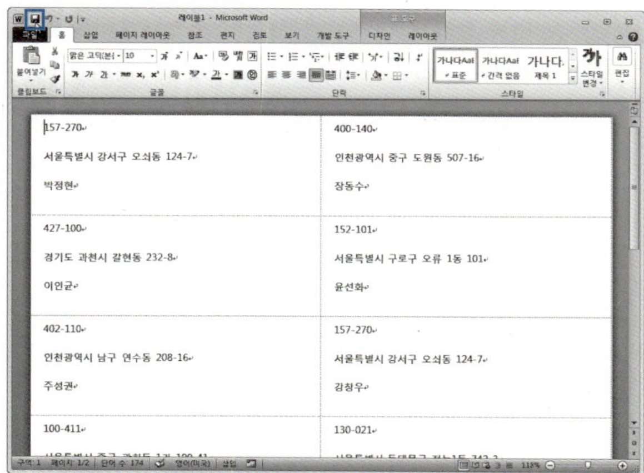

16. [**다른 이름으로 저장**] 대화 상자가 실행되면 저장 위치를 '문서' 폴더로 이동
한다.

17. [**파일 이름**]에 주소레이블을 입력하고 [**저장**] 단추를 클릭한다.

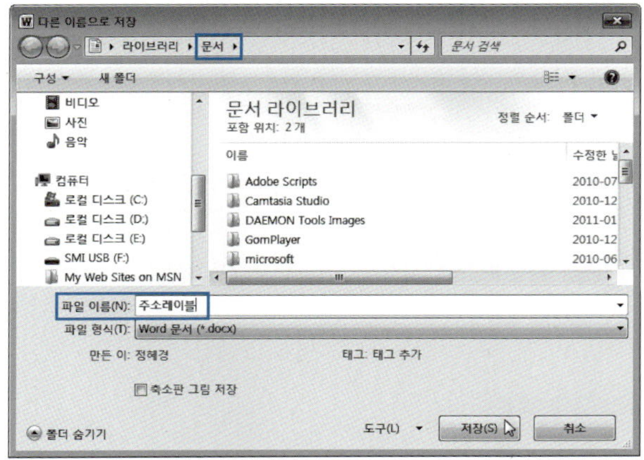

 02 레이블 만들기

동일한 내용의 레이블을 여러 장 만들어야 한다면 레이블 만들기를 사용한다.

> Avery A4/A5 레이블 제조 회사의 3484 제품 번호를 사용하고 다음의 주소 내용을 추가해 레이블을 새 문서에 만들어 회사주소레이블이라는 파일 이름으로 문서 폴더에 저장합니다.
>
> 123-456
> 서울시 종로구 인의동 123-4
> (주)시사유통

1. 새 문서에서 [**편지**] 탭−[**만들기**] 그룹에서 [**레이블**] 명령을 클릭한다.

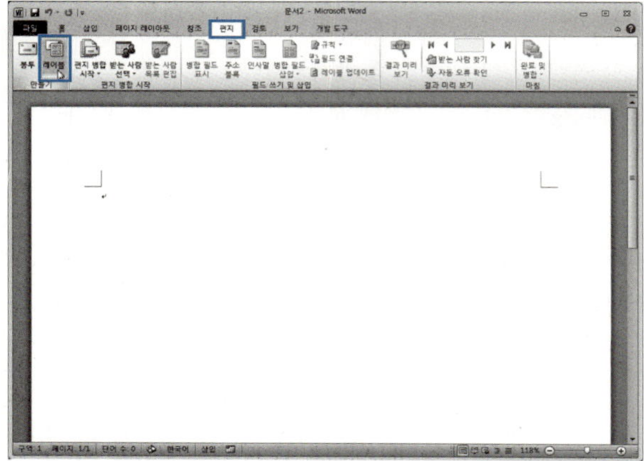

2. [**봉투 및 레이블**] 대화 상자의 [**레이블**] 탭에서 [**주소**]에 123-456을 입력하고 〈Enter〉 키를 누른다.

3. 다음 행에 서울시 종로구 인의동 123-4를 입력하고 〈Enter〉 키를 누른다.

4. 다음 행에 (주)시사유통을 입력한다.

5. 레이블 규격을 설정하기 위해 [**옵션**] 단추를 클릭한다.

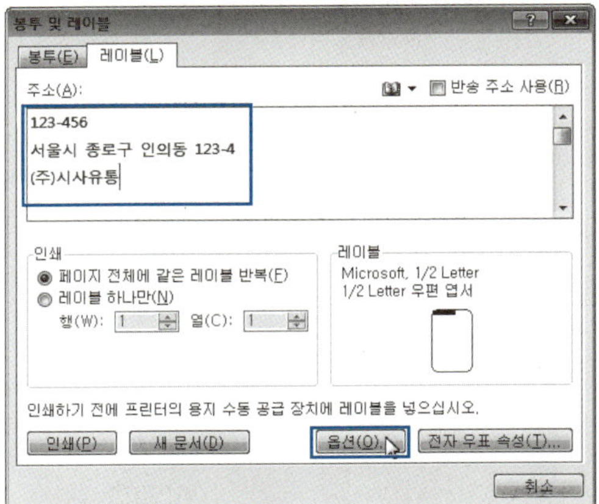

6. [**레이블 옵션**] 대화 상자에서 [**레이블 제조 회사**]의 목록 단추를 클릭해 'Avery A4/A5'를 선택한다.

7. [**제품 번호**] 목록에서 '3484'를 선택하고 [**확인**] 단추를 클릭한다.

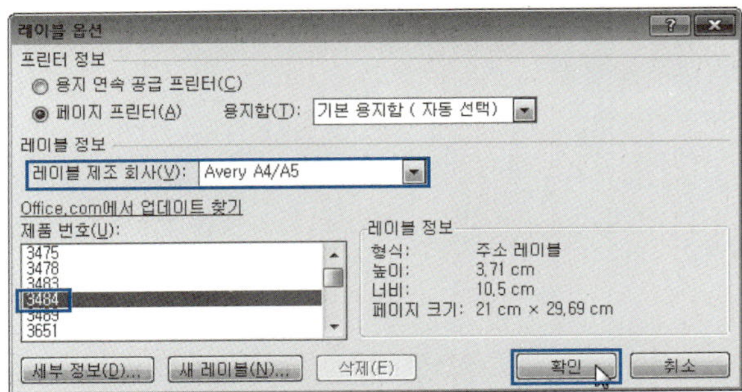

8. [**레이블**]에 선택한 주소 레이블 규격이 나타나면 [**새 문서**] 단추를 클릭한다.

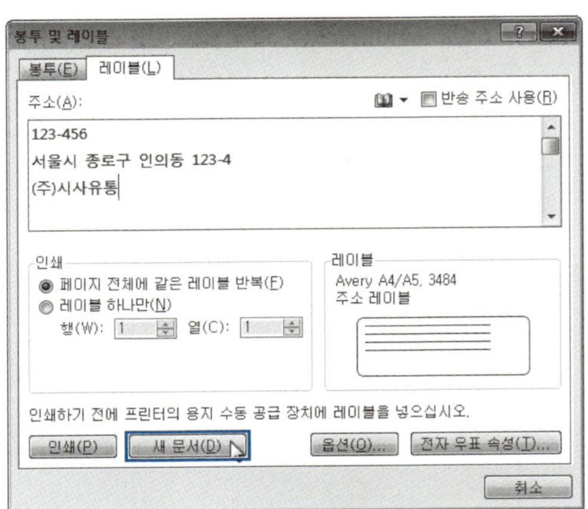

9. 레이블 결과가 나타나면 빠른 실행 도구 모음의 **[저장]** 아이콘(🔲)을 클릭한다.

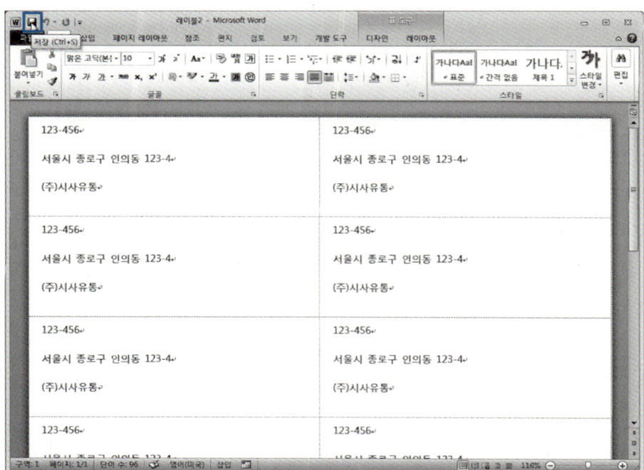

10. **[다른 이름으로 저장]** 대화 상자가 실행되면 저장 위치를 '문서' 폴더로 이동한다.

11. **[파일 이름]**에 회사주소레이블을 입력하고 **[저장]** 단추를 클릭한다.

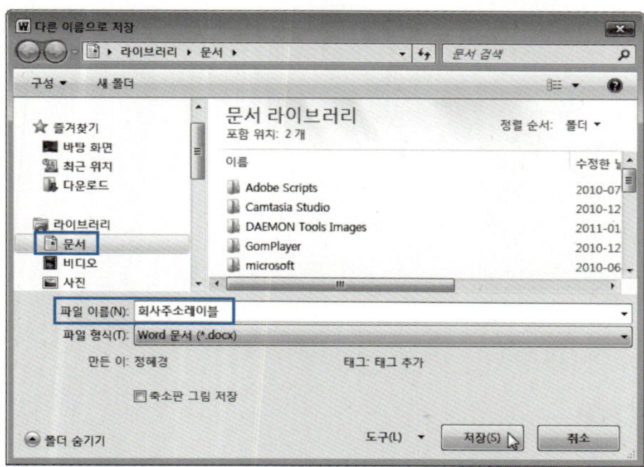

 03 봉투 만들기

편지 봉투에 받는 사람 주소 및 반송 주소를 추가해 봉투를 만드는 방법이다.

> DL(110x220) 봉투 크기를 사용하고 다음의 주소 내용을 추가해 현재 문서에 봉투를 추가하
> 고 봉투라는 파일 이름으로 문서 폴더에 저장합니다.(참고, 새로 지정한 보낸 사람 주소를
> 기본 주소로 저장하지 않습니다.)
>
> [받는 사람 주소]   [반송 주소]
> 456-789   123-456
> 경기도 광명시 광명동 987-6   서울시 종로구 인의동 123-4
> (주)대한무역 홍길동 귀하   (주)시사유통

1. 새 문서에서 **[편지]** 탭-**[만들기]** 그룹에서 **[봉투]** 명령을 클릭한다.

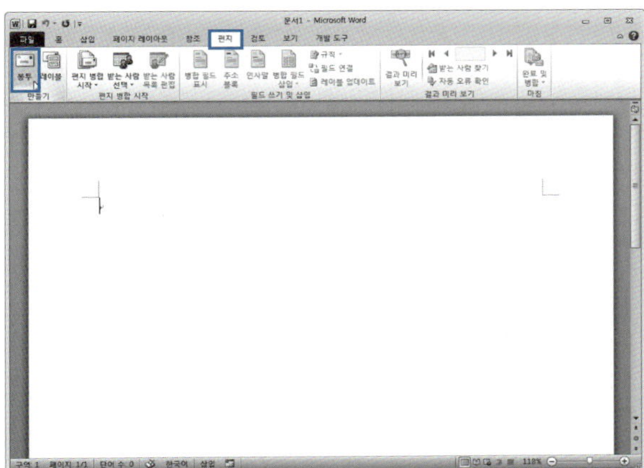

2. **[봉투 및 레이블]** 대화 상자의 **[봉투]** 탭에서 **[받는 사람 주소]**에 456-789를 입
력하고 〈Enter〉 키를 누른다.

3. 다음 행에 경기도 광명시 광명동 987-6을 입력하고 〈Enter〉 키를 누른다.

4. 다음 행에 (주)대한무역 홍길동 귀하를 입력한다.

5. **[반송 주소]**에 123-456을 입력하고 〈Enter〉 키를 누른다.

6. 다음 행에 서울시 종로구 인의동 123-4를 입력하고 〈Enter〉 키를 누른다.

7. 다음 행에 (주)시사유통을 입력한다.

8. 봉투 크기를 설정하기 위해 **[옵션]** 단추를 클릭한다.

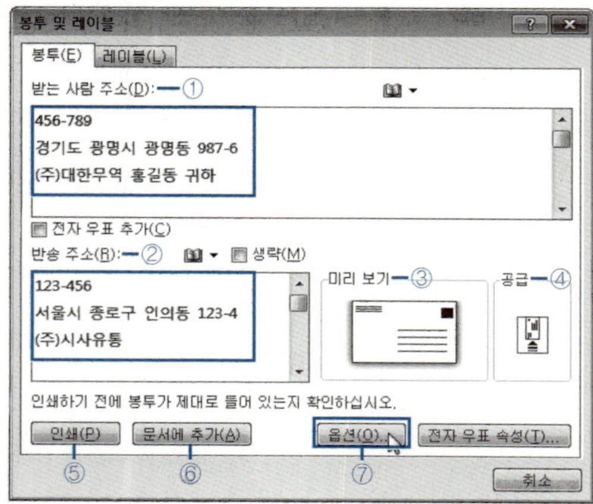

① **받는 사람 주소** : 받는 사람 주소를 입력한다.
② **반송 주소** : 반송할 때 사용할 주소를 입력한다. '생략' 확인란을 선택하면 반송 주소가 제외된다.
③ **미리 보기** : 선택한 봉투의 모양을 미리 확인한다.
④ **공급** : **[봉투 옵션]** 대화 상자의 **[인쇄 옵션]** 탭이 나타나 프린터에 봉투를 삽입할 방향을 지정할 수 있다.
⑤ **인쇄** : 프린터에 삽입되어 있는 봉투에 바로 주소를 인쇄한다.
⑥ **문서에 추가** : 현재 문서의 1페이지 위치에 봉투 페이지가 삽입된다.
⑦ **옵션** : **[봉투 옵션]** 대화 상자의 **[봉투 옵션]** 탭에서 봉투 크기와 받는 사람 주소 및 반송 주소의 위치와 글꼴 서식을 변경할 수 있다.

9. **[봉투 옵션]** 대화 상자에서 **[봉투 크기]**의 목록 단추를 클릭해 'DL'을 선택하고 **[확인]** 단추를 클릭한다.

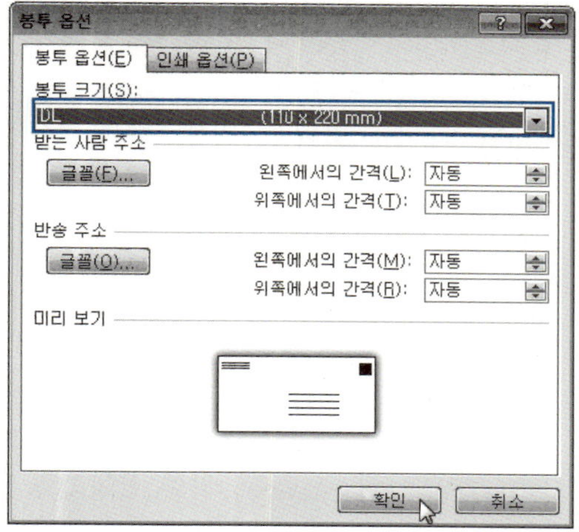

10. 봉투 크기가 지정되면 **[문서에 추가]** 단추를 클릭한다.

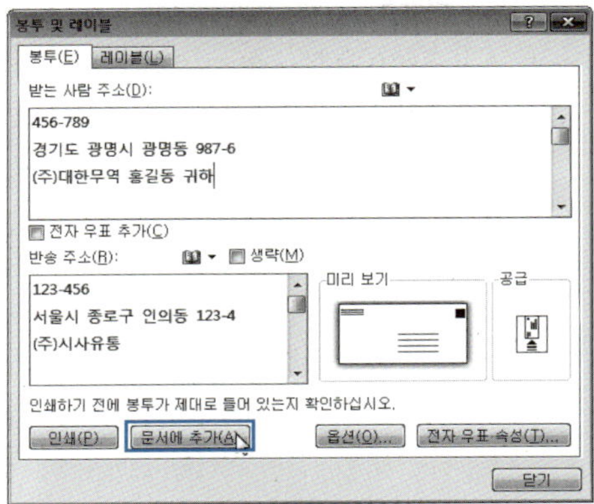

11. 보낸 사람 주소를 기본 주소로 저장할 것인지를 묻는 메시지 창이 나타나면 **[아니오]** 단추를 클릭한다.

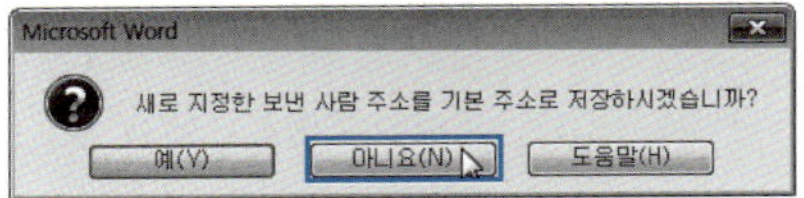

12. 봉투가 현재 문서 1페이지 위치에 삽입되면 빠른 실행 도구 모음의 **[저장]** 아이콘(🖫)을 클릭한다.

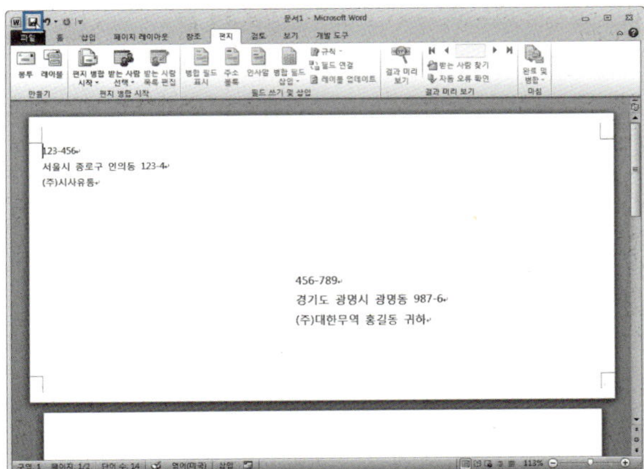

13. **[다른 이름으로 저장]** 대화 상자가 실행되면 저장 위치를 '문서' 폴더로 이동한다.

14. [**파일 이름**]에 <u>봉투</u>를 입력하고 [**저장**] 단추를 클릭한다.

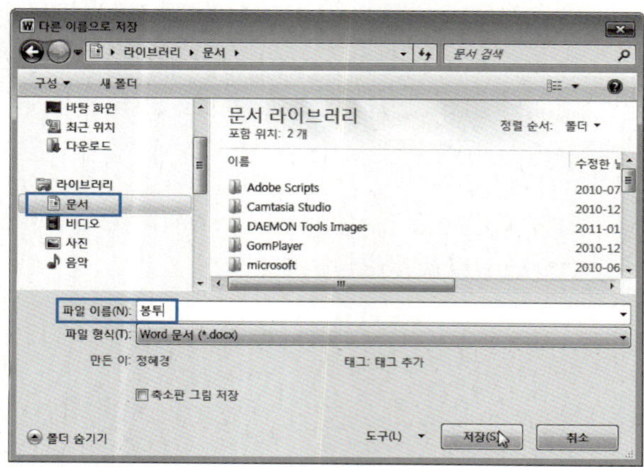

| 확인학습 |

준비파일: 새 문서, 주민센터코드.xlsx   완성파일: 확인4-3(완성).docx, 문서레이블(완성).docx, 그림엽서(완성).docx

새 문서를 열어 다음 작업을 완성하시오.

(1) Formtec 레이블 제조 회사의 3212 제품 번호를 사용하여 레이블 병합을 시작하시오. 주민센터코드.xlsx를 사용하여 받는 사람 목록을 추가하시오. 레이블에 코드, 주민센터명, 대표전화 필드를 각 행에 나누어 입력하시오. 중복되는 레코드를 레이블 병합 목록에서 제외하고 병합 결과를 미리 보시오.

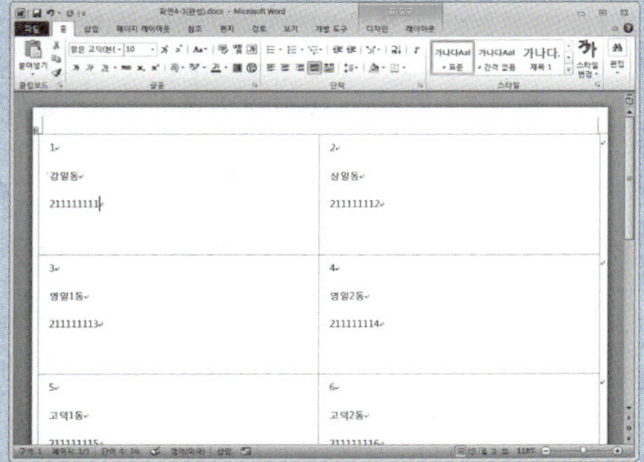

(2) Formtec 레이블 제조 회사의 Formtec GS-1024 제품 번호를 사용하고 다음의 내용을 각 행에 추가해 레이블을 새 문서에 만들어 문서레이블이라는 파일 이름으로 문서 폴더에 저장하시오.

부서 :
문서번호 :
문서명 :

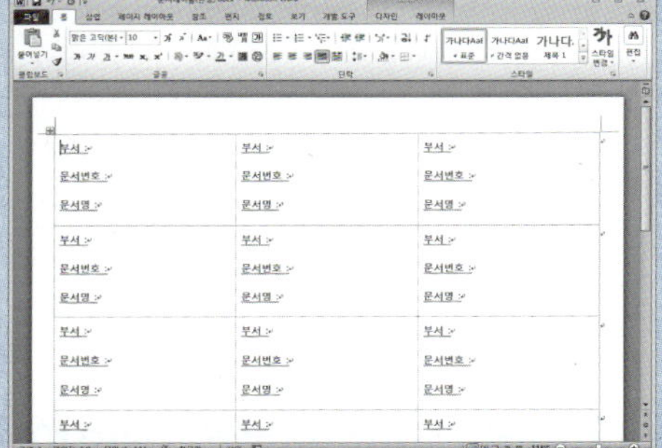

(3) 그림 엽서 봉투 크기를 사용하고 다음의 주소 내용을 각 행에 추가해 현재 문서에 봉투를 만들고 그림엽서라는 파일 이름으로 문서 폴더에 저장하시오.

111-222
서울시 서초구 방배동 88-77
(주)대박물류 이순신 귀하

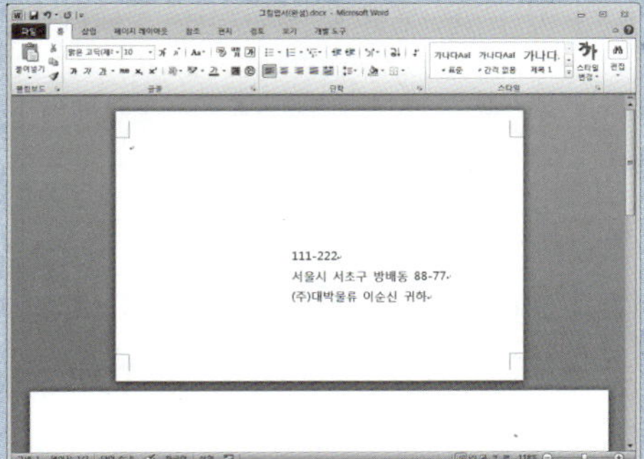

Hint

1. 편지 및 레이블을 병합하려면 **[편지]** 탭-**[편지 병합 시작]** 그룹에서 **[편지 병합 시작]** 명령을 이용하세요.

2. 중복된 레코드를 제외하려면 **[편지]** 탭-**[편지 병합 시작]** 그룹에서 **[받는 사람 목록 편집]** 명령을 이용하세요.

3. 봉투 및 레이블을 만들려면 **[편지]** 탭-**[만들기]** 그룹에서 **[봉투]**/**[레이블]** 명령을 이용하세요.

4-1 편지 병합 실행

- 표, 쉼표 또는 공백과 같은 구분 기호로 나뉘어져 있는 데이터 문서와 주문서를 병합해 새 문서로 병합 결과를 표시하거나, 바로 인쇄할 수 있다.
- 주문서에서 **[편지]** 탭–**[편지 병합 시작]** 그룹–**[편지 병합 시작]** 명령을 클릭해 '편지'를 선택한다.
- 기존의 데이터 문서를 연결하기 위해 **[편지]** 탭–**[편지 병합 시작]** 그룹–**[받는 사람 선택]** 명령을 클릭해 '기존 목록 사용'을 선택한다. **[데이터 원본 선택]** 대화 상자에서 데이터 문서를 찾아 연다.
- 데이터 파일에서 목록을 확인하거나 편집하려면 **[편지]** 탭–**[편지 병합 시작]** 그룹–**[편지 병합 시작]**–**[받는 사람 목록 편집]** 명령을 클릭한다. **[편지 병합 받는 사람]** 대화 상자에 데이터 목록에 제외할 항목을 설정한다.
- 주문서에 데이터 문서의 필드를 삽입하려면 **[편지]** 탭–**[필드 쓰기 및 삽입]** 그룹–**[병합 필드 삽입]** 명령의 목록 단추를 클릭해 필드를 선택한다.
- 레코드를 제외시키는 규칙을 설정하려면 **[편지]** 탭–**[필드 쓰기 및 삽입]** 그룹–**[규칙]** 명령을 클릭해 규칙 항목을 설정한다.
- 병합 결과를 현재 문서에서 확인하려면 **[편지]** 탭–**[결과 미리 보기]** 그룹–**[결과 미리 보기]** 명령을 사용한다.
- 병합 결과를 새 문서로 만들려면 **[편지]** 탭–**[마침]** 그룹–**[완료 및 병합]** 명령을 클릭해 '개별 문서 편집'을 선택한다. **[새 문서로 병합]** 대화 상자에서 병합할 레코드 범위를 '모두'로 선택하고 **[확인]** 단추를 클릭하면 새 문서에 레코드 수만큼 페이지가 생성된다.

4-2 다른 데이터 원본을 사용하여 편지 병합 만들기

- 데이터 문서로는 Word 외에 Excel, Access나 XML로 작성하거나 Outlook의 주소록을 이용할 수 있다.
- 다른 데이터 원본을 추가하거나 변경하려면 **[편지]** 탭–**[편지 병합 시작]** 그룹–**[받는 사람 선택]** 명령을 클릭해 '기존 목록 사용'을 선택한다. **[데이터 원본 선택]** 대화 상자에서 다른 데이터 문서를 찾아 연다.

4-3 레이블 및 양식 만들기

- Word에는 다양한 제품의 레이블 종류가 제공되며 레이블 규격을 선택한 후 데이터 파일을 연결해 필요한 필드만 추가해 레이블을 병합한다.
- 레이블을 병합하려면 새 문서에서 **[편지]** 탭–**[편지 병합 시작]** 그룹–**[편지 병합 시작]** 명령을 클릭해 '레이블'을 선택한다. **[레이블 옵션]** 대화 상자에서 **[레이블 제조 회사]**와 **[제품 번호]**를 설정한다.
- 빈 레이블이 표 구조로 삽입되면 **[편지]** 탭–**[편지 병합 시작]** 그룹–**[받는 사람 선택]** 명령을 클릭해 '기존 목록 사용'을 선택해 데이터 문서를 연결한다.
- **[편지]** 탭–**[필드 쓰기 및 삽입]** 그룹–**[병합 필드 삽입]** 명령의 목록 단추를 클릭해 필드를 삽입한다.

- 각 필드를 삽입한 다음 다른 레이블에서 필드를 업데이트하려면 **[편지]** 탭–**[필드 쓰기 및 삽입]** 그룹–**[레이블 업데이트]** 명령을 클릭한다.
- 동일한 내용의 레이블을 여러 장 만들어야 한다면 레이블 만들기를 사용한다.
- 레이블을 만들려면 새 문서에서 **[편지]** 탭–**[만들기]** 그룹–**[레이블]** 명령을 클릭한다. **[봉투 및 레이블]** 대화 상자의 **[레이블]** 탭에서 **[주소]**를 입력한다.
- 레이블 규격을 설정하려면 **[옵션]** 단추를 클릭하고 **[레이블 옵션]** 대화 상자에서 **[레이블 제조 회사]** 및 **[제품 번호]**를 설정한다.
- **[레이블]**에 선택한 주소 레이블 규격이 나타나면 **[새 문서]** 단추를 클릭한다.
- 편지 봉투에 받는 사람 주소 및 반송 주소를 추가해 봉투를 만들 수 있다.
- 봉투를 만들려면 새 문서에서 **[편지]** 탭–**[만들기]** 그룹–**[봉투]** 명령을 클릭한다. **[봉투 및 레이블]** 대화 상자의**[봉투]** 탭에서 **[받는 사람 주소]** 및 **[반송 주소]**를 입력한다.
- 봉투 크기를 설정하려면 **[옵션]** 단추를 클릭하고 **[봉투 옵션]** 대화 상자에서 **[봉투 크기]**를 설정한다.
- 봉투 크기가 지정되면 **[문서에 추가]** 단추를 클릭한다.

STEP UP MOS 2010
WORD EXPERT

PART 05

매크로 및 양식 관리

반복되는 일련의 작업을 매크로로 기록해 빠르게 재사용하는 방법과
Word에서 사용하는 컨트롤인 양식 컨트롤, 콘텐츠 컨트롤 및
ActiveX 컨트롤을 사용해 양식 문서를 만드는 방법에 대해 살펴본다.

Word Expert

5-1
매크로 만들기 및 조작

중요 용어 | 매크로, 매크로 기록, 매크로 편집, 기록 중지, 매크로 사용 문서
출제 포인트 | 새 매크로를 기록하고 실행하는 방법을 묻는 문제

매크로로란 여러 명령어들의 모음으로 자주 반복되는 일련의 작업을 매크로로 기록해 두어 필요할 때마다 실행할 수 있는 기능이다. 매크로를 기록한 후에는 다양한 방법으로 실행할 수 있다.

01 매크로 기록

어떤 일련의 작업 과정을 매크로로 기록하기 위해서는 먼저 기록할 과정을 예행 연습해 두어 실제로 매크로를 기록하면서 발생할 수 있는 실수를 줄이도록 한다. 매크로 기록이 시작되면 잘못 실행된 명령까지도 모두 기록되므로 주의해야 하며 필요한 과정만 실수 없이 기록해야 한다. 모든 매크로 과정을 기록했다면 매크로 기록을 반드시 중지해야 한다.

> 텍스트에 글꼴 크기 18pt, 굵은 기울임꼴 서식을 적용하는 새 매크로를 현재 문서에 기록합니다. 매크로 이름은 제목서식으로 지정하고 바로 가기 키를 Ctrl+2로 매크로에 지정합니다.

1. 커서를 이동하지 않고 매크로를 기록하기 위해 다음 중 하나의 명령을 수행한다.

- **[개발 도구]** 탭–**[코드]** 그룹에서 **[매크로 기록]** 명령을 클릭한다.

- 상태 표시줄의 **[새 매크로 기록]** 아이콘()을 클릭한다.

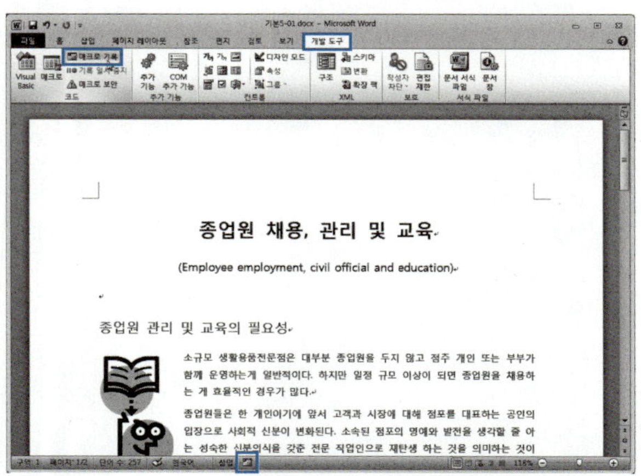

Check

매크로를 기록할 때 커서가 있는 위치에 사용한 기능이 적용되므로 상대적인 매크로를 기록하기 위해서는 커서의 위치가 변경되면 안 된다.

Check

새 매크로를 기록하는 문제에 글꼴 서식, 단락 서식, 개체 삽입 등 다양한 기본 편집 기능에 대한 지식을 묻는 문제가 출제된다.

2. [매크로 기록] 대화 상자에서 [매크로 이름]에 제목서식을 입력한다.

3. [매크로 저장 위치]는 '기본5-01.docx'로 변경한다.

4. [매크로 할당 위치]에서 매크로 실행 바로 가기 키를 설정하기 위해 [키보드] 단추를 클릭한다.

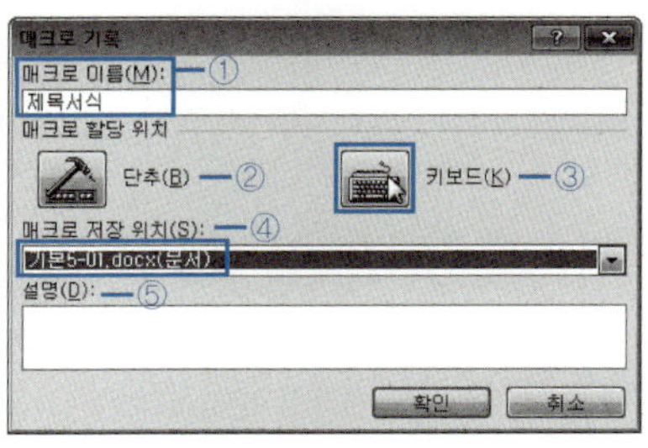

① **매크로 이름** : 문자와 숫자, 밑줄(_) 등을 조합하여 64글자(영문 기준)까지 지정할 수 있으며 공백은 포함할 수 없다.

② **단추** : [Word 옵션] 대화 상자가 실행되어 빠른 실행 도구 모음에 매크로를 실행할 아이콘을 추가할 수 있다.

③ **키보드** : 매크로를 실행할 수 있는 바로 가기 키를 설정한다.

④ **매크로 저장 위치** : 매크로 모듈이 기록되는 위치를 선택한다. 현재 열려 있는 문서에 저장하거나, '모든 문서(Nomal.dotm)'에 저장하면 모든 새 Word 문서에서 매크로를 사용할 수 있다.

⑤ **설명** : 매크로에 대한 설명을 기록하는 곳으로 생략할 수 있다.

5. [키보드 사용자 지정] 대화 상자의 [새 바로 가기 키]에 커서가 있는 상태에서 〈Ctrl+2〉 키를 누른다.

6. 바로 가기 키를 [저장할 파일]에서 현재 문서인 '기본5-01.docx'를 선택한다.

7. [지정] 단추를 클릭한다.

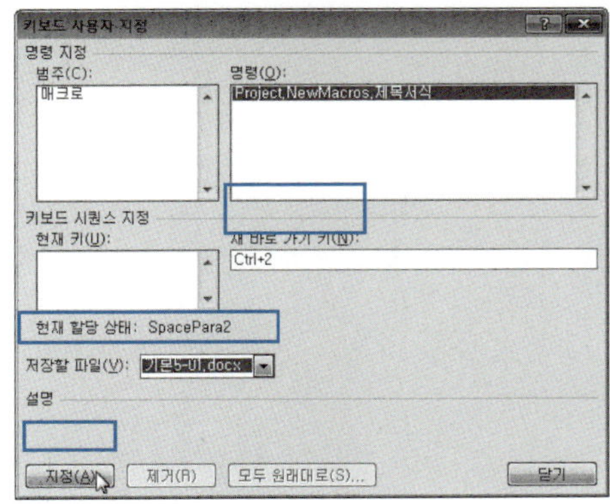

8. **[현재 키]**에 바로 가기 키가 등록되면 **[닫기]** 단추를 클릭한다.

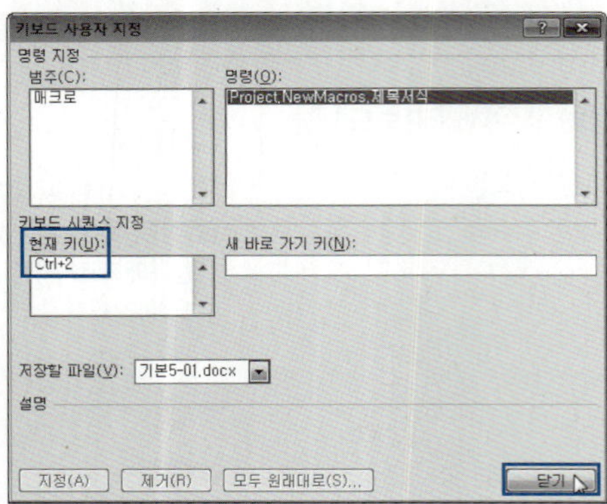

9. 이제 Word에서 실행하는 모든 단계가 매크로로 기록되며, 마우스 움직임 하나에도 주의를 기해야 한다.

10. **[홈]** 탭–**[글꼴]** 그룹에서 **[글꼴 크기]** 명령의 목록 단추를 클릭해 '18'을 선택한다.

11. **[굵게]** 명령(**가**)과 **[기울임꼴]** 명령(**가**)을 클릭한다.

12. 모든 매크로 기록 과정이 완료되면 매크로 기록을 중지하기 위해 다음 중 하나의 명령을 수행한다.

- **[개발 도구]** 탭–**[코드]** 그룹–**[기록 중지]** 명령을 클릭한다.
- 상태 표시줄의 **[기록 중지]** 아이콘(▣)을 클릭한다.

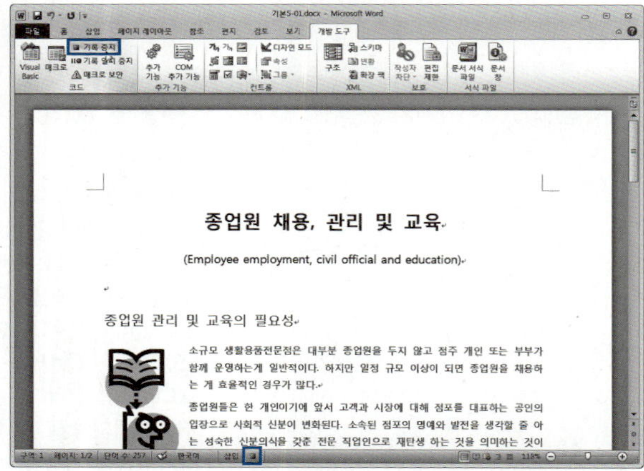

02 매크로 실행

기록해 둔 매크로는 다양한 방법을 이용하여 실행할 수 있다. 매크로를 기록할 때 바로 가기 키를 설정했다면 바로 가기 키를 눌러 매크로를 실행할 수 있고, 별도로 바로 가기 키를 설정하지 않았거나 바로 가기 키를 잊어버린 경우 [매크로] 대화 상자를 이용한다.

제목서식 매크로를 모든 제목1 스타일에 적용합니다.

1. 제목1 스타일이 적용되어 있는 단락을 선택하기 위해 **[홈]** 탭–**[스타일]** 그룹의 '제목1' 스타일 위에서 마우스 오른쪽 단추를 눌러 **[모두 선택: (데이터 없음)]** 메뉴를 클릭한다.

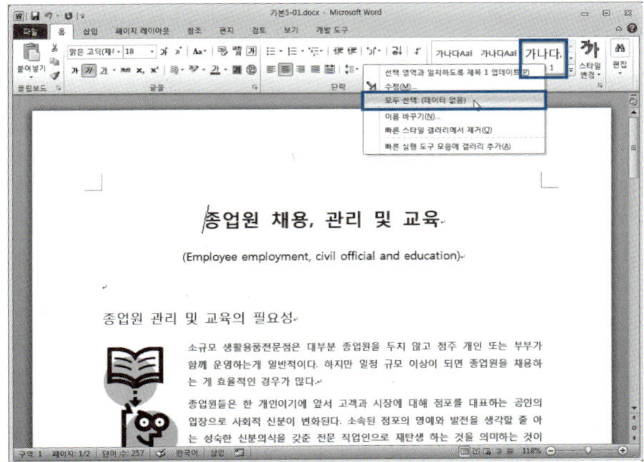

2. 제목1 스타일 단락이 선택되면 **〈Ctrl+2〉** 키를 누른다. 그러면 '제목서식' 매크로가 적용된다.

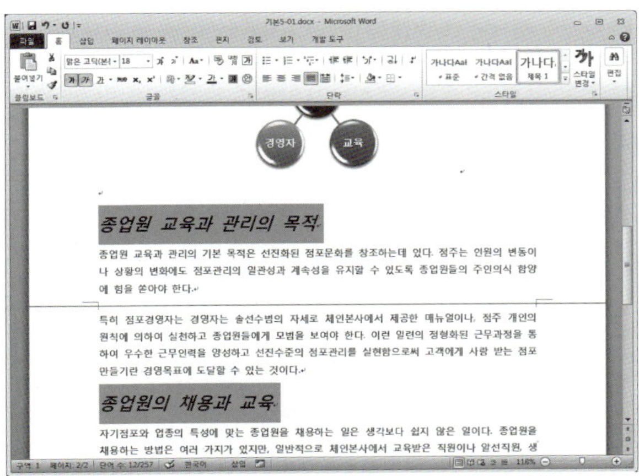

---

tip

[매크로] 대화 상자로 매크로 실행하기

[개발 도구] 탭–**[코드]** 그룹–**[매크로]** 명령을 클릭한다. **[매크로]** 대화 상자에서 실행할 매크로 이름을 선택하고 **[실행]** 단추를 클릭한다.

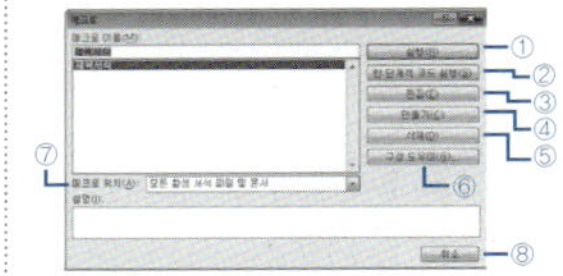

① **실행** : 매크로 이름 목록에서 선택한 매크로가 실행된다.

② **한 단계씩 코드 실행** : Visual Basic Editor가 실행되어 매크로 기록 내용을 한 단계씩 실행하여 실행 과정을 살펴볼 수 있다.

③ **편집** : Visual Basic Editor가 실행되어 매크로 기록 내용을 편집할 수 있다.

④ **만들기** : 매크로 이름에 새 프로젝트 이름을 입력하고 **[만들기]** 단추를 클릭하면 Visual Basic Editor가 실행되고 빈 모듈이 나타나 새 매크로를 코딩할 수 있다.

⑤ **삭제** : 매크로 이름 목록에서 선택한 매크로가 삭제된다.

⑥ **구성 도우미** : **[구성 도우미]** 대화 상자가 실행되어 다른 문서에 있는 매크로를 복사해 가져올 수 있다.

⑦ **매크로 위치** : 모든 활성 서식 파일 및 문서에 기록된 매크로 목록 또는 특정 문서에 기록된 매크로 목록을 선별하여 표시할 수 있다.

⑧ **취소** : **[매크로]** 대화 상자를 종료한다.

03 매크로 사용 문서 저장

일반 Word 문서에 의도되지 않은 프로그래밍 코드가 포함되는 것을 방지하기 위해서 Word 2007 버전부터는 일반 문서(.docx)에 매크로를 저장할 수 없고, 별도로 매크로가 포함된 매크로 사용 문서(.docm)으로 저장해야 한다. 매크로 사용 문서(.docm)에는 Word 기능이 그대로 유지된다. 매크로 사용 문서를 열면 기본적으로 매크로를 사용할 수 없도록 설정되어 있으므로 매크로를 사용하려면 콘텐츠를 사용할 수 있도록 옵션을 설정해야 한다.

> 현재 문서를 문서 폴더에 교육 파일 이름의 매크로 사용 문서로 저장합니다.

1. [파일] 탭-[다른 이름으로 저장] 명령을 클릭한다.

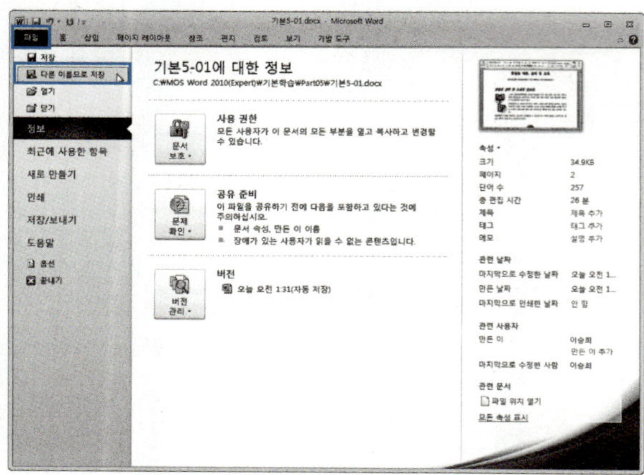

2. [다른 이름으로 저장] 대화 상자의 [파일 형식]에서 'Word 매크로 사용 문서 (*.docm)'을 선택한다.

3. [저장 위치]는 '문서' 폴더로 이동한다.

4. [파일 이름]에 교육을 입력하고 [저장] 단추를 클릭한다.

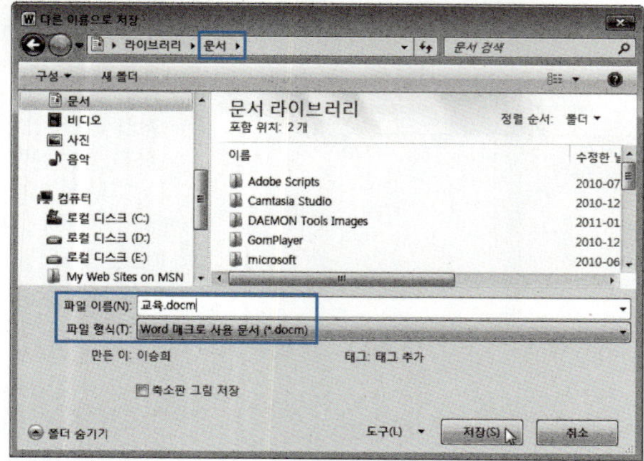

| 확인학습 |

준비파일 : 확인5-01.docx   완성파일 : 외이(완성).docm

확인5-01.docx를 열어 다음 작업을 완성하시오.

(1) 첫 줄 들여쓰기 '3글자'와 단락 뒤 간격을 '10pt'로 설정하는 <u>제목단락</u> 이름의 매크로를 생성하시오.

(2) 제목단락 매크로를 모든 제목에 적용하시오.

(3) 현재 문서를 <u>외이</u> 파일 이름의 매크로 사용 문서로 저장하시오.

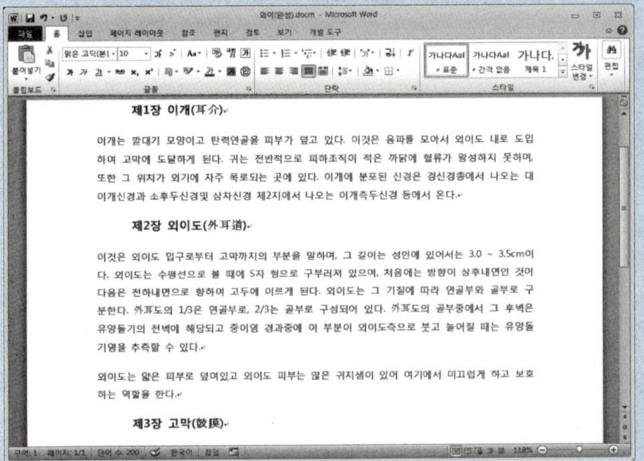

1. 새 매크로를 기록하려면 커서를 이동하지 말고 기록하세요.

2. 새 매크로 기록은 **[개발 도구]** 탭–**[코드]** 그룹–**[매크로 기록]** 명령이나 상태 표시줄에서 **[매크로 기록]** 명령
   (▣)을 이용하세요.

3. 첫 줄 들여쓰기와 단락 뒤 간격을 설정하려면 **[홈]** 탭–**[단락]** 그룹–**[확장]** 명령(▣)을 이용하세요.

4. 매크로에 바로 가기 키를 지정했다면 바로 가기 키로 매크로를 실행하고 바로 가기 키가 없는 매크로는 **[개발
   도구]** 탭–**[코드]** 그룹–**[매크로]** 명령을 이용하세요.

5. 매크로 사용 문서로 저장하려면 **[파일]** 탭–**[다른 이름으로 저장]** 명령을 이용하세요.

5-2
매크로 옵션 적용 및 조작

중요 용어 | 매크로 보안, 매크로 복사
출제 포인트 | 매크로 보안 옵션을 변경하고 다른 문서로 매크로를 복사하는 방법을 묻는 문제

매크로 사용 문서를 열 때 매크로의 포함 여부 설정을 변경하거나, 기록한 매크로를 다른 문서에서 재사용할 수 있도록 복사할 수 있다.

01 매크로 보안

기본적으로 매크로 사용 문서(*.docm)을 열면 보안 경고를 표시하는 알림 표시줄이 나타나고 매크로 콘텐츠를 사용할 수 있도록 옵션을 설정해야 현재 문서에서 매크로를 사용할 수 있다. 이러한 보안 경고 메시지 표시줄의 표시 기본 옵션을 변경하는 방법을 살펴본다.

> 기본5-02.docm 파일을 열고 콘텐츠를 사용할 수 있도록 설정합니다. 그러고 나서 모든 매크로가 항상 포함되도록 보안 옵션을 변경합니다.

1. 매크로 사용 통합 문서를 열기 위해 **[파일]** 탭–**[열기]** 명령을 클릭한다.

2. **[열기]** 대화 상자에서 '기본5-02.docm' 파일을 선택하고 **[열기]** 단추를 클릭한다.

3. 보안 경고 알림 표시줄이 나타나면 **[콘텐츠 사용]** 단추를 클릭한다.

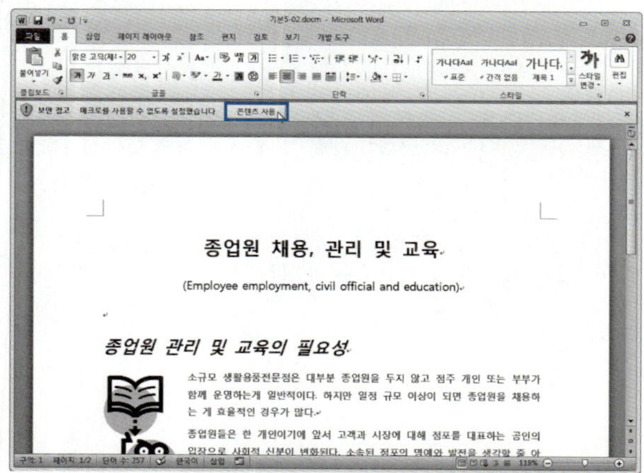

4. 이제 현재 매크로 사용 문서에서 저장해 둔 매크로를 사용할 수 있다.

5. 매크로 보안 옵션을 변경하기 위해 **[개발 도구]** 탭–**[코드]** 그룹에서 **[매크로 보안]** 명령을 클릭한다.

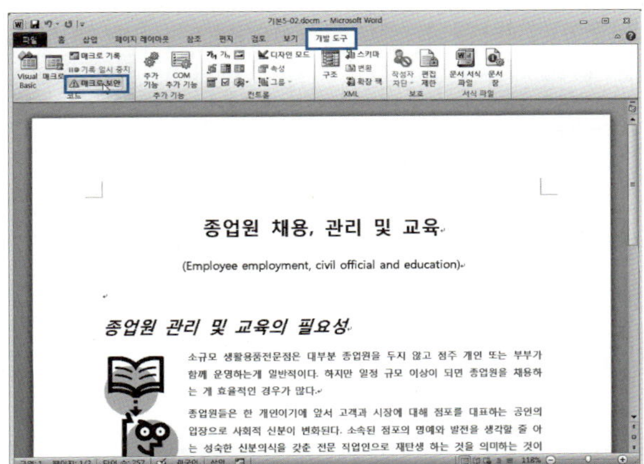

6. **[보안 센터]** 대화 상자의 **[매크로 설정]** 항목에서 '모든 매크로 포함' 보안 옵션을 선택하고 **[확인]** 단추를 클릭한다.

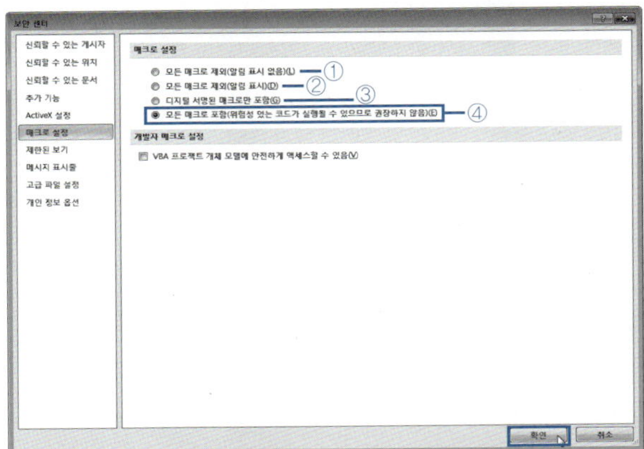

① **모든 매크로 제외(알림 표시 없음)** : 매크로 사용 문서에 매크로를 차단하고 보안 경고 알림 표시줄을 나타내지 않는다.

② **모든 매크로 제외(알림 표시)** : 기본값으로 모든 매크로 사용 문서에 매크로를 차단하고 보안 경고 알림 표시줄을 표시한다.

③ **디지털 서명된 매크로만 포함** : 디지털 서명된 매크로만 매크로 사용 문서에 포함된다.

④ **모든 매크로 포함** : 매크로 사용 문서에 모든 매크로가 기본적으로 포함되어 바로 사용할 수 있다. 그러나 위험성 있는 코드가 실행될 수 있으므로 권장하지는 않는 옵션이다.

02 매크로 복사

Nomal.docm에 저장된 매크로는 모든 문서에서 사용이 가능하나 특정 문서에만 포함되도록 기록한 매크로는 해당 문서에서만 재사용이 가능하다. 이때 특정 문서에 기록된 매크로를 다른 문서나 서식 파일로 복사하여 재사용할 수 있다.

보고서.docm에 있는 매크로를 현재 문서로 복사한 후 저장합니다.

1. [개발 도구] 탭-[코드] 그룹에서 [매크로] 명령을 클릭한다.

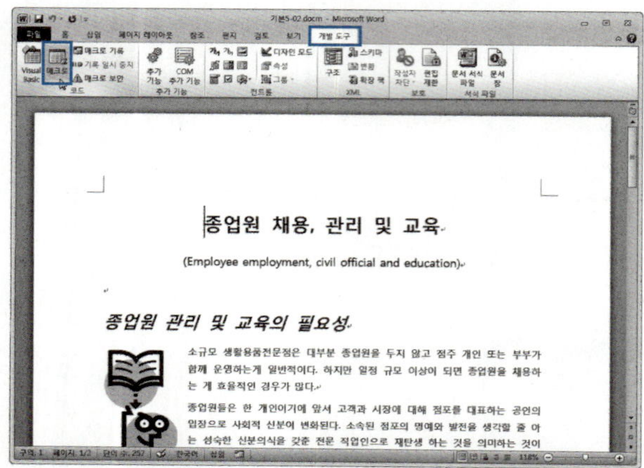

2. [매크로] 대화 상자에서 [구성 도우미] 단추를 클릭한다.

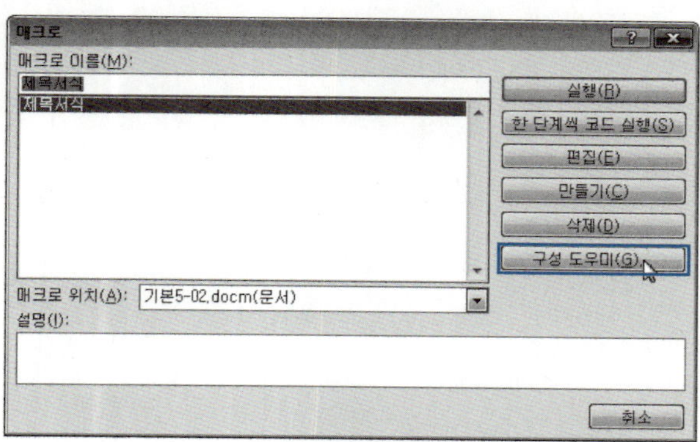

3. [구성 도우미] 대화 상자의 [매크로 프로젝트 항목] 탭에서 왼쪽에는 현재 열려 있는 문서 이름이, 오른쪽에는 'Normal.dotm(기본 서식 파일)'이 있다.

4. 기본 서식 파일을 닫고 다른 매크로가 저장되어 있는 파일을 불러오기 위해 오른쪽 **[파일 닫기]** 단추를 클릭한다.

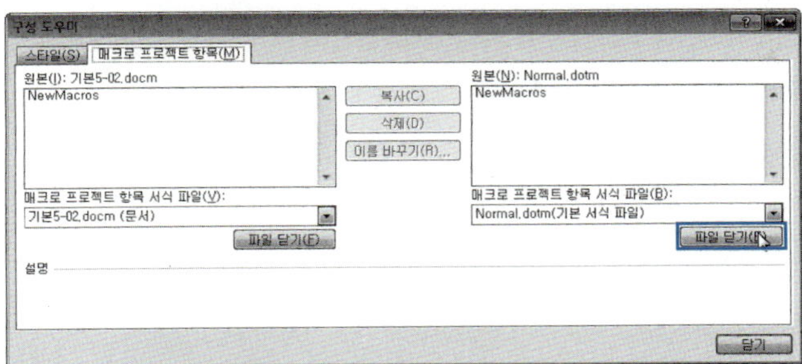

5. 다른 매크로가 저장되어 있는 파일을 가져오기 위해 **[파일 열기]** 단추를 클릭한다.

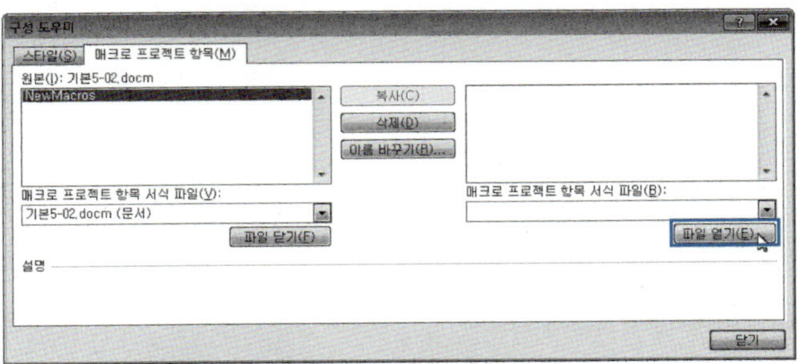

6. **[열기]** 대화 상자에서 **[파일 형식]**을 '모든 Word 문서'로 선택한다.

7. '보고서.docm' 매크로 사용 문서를 찾아 선택하고 **[열기]** 단추를 클릭한다.

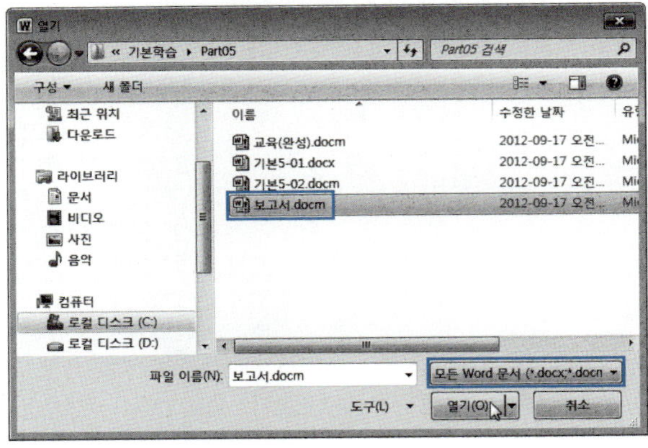

tip

Word 파일 형식

- **doc** : Word 97/2003 문서
- **dot** : Word 97/2003 서식 파일
- **docx** : Word 2007/2010 문서
- **dotx** : Word 2007/2010 서식 파일
- **docm** : Word 2007/2010 매크로 사용 문서
- **dotm** : Word 2007/2010 매크로 서식 파일

8. 오른쪽 매크로 프로젝트 항목 서식 파일에 불러온 매크로 사용 문서가 표시되고 문서에 포함된 매크로 목록이 나타난다.

9. 복사할 '단락테두리' 매크로를 선택하고 **[복사]** 단추를 클릭한다.

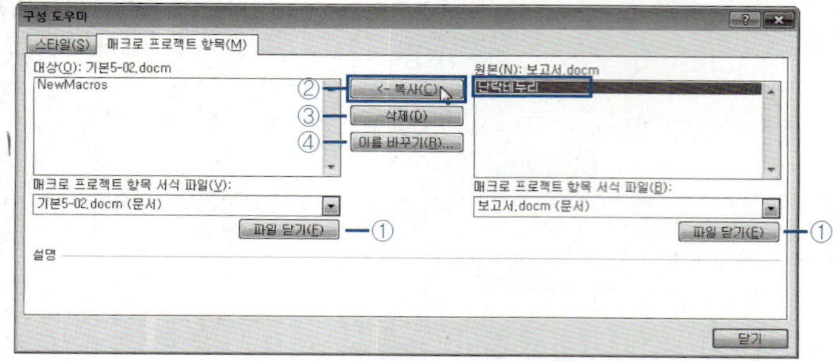

① **파일 닫기/파일 열기** : 열려 있는 문서를 닫거나 다른 문서를 불러온다.

② **복사** : 선택한 매크로를 다른 문서로 복사한다.

③ **삭제** : 선택한 매크로를 삭제한다.

④ **이름 바꾸기** : 선택한 매크로 이름을 변경한다.

10. '단락테두리' 매크로가 현재 문서로 복사되면 **[닫기]** 단추를 클릭한다.

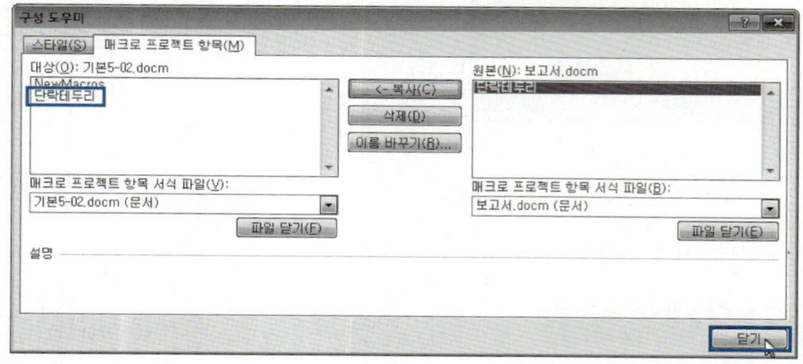

---

tip

복사 방향

왼쪽 매크로를 선택하고 **[복사]** 단추를 클릭하면 오른쪽 파일로 복사된다.

tip

복사한 매크로 확인하기

[개발 도구] 탭—**[코드]** 그룹에서 **[매크로]** 명령을 클릭한다. **[매크로]** 대화 상자에서 복사한 '단락테두리' 매크로가 나타난다. 선택한 후 **[실행]** 단추를 클릭하면 해당 매크로가 실행된다.

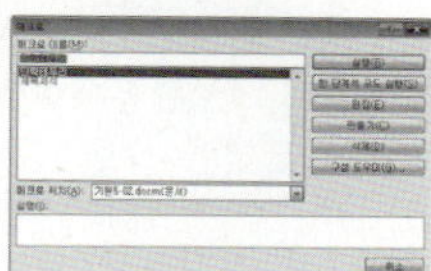

| 확인학습 |

준비파일 : 설명.docm, 섬유질.docm   완성파일 : 섬유질(완성).docm

다음 작업을 완성하시오.

(1) 매크로 사용 문서에 모든 매크로가 기본적으로 제외되고 알림 표시가 나타나도록 보안 설정을 변경하시오.

(2) 설명.docm에 저장된 매크로를 섬유질.docm으로 복사하고 저장하시오.

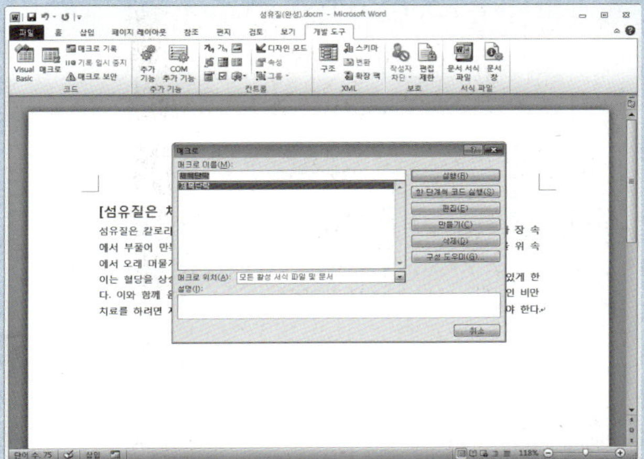

1. 보안 경고 기본 옵션을 변경하려면 [개발 도구] 탭–[코드] 그룹에서 [매크로 보안] 명령을 이용하세요.

2. 기록된 매크로를 다른 Word 문서나 서식 파일로 복사하려면 [개발 도구] 탭–[코드] 그룹에서 [매크로] 명령을 이용하세요.

5-3
양식 만들기

중요 용어 | 양식 컨트롤, 콘텐츠 컨트롤, 텍스트 필드, 확인란, 드롭다운 목록, 콤보 상자
출제 포인트 | 이전 도구 양식 컨트롤 및 콘텐츠 컨트롤을 삽입하는 방법을 묻는 문제

양식이란 사용자가 쉽게 내용을 입력할 수 있는 컨트롤 도구를 의미한다. Word에서 사용할 수 있는 양식의 종류로는 이전 버전에서 사용하던 이전 양식 컨트롤과 Word 2007버전부터 지원되는 콘텐츠 컨트롤과 ActiveX 컨트롤 도구가 있다. 이 컨트롤 모두 개발 도구를 이용하여 삽입하며 일반적으로 동일한 레이아웃에 내용만 바꾸어 작성하는 표 구조의 문서에 양식을 삽입하여 사용한다.

01 양식 컨트롤 만들기

이전 버전에서도 사용 가능한 양식 컨트롤로는 텍스트, 숫자 및 날짜를 입력할 수 있는 텍스트 필드, 선택 및 해제할 수 있는 확인란, 목록에서 원하는 항목을 선택할 수 있도록 드롭다운 형식으로 제공되는 콤보 상자 양식 컨트롤이 있다. 이러한 양식 컨트롤로 만들어진 문서를 양식 문서라고 부른다.

① **텍스트 필드** : 텍스트를 입력할 수 있는 양식으로 일반 텍스트, 숫자 외에 날짜 및 시간을 입력할 수 있으며, 최대 입력 길이를 제한하거나 표시 형식을 설정할 수 있다.

② **확인란** : 항목을 선택하거나 선택 해제할 수 있는 양식 도구이다.

③ **콤보 상자** : 목록에서 값을 선택할 수 있는 양식 도구이다.

④ **가로 틀 삽입** : 텍스트나 그림을 삽입할 틀을 만든다.

⑤ **필드 음영 표시** : 양식 컨트롤의 회색 음영의 표시 여부를 선택한다.

⑥ **양식 필드 원래대로** : 변경된 양식 필드의 속성을 원래 상태로 되돌린다.

'회원 입력 양식1'의 성명, 회원번호, 가입일 필드 옆에 텍스트 양식 필드를 추가합니다. 직업 필드 옆에는 콤보 상자 양식 필드를, 성별 필드의 남과 여 옆에는 확인란 양식 필드를 추가합니다.

1. '회원 입력 양식1'에서 텍스트 필드를 삽입할 '성명' 오른쪽 셀에 커서를 이동한다.

tip

[개발 도구] 탭 표시

개발 도구를 통해 이전 양식 도구나 콘텐츠 컨트롤 도구를 사용할 수 있으며 기본적으로 리본 메뉴에 개발 도구가 없다면 별도로 추가해야 한다. **[파일]** 탭–**[옵션]** 명령을 클릭한다. **[Word 옵션]** 대화 상자의 **[리본 사용자 지정]** 탭에서 **[리본 메뉴 사용자 지정]** 목록의 '개발 도구' 확인란을 선택하고 **[확인]** 단추를 클릭한다.

2. [개발 도구] 탭–[컨트롤] 그룹에서 [이전 도구] 명령( )을 클릭하여 [이전 양식]에서 [텍스트 필드(양식 컨트롤)] ( )을 클릭한다.

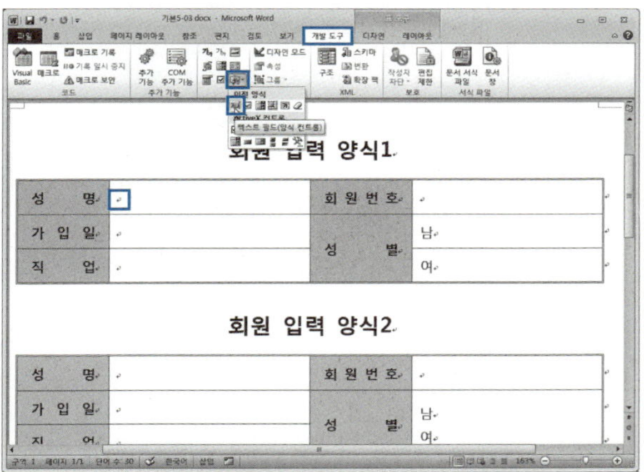

3. 텍스트 필드가 삽입된다. '회원번호'와 '가입일' 셀에도 텍스트 필드(양식 컨트롤)을 삽입한다.

4. '직업' 오른쪽 셀로 커서를 이동한다.

5. [개발 도구] 탭–[컨트롤] 그룹에서 [이전 도구] 명령( )을 클릭하여 [이전 양식]에서 [콤보 상자(양식 컨트롤)] ( )을 클릭한다.

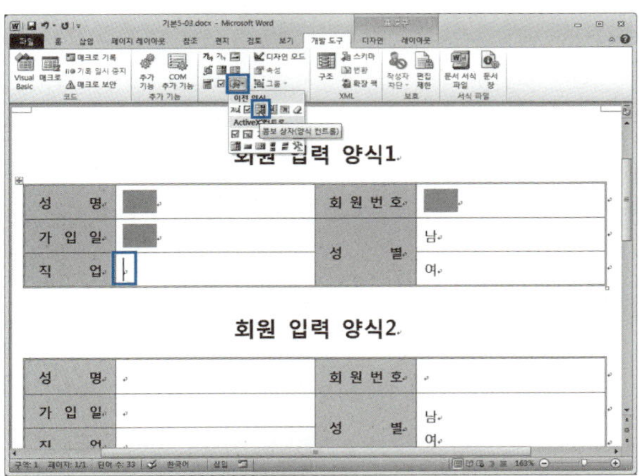

6. '남' 오른쪽으로 커서를 이동한다.

7. [**개발 도구**] 탭–[**컨트롤**] 그룹에서 [**이전 도구**] 명령( )을 클릭하여 [**이전 양식**]에서 [**확인란(양식 컨트롤)**] ( )을 클릭한다.

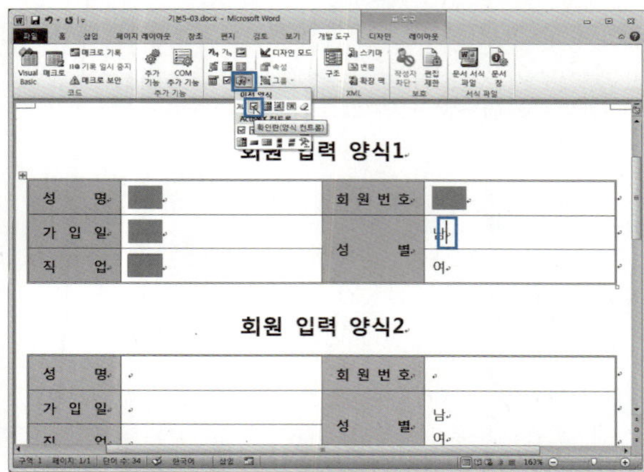

8. '여' 오른쪽에도 확인란 양식 컨트롤을 삽입한다.

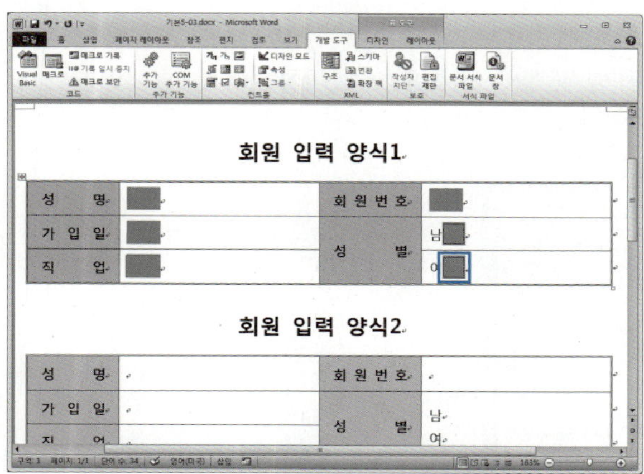

tip

양식 사용하기

양식을 사용하려면 우선 양식 채우기를 허용해 문서를 보호해야 한다.

02 콘텐츠 컨트롤 만들기

콘텐츠 컨트롤은 워드 2007 버전부터 지원되며 서식 파일, 양식 및 일반 문서에서 사용하기 위한 개별 컨트롤이다. 일반 텍스트나 날짜, 콤보 상자, 드롭다운 목록, 그림 개체 등의 7개의 기본 콘텐츠 컨트롤을 삽입할 수 있다. 콘텐츠 컨트롤에는 사용 안내 텍스트가 제공되고 컨트롤에 내용을 입력하면 안내 텍스트가 사라진다.

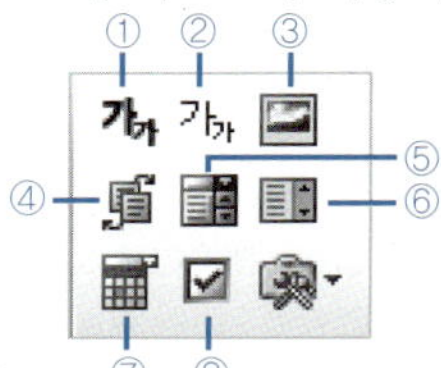

① **서식 있는 텍스트 콘텐츠 컨트롤** : 서식 있는 텍스트를 입력할 수 있는 텍스트 콘텐츠 컨트롤이다.

② **일반 텍스트 콘텐츠 컨트롤** : 서식이 없는 일반 텍스트 콘텐츠 컨트롤이다.

③ **그림 콘텐츠 컨트롤** : 그림을 삽입할 수 있는 콘텐츠 컨트롤이다.

④ **문서 블록 갤러리 콘텐츠 컨트롤** : 기타 콘텐츠 컨트롤을 추가한다.

⑤ **콤보 상자 콘텐츠 컨트롤** : 목록 단추를 클릭하여 항목을 선택할 수 있는 콘텐츠 컨트롤이다. 편집자가 항목의 내용을 바꿀 수 있다.

⑥ **드롭다운 목록 콘텐츠 컨트롤** : 목록 단추를 클릭하여 항목을 선택할 수 있는 콘텐츠 컨트롤이다. 콤보 상자와는 달리 편집자가 항목의 내용을 바꿀 수 없다.

⑦ **날짜 선택 콘텐츠 컨트롤** : 날짜를 입력할 수 있는 달력 컨트롤이다.

⑧ **확인란 콘텐츠 컨트롤** : 항목을 선택하거나 선택 해제하는 콘텐츠 컨트롤이다.

'회원 입력 양식2'의 성명, 회원번호 필드 옆에 서식 있는 텍스트 콘텐츠 컨트롤을 추가합니다. 가입일 필드 옆에는 날짜 선택 콘텐츠 컨트롤을, 직업 필드 옆에는 콤보 상자 콘텐츠 컨트롤을, 성별 필드의 남과 여 옆에는 확인란 콘텐츠 컨트롤을 추가합니다.

1. '회원 입력 양식2' 표의 '성명' 오른쪽 셀로 커서를 이동한다.

2. [개발 도구] 탭–[컨트롤] 그룹에서 [서식 있는 텍스트 콘텐츠 컨트롤] 명령()을 클릭한다.

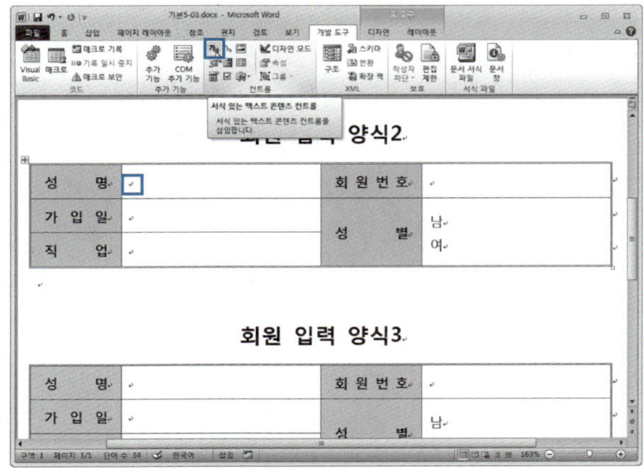

3. '회원번호' 오른쪽 셀에도 [서식 있는 텍스트 콘텐츠 컨트롤] 명령(가)을 클릭해 삽입한다.

4. '가입일' 셀로 커서를 이동한다.

5. [개발 도구] 탭–[컨트롤] 그룹에서 [날짜 선택 콘텐츠 컨트롤] 명령(▦)을 클릭한다.

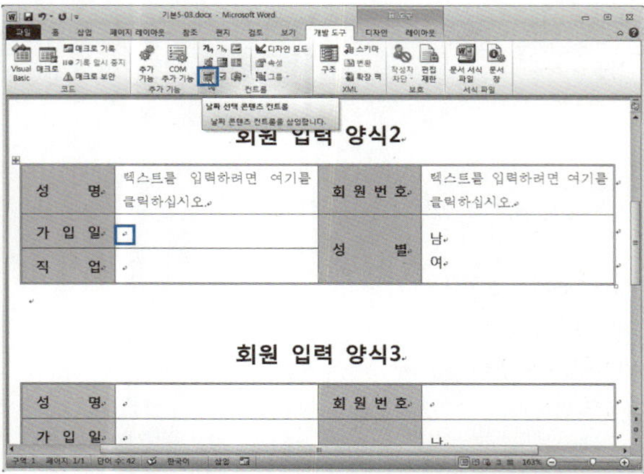

6. '직업' 오른쪽 셀로 커서를 이동한다.

7. [개발 도구] 탭–[컨트롤] 그룹에서 [콤보 상자 콘텐츠 컨트롤] 명령(▤)을 클릭한다.

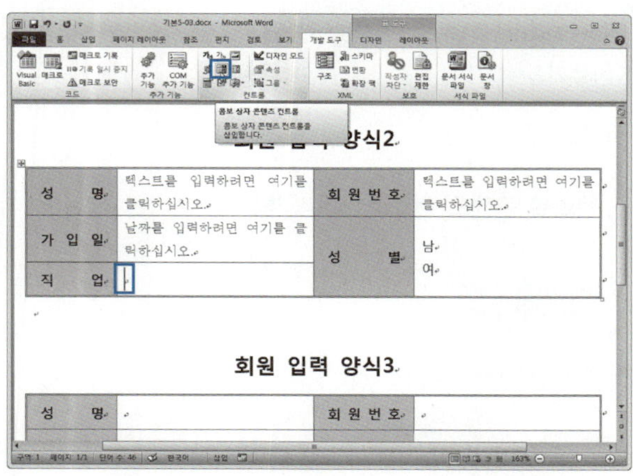

tip

콤보 상자와 드롭다운 목록의 차이점

콤보 상자는 컨트롤에 새 텍스트를 입력할 수 있지만 드롭다운 목록은 항목 선택만 가능하다.

8. '성별'의 '남' 오른쪽으로 커서를 이동한다.

9. [**개발 도구**] 탭–[**컨트롤**] 그룹에서 [**확인란 콘텐츠 컨트롤**] 명령(☑)을 클릭한다.

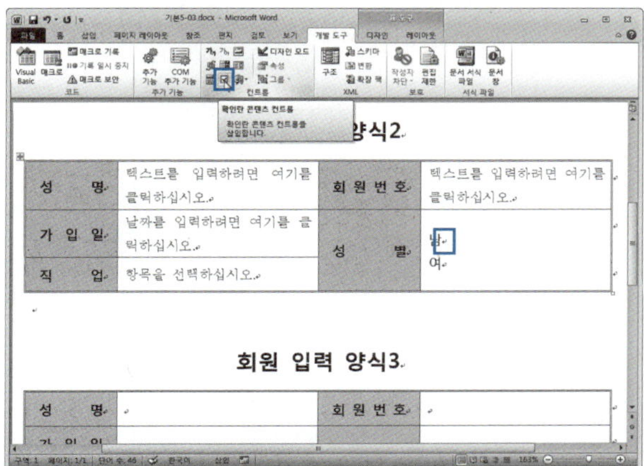

10. '여' 오른쪽에도 [**확인란 콘텐츠 컨트롤**] 명령(☑)을 삽입한다.

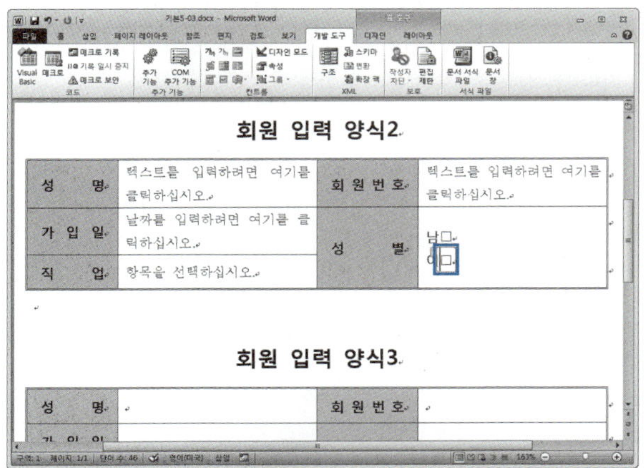

03 ActiveX 컨트롤 만들기

ActiveX 컨트롤은 웹 브라우저를 통해 인터넷상에서 작동하는 응용 프로그램을 만드는 작은 문서 블록을 말한다. 데이터를 입력하고, 특정 종류의 파일을 보고, 애니메이션을 표시하기 위한 사용자 지정 응용 프로그램을 만들 때 ActiveX 컨트롤을 사용한다.

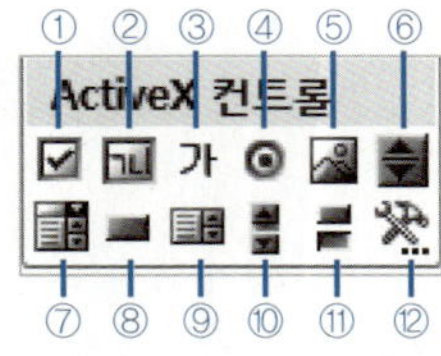

① **확인란(ActiveX 컨트롤)** : 다중 선택이 가능한 컨트롤이다.

② **텍스트 상자(ActiveX 컨트롤)** : 텍스트를 입력받을 수 있는 컨트롤이다.

③ **레이블(ActiveX 컨트롤)** : 텍스트 상자 등의 명칭을 넣는데 사용하는 컨트롤이다.

④ **옵션 단추(ActiveX 컨트롤)** : 단일 선택이 가능한 컨트롤이다.

⑤ **이미지(ActiveX 컨트롤)** : 이미지를 삽입할 수 있는 컨트롤이다.

⑥ **스핀 단추(ActiveX 컨트롤)** : 증감 단추를 눌러 숫자 값을 조정하는 컨트롤이다.

⑦ **콤보 상자(ActiveX 컨트롤)** : 목록 단추를 눌러 목록에서 단일 항목을 선택할 수 있는 컨트롤이다.

⑧ **명령 단추(ActiveX 컨트롤)** : 확인, 취소, 등록 등의 명령을 실행하는 단추 컨트롤이다.

⑨ **목록 상자(ActiveX 컨트롤)** : 여러 개의 값을 한꺼번에 표시해 주는 목록 상자에서 단일 항목을 선택할 수 있는 컨트롤이다.

⑩ **스크롤 막대(ActiveX 컨트롤)** : 화면을 스크롤할 수 있는 컨트롤이다.

⑪ **토글 단추(ActiveX 컨트롤)** : 클릭할 때마다 선택과 선택 해제를 반복하는 단추이다.

⑫ **기타 컨트롤** : 기타 컨트롤을 삽입할 때 사용한다.

> '회원 입력 양식3'에서 성명, 회원번호, 가입일, 직업, 성별 텍스트 대신에 레이블(ActiveX 컨트롤)로 바꿉니다. 성명과 회원번호, 날짜 필드 옆에는 텍스트 상자(ActiveX 컨트롤)을, 직업 필드 옆에는 콤보 상자(ActiveX 컨트롤)을, 성별 필드 옆에는 두 개의 옵션 단추(ActiveX 컨트롤)을 각 행에 추가합니다.

1. '회원 입력 양식3' 표의 '성명' 텍스트를 드래그해 선택하고 〈Delete〉 키를 눌러 삭제한다.

2. 그리고 [개발 도구] 탭–[컨트롤] 그룹에서 [이전 도구] 명령(🔧▾)을 클릭하여
[ActiveX 컨트롤]에서 [레이블(ActiveX 컨트롤)] 명령(가)을 클릭한다.

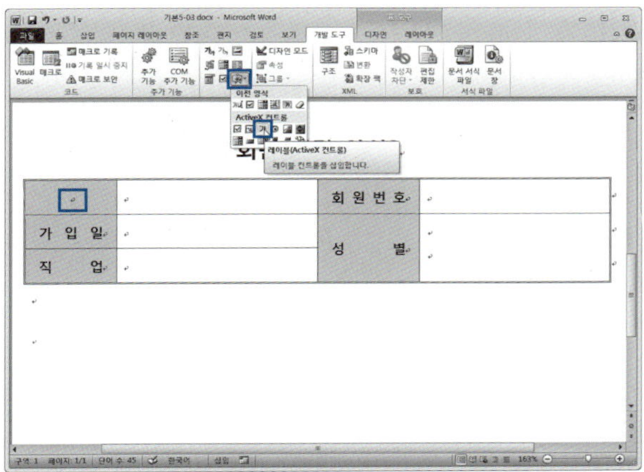

3. 같은 방법으로 나머지 회원번호, 가입일, 직업, 성별 텍스트도 레이블(ActiveX
컨트롤)로 변경한다.

4. '성명'이 있던 'Label1' 오른쪽 셀로 커서를 이동한다.

5. [개발 도구] 탭–[컨트롤] 그룹에서 [이전 도구] 명령(🔧▾)을 클릭하여 [ActiveX
컨트롤]에서 [텍스트 상자(ActiveX 컨트롤)] 명령(🔲)을 클릭한다.

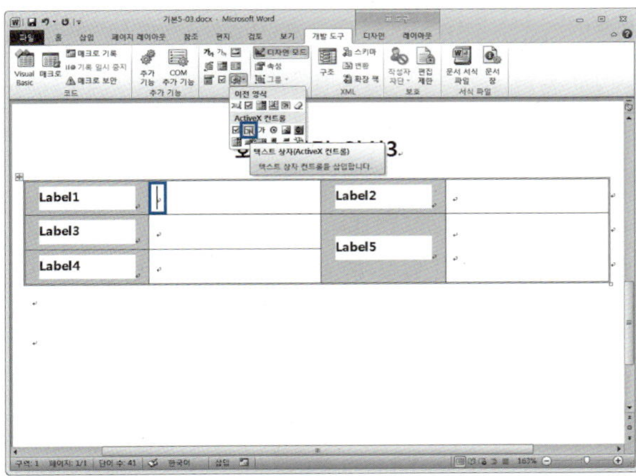

6. 회원번호가 있던 'Label2'와 날짜가 있던 'Label3' 오른쪽 셀에도 텍스트 상자
(ActiveX 컨트롤)을 추가한다.

7. 직업이 있던 'Label4' 오른쪽 셀로 커서를 이동한다.

8. [개발 도구] 탭-[컨트롤] 그룹에서 [이전 도구] 명령( )을 클릭하여 [ActiveX 컨트롤]에서 [콤보 상자(ActiveX 컨트롤)] 명령( )을 클릭한다.

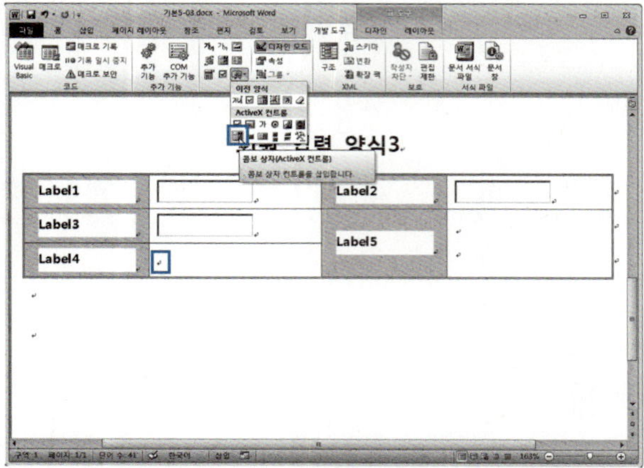

9. 성별이 있던 'Label5' 오른쪽 셀 위로 커서를 이동한다.

10. [개발 도구] 탭-[컨트롤] 그룹에서 [이전 도구] 명령( )을 클릭하여 [ActiveX 컨트롤]에서 [옵션 단추(ActiveX 컨트롤)] 명령( )을 클릭한다.

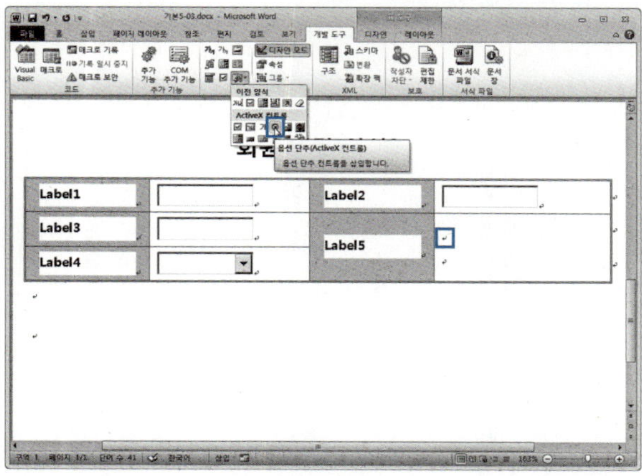

11. 아래쪽에도 **[옵션 단추(ActiveX 컨트롤)]** 명령(◉)을 삽입한다.

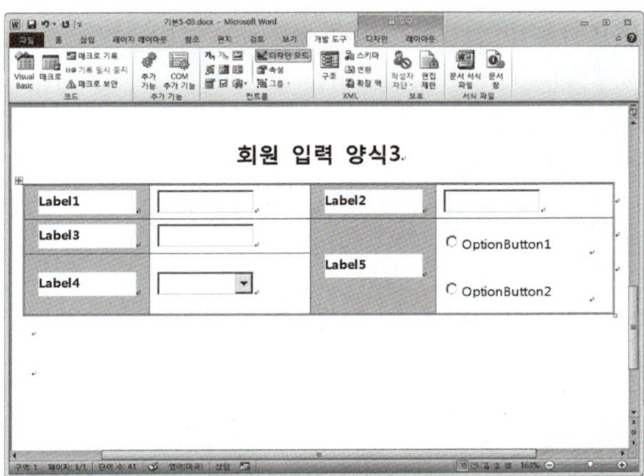

| 확인학습 |

준비파일 : 확인5-03.docx   완성파일 : 확인5-03(완성).docx

확인5-03.docx를 열어 다음 작업을 완성하시오.

(1) 신상 정보 섹션에서 마일리지번호, 회원명, 보너스수혜자의 각 값에 서식 있는 텍스트 콘텐츠 컨트롤을 삽입하시오.

(2) 신상 정보 섹션에서 관계의 콤보 상자(양식 컨트롤)을 드롭다운 목록 콘텐츠 컨트롤로 바꾸시오.

(3) 신청 정보 섹션에서 여정의 각 ICN, PEN, ICM 텍스트 왼쪽에 확인란(양식 컨트롤)을 삽입하시오.

(4) 신청 정보 섹션에서 좌석등급의 괄호 안의 콤보 상자(ActiveX 컨트롤)을 콤보 상자(양식 컨트롤)로 바꾸시오.

(5) 신청 정보 섹션에서 마일리지번호 텍스트 양식 필드를 텍스트 상자(ActiveX 컨트롤)로 바꾸시오.

(6) 문서 하단의 성명 위쪽에 날짜 선택 컨트롤을 삽입하시오.

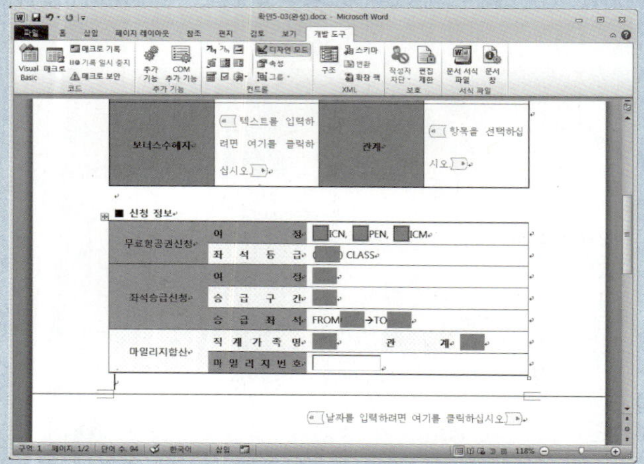

1. 이전 양식인 양식 컨트롤인지 콘텐츠 컨트롤인지 ActiveX 컨트롤인지 잘 구분하여 삽입하세요.

2. 컨트롤을 삽입하려면 [개발 도구] 탭–[컨트롤] 그룹을 이용하세요.

5-4
양식 조작

중요 용어 | 속성, 도움말, 디자인 모드
출제 포인트 | 양식 컨트롤, 콘텐츠 컨트롤 및 ActiveX 컨트롤의 속성을 변경하는 방법을 묻는 문제

양식 컨트롤, 콘텐츠 컨트롤 및 ActiveX 컨트롤을 삽입한 후에는 각 컨트롤에서 제공하는 속성을 편집해 원하는 데이터 및 서식으로 표시되도록 설정할 수 있다. 각 컨트롤의 속성을 변경하는 방법을 살펴본다.

 **01 양식 컨트롤 조작**

이전 도구인 양식 필드의 종류에 따라 변경할 수 있는 속성은 조금씩 다르지만 일반적으로 데이터 형식, 최대 길이, 형식, 드롭다운 목록 항목 추가 및 도움말을 사용할 수 있도록 설정할 수 있다.

- 회원번호 텍스트 양식 필드의 최대 글자 수를 5로 지정하고 회원번호는 5글자까지만 입력하십시오.라는 도움말 키 텍스트를 입력합니다.
- 직업 콤보 상자 양식 필드에는 회사원, 군인, 학생, 주부, 기타를 목록의 항목으로 추가합니다.

1. '회원 입력 양식1' 표에서 '회원번호' 텍스트 양식 필드를 클릭한다.

2. [개발 도구] 탭–[컨트롤] 그룹에서 [속성] 명령을 클릭한다.

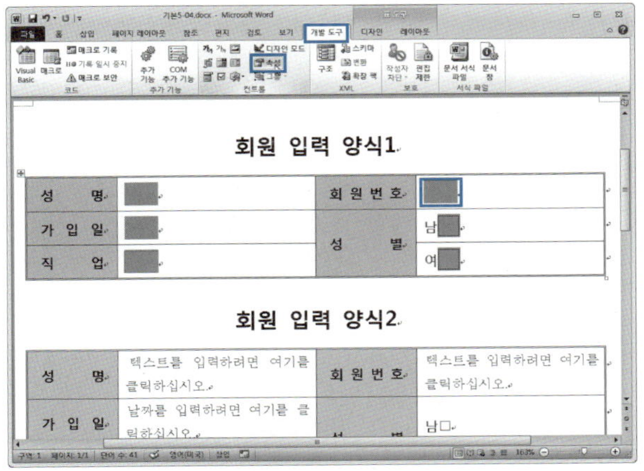

Word Expert

3. [**텍스트 양식 필드**] 대화 상자에서 [**형식**]은 '일반 텍스트'인지 확인한다.

4. [**최대 길이**]에 <u>5</u>를 입력하고 [**도움말 추가**] 단추를 클릭한다.

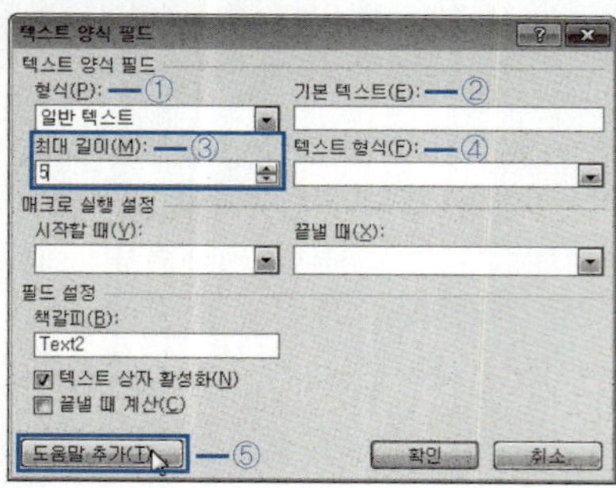

① **형식** : 텍스트 필드에 입력할 데이터 형식을 선택한다. 일반 텍스트, 숫자, 날짜, 현재 날짜, 현재 시간, 계산식이 있다.

② **기본 텍스트/숫자/날짜** : 텍스트 필드에 기본적으로 표시할 내용을 입력한다.

③ **최대 길이** : 입력할 수 있는 최대 길이를 설정한다.

④ **텍스트/숫자/날짜 형식** : 표시할 텍스트, 숫자 및 날짜 형식을 설정한다. 숫자에 천 단위마다 콤마(,)를 표시하려면 '#,##0', 소수점 이하 자릿수를 설정하려면 '0.00'을 선택한다. 날짜는 '2007-02-03'과 같은 형식으로 입력하면 설정될 날짜 형식을 선택한다.

⑤ **도움말 추가** : 양식 필드로 포커스가 이동되었을 때 상태 표시줄 또는 〈F1〉 키를 눌렀을 때 나타낼 도움말 내용을 설정한다.

5. [**양식 필드 도움말**] 대화 상자의 [**도움말 키(F1)**] 탭으로 이동한다.

6. '도움말 입력' 옵션을 선택하고 <u>회원번호는 5글자까지만 입력하십시오.</u>를 입력한 다음 [**확인**] 단추를 클릭한다.

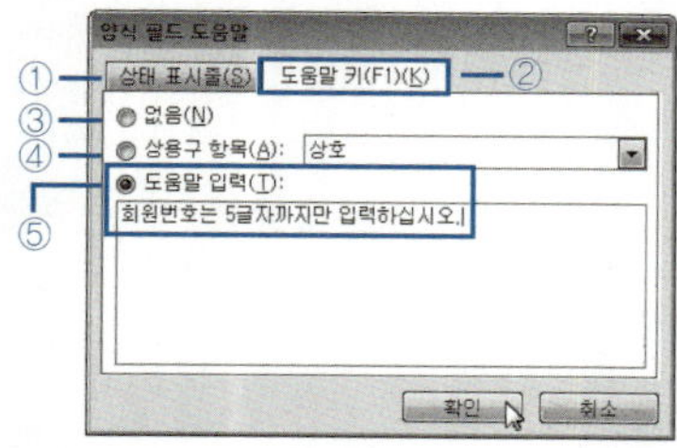

① **상태 표시줄** : 상태 표시줄에 도움말이 표시된다.

② **도움말 키** : 〈F1〉 키를 누르면 도움말 내용이 표시된다.

③ **없음** : 도움말을 제거한다.

④ **상용구 항목** : Word에 등록되어 있는 상용구 항목을 도움말로 사용한다.

⑤ **도움말 입력** : 직접 도움말 내용을 입력한다.

7. [텍스트 양식 필드] 대화 상자에서 [확인] 단추를 클릭한다.

8. '직업' 콤보 상자 양식 필드를 클릭한다.

9. [개발 도구] 탭–[컨트롤] 그룹에서 [속성] 명령을 클릭한다.

10. [드롭다운 양식 필드] 대화 상자의 [드롭다운 항목]에 회사원을 입력하고 [추가] 단추를 클릭하거나, 〈Enter〉 키를 누르면 [드롭다운 목록 항목]에 추가된다.

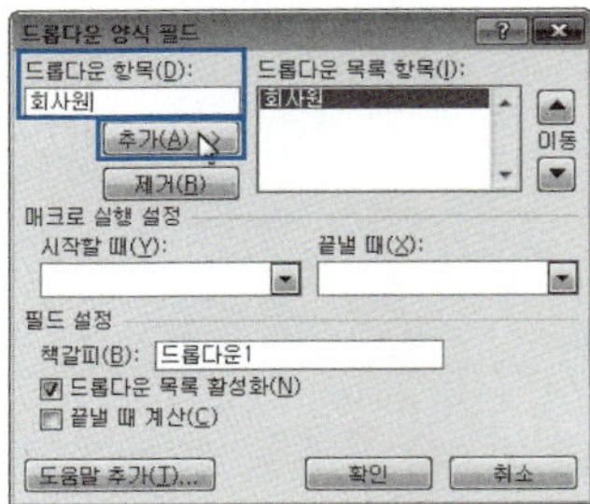

11. 동일한 방법으로 군인, 학생, 주부, 기타를 차례로 추가하고 [확인] 단추를 클릭한다.

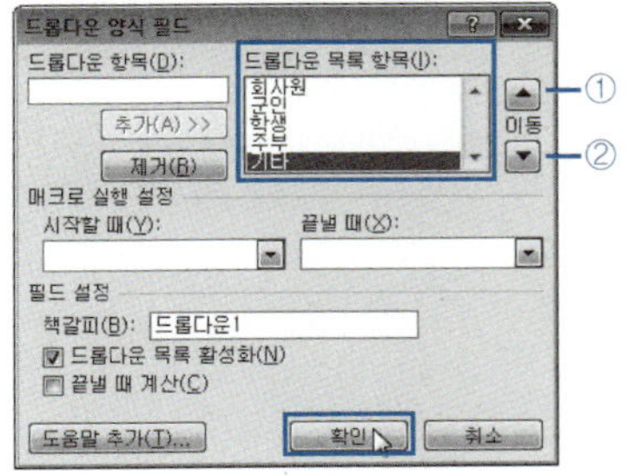

① [위로 이동] (▲) : 드롭다운 목록 항목 중에서 선택한 항목을 위쪽으로 이동한다.
② [아래로 이동] (▼) : 드롭다운 목록 항목 중에서 선택한 항목을 아래쪽으로 이동한다.

02 양식 보호

양식 편집 모드에서는 양식에 내용을 입력할 수 없다. 문서 편집을 제한하고 양식에만 내용을 입력할 수 있도록 양식을 보호해야 한다. 다른 사용자가 수정하지 못하도록 암호를 설정할 수도 있다.

> 현재 문서의 양식을 채울 수만 있도록 문서를 보호하고, 각 필드에 다음의 내용을 입력하고, 회원번호 필드에 설정되어 있는 도움말을 확인합니다. 그러고 나서 양식 보호를 해제합니다.
> - 성명 : 홍길동
> - 회원번호 : 12345
> - 가입일 : 2012-12-15
> - 직업 : 주부
> - 성별 : 남 선택

1. [개발 도구] 탭-[보호] 그룹의 [편집 제한] 명령을 클릭한다.

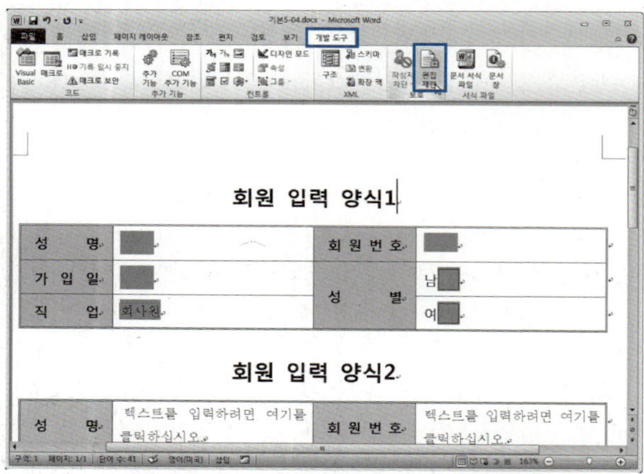

2. [서식 및 편집 제한] 작업창에서 [2. 편집 제한]의 '이 문서에서 편집을 허용할 유형'을 선택한다.

3. 목록 단추를 눌러 '양식 채우기'를 선택하고 [**예, 문서 보호를 적용합니다.**] 단추를 클릭한다.

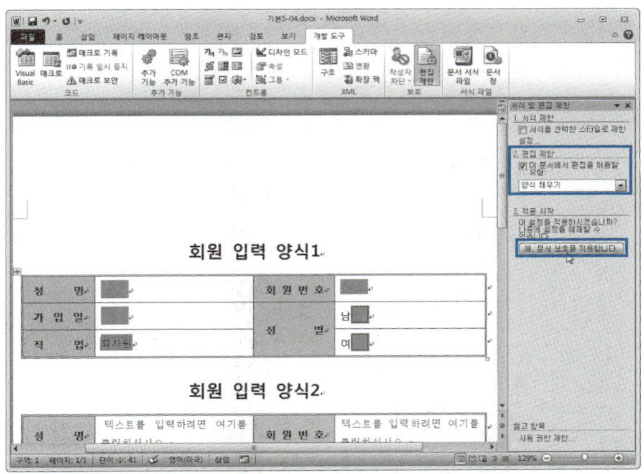

4. [**문서 보호 적용**] 대화 상자에서 암호 없이 [**확인**] 단추를 클릭한다.

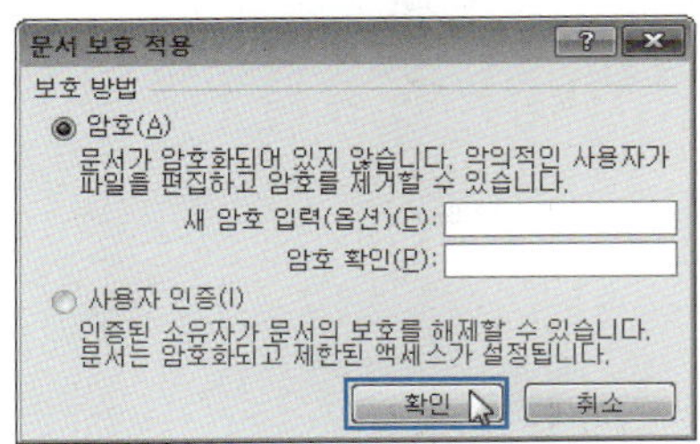

5. 이제 문서가 보호되어 양식에 데이터를 입력할 수 있다. '성명' 텍스트 양식 필드를 클릭해 선택한다.

6. 홍길동을 입력하고 〈Tab〉 키를 누른다.

7. '회원번호' 텍스트 양식 필드에서 〈F1〉 키를 누른다.

8. [**도움말**] 창에 설정한 도움말 내용이 나타난다. [**확인**] 단추를 클릭한다.

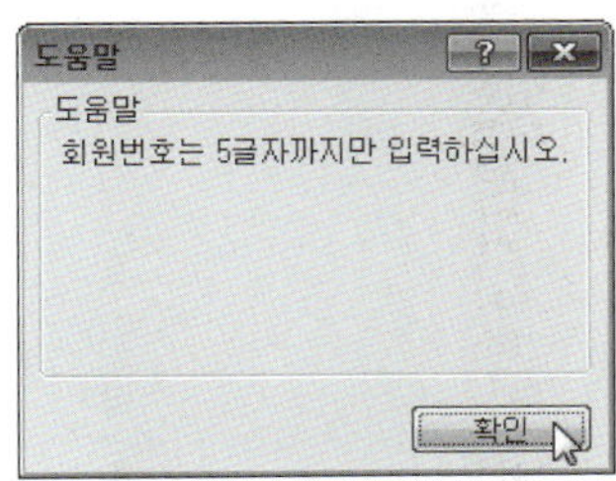

9. '회원번호' 텍스트 양식 필드에 12345를 입력하고 〈Tab〉 키를 누른다.

10. '가입일' 텍스트 양식 필드에 2012–12–15를 입력하고 〈Tab〉 키를 누른다.

11. '직업' 콤보 상자 양식 필드를 클릭해 '주부'를 선택한다.

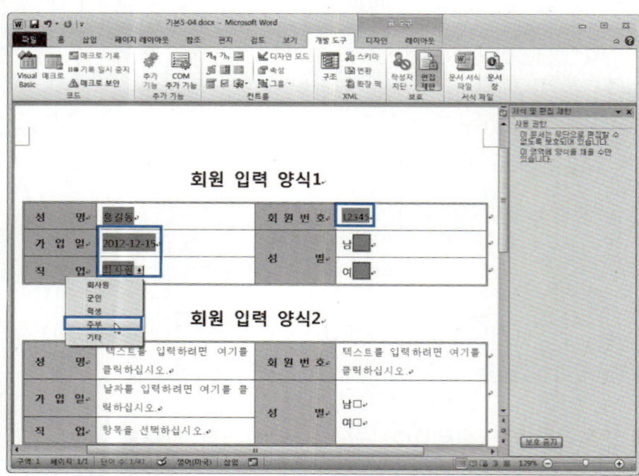

12. '남'의 확인란을 클릭해 선택한다.

13. 문서 보호를 해제하기 위해 [**서식 및 편집 제한**] 작업창에서 [**보호 중지**] 단추를 클릭한다.

14. 문서 보호가 해제되면 [**서식 및 편집 제한**] 작업창에서 [**닫기**] 명령(✖)을 클릭한다.

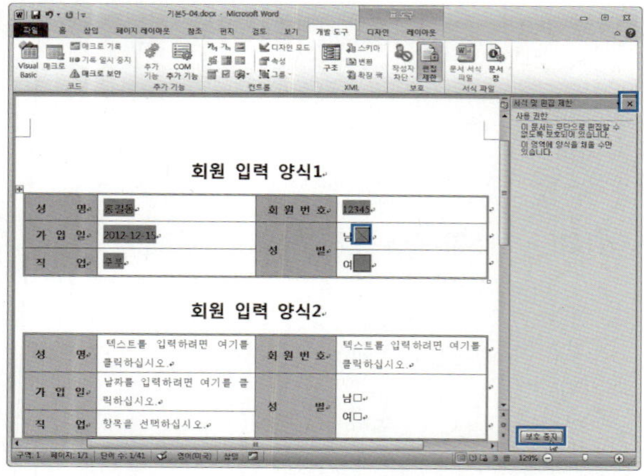

 콘텐츠 컨트롤 조작

콘텐츠 컨트롤에 제목과 태그를 추가하고 잠금 속성을 설정할 수 있다. 콘텐츠 컨트롤에는 기본적으로 안내 텍스트가 길게 표시되지만 디자인 모드로 변경한 후 간단히 줄일 수 있다.

- 성명을 성명 콘텐츠 컨트롤의 제목과 태그로 추가하고 삭제되지 않도록 콘텐츠 컨트롤을 잠급니다.
- 직업을 콤보 상자 콘텐츠 컨트롤의 제목과 태그로 추가하고 회사원, 군인, 학생, 주부, 기타를 목록의 항목으로 추가합니다.
- 각 콘텐츠 컨트롤에 성명 입력, 회원번호 입력, 날짜 선택, 직업 선택이라는 안내 텍스트로 변경합니다. 그러고 나서 디자인 모드를 비활성화합니다.

1. '회원 입력 양식2'의 '성명' 콘텐츠 컨트롤을 선택한다.

2. [개발 도구] 탭–[컨트롤] 그룹에서 [속성] 명령을 클릭한다.

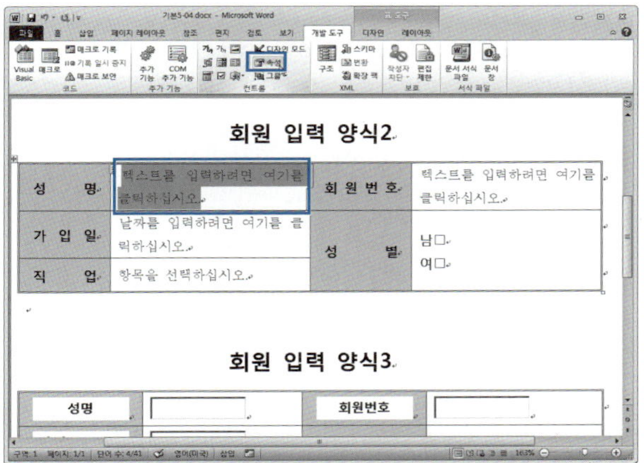

3. **[콘텐츠 컨트롤 속성]** 대화 상자에서 **[제목]**과 **[태그]**에 <u>성명</u>을 입력한다.

4. **[잠금]**에서 '콘텐츠 컨트롤을 삭제할 수 없음'을 선택하고 **[확인]** 단추를 클릭한다.

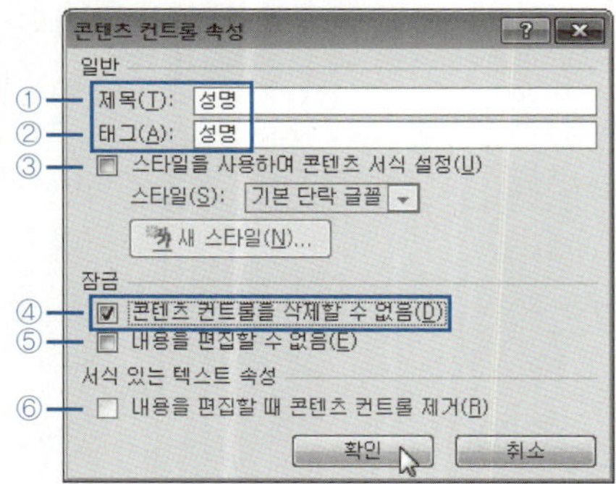

① **제목** : 콘텐츠 컨트롤의 제목을 설정한다.

② **태그** : 콘텐츠 컨트롤 디자인 모드로 변경 시 태그 내용을 설정한다. 생략하면 제목의 내용이 표시된다.

③ **스타일을 사용하여 콘텐츠 서식 설정** : 현재 컨트롤에 **[스타일]** 목록에서 선택한 스타일과 연결한다.

④ **콘텐츠 컨트롤을 삭제할 수 없음** : 사용자가 컨트롤을 삭제할 수 없도록 설정한다.

⑤ **내용을 편집할 수 없음** : 사용자가 컨트롤에 텍스트를 직접 입력할 수 없고 사용 안내 텍스트만 표시한다.

⑥ **내용을 편집할 때 콘텐츠 컨트롤 제거** : 사용 안내 텍스트 위에 텍스트를 직접 입력할 때 콘텐츠 컨트롤이 사라지게 한다.

5. '직업' 콤보 상자 콘텐츠 컨트롤을 선택한다.

6. **[개발 도구]** 탭–**[컨트롤]** 그룹에서 **[속성]** 명령을 클릭한다.

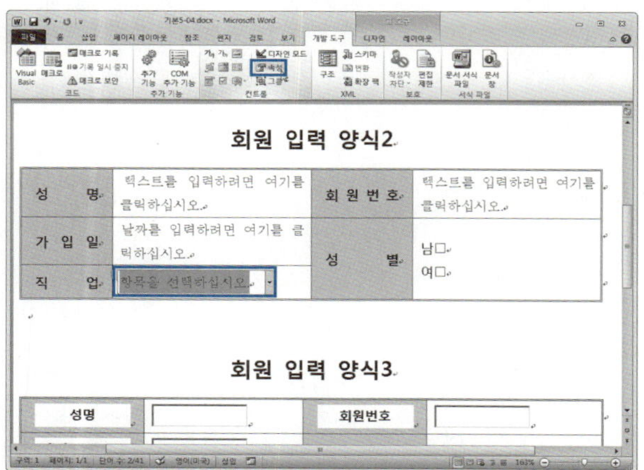

7. [**콘텐츠 컨트롤 속성**] 대화 상자에서 [**추가**] 단추를 클릭한다.

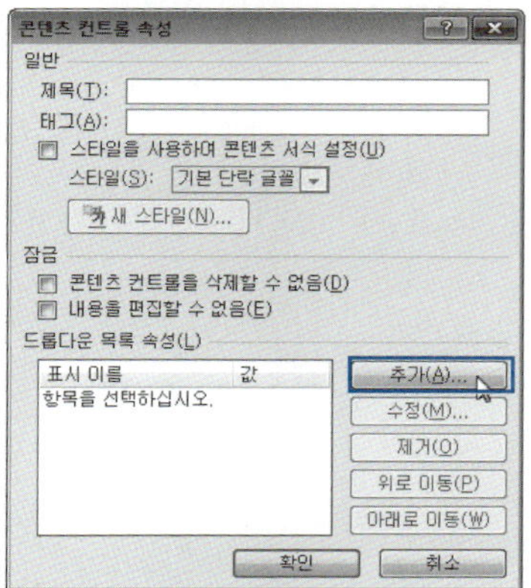

8. [**선택 추가**] 대화 상자에서 [**표시 이름**]에 회사원을 입력하고 [**확인**] 단추를 클릭한다.

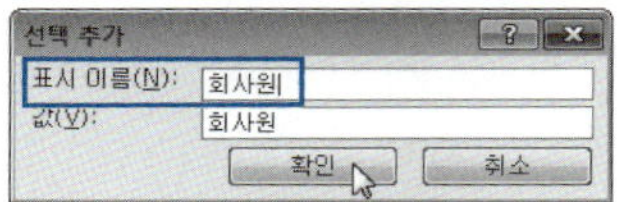

9. 동일한 방법으로 군인, 학생, 주부, 기타를 차례로 추가하고 [**확인**] 단추를 클릭한다.

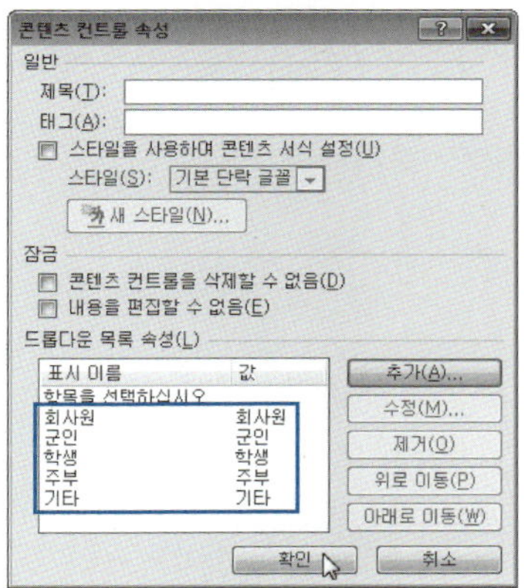

10. 안내 텍스트를 변경하기 위해 **[개발 도구]** 탭–**[컨트롤]** 그룹에서 **[디자인 모드]** 명령을 클릭한다.

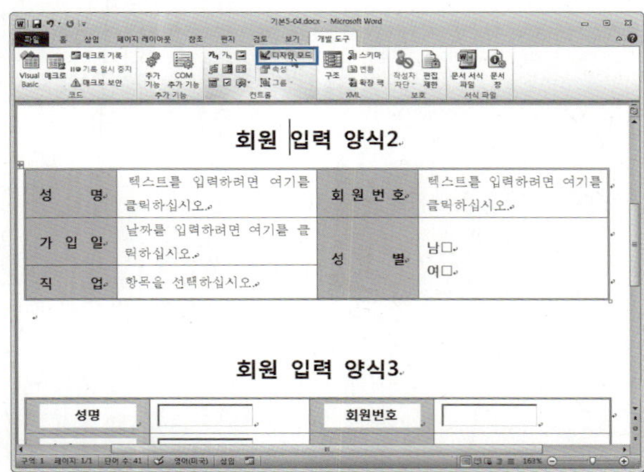

11. 콘텐츠 컨트롤이 디자인 모드로 변경되면 '성명' 콘텐츠 컨트롤의 안내 텍스트를 드래그해 선택하고 성명 입력을 입력한다.

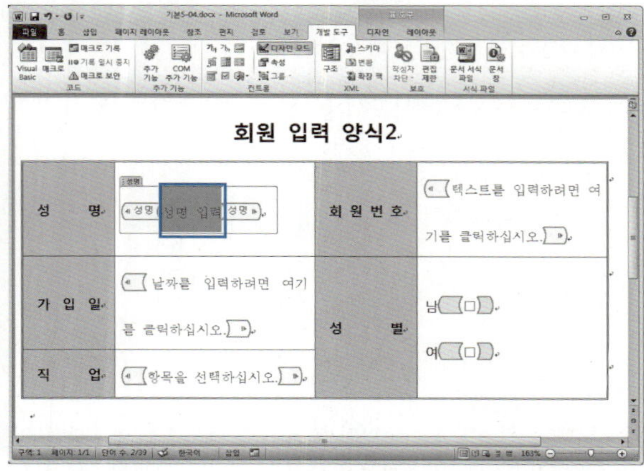

12. 동일한 방법으로 '회원번호' 콘텐츠 컨트롤에는 회원번호 입력을, '가입일' 콘텐츠 컨트롤에는 날짜 선택을, '직업' 콘텐츠 컨트롤에는 직업 선택을 안내 텍스트로 수정한다.

13. [개발 도구] 탭–[컨트롤] 그룹에서 [디자인 모드] 명령을 클릭한다.

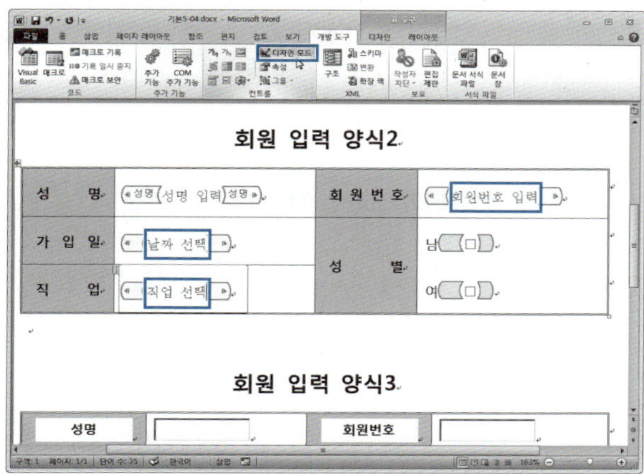

14. 콘텐츠 컨트롤의 안내 텍스트가 변경된다.

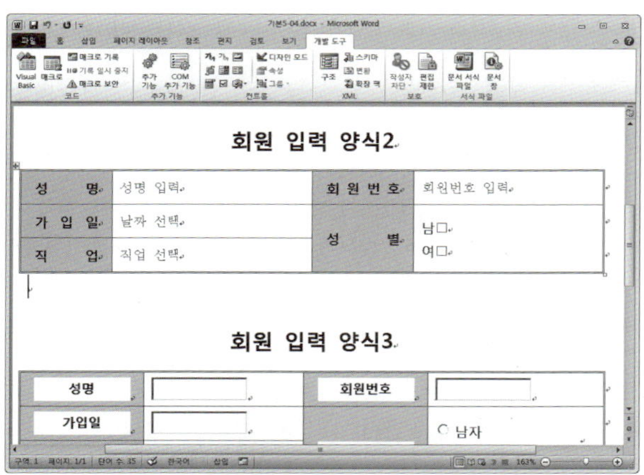

tip

**서식 있는 텍스트와
일반 텍스트 콘텐츠
컨트롤의 차이점**

서식 있는 텍스트 콘텐츠
컨트롤(가)은 서식 변경
이 가능한 반면 일반 텍스
트 콘텐츠 컨트롤(가)은
서식 변경이 불가능하다.

 04 ActiveX 컨트롤 조작

ActiveX 컨트롤은 VBA로 프로시저를 작성해 목록을 생성하고 작동되도록 할 수 있다. 여기서는 간단히 속성을 변경하는 방법을 살펴본다. ActiveX 컨트롤은 디자인 모드로 변경한 후 속성을 설정할 수 있다.

> 두 번째 옵션 단추의 캡션을 여자로 변경합니다. 그러고 나서 디자인 모드를 비활성화합니다.

1. [개발 도구] 탭–[컨트롤] 그룹에서 [디자인 모드] 명령을 클릭한다.

2. 'OptionButton2' ActiveX 컨트롤을 선택하고 [개발 도구] 탭–[컨트롤] 그룹에서 [속성] 명령을 클릭한다.

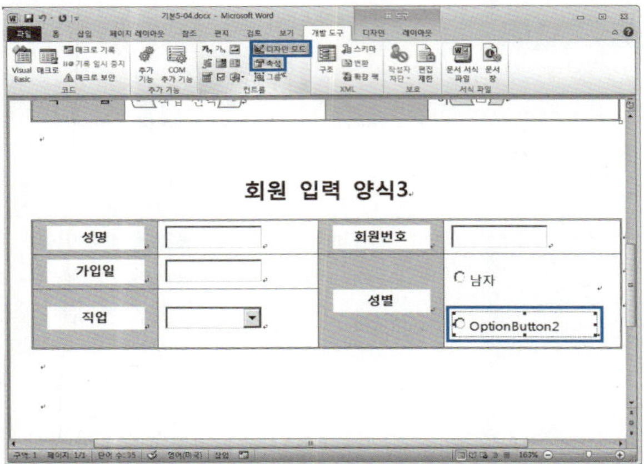

tip

Active X 컨트롤 삭제하기

Active X 컨트롤을 삭제하려면 디자인 모드로 변경한 후 〈Delete〉 키를 눌러 삭제한다.

3. [속성] 창의 [캡션] 항목에 여자를 입력하고 [닫기] 명령을 클릭한다.

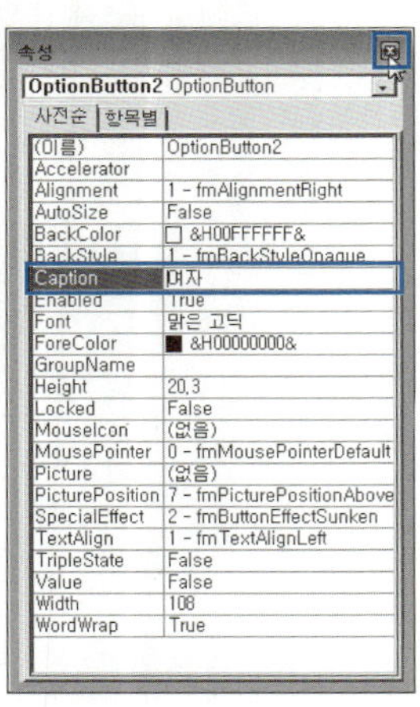

4. 옵션 단추의 캡션이 변경된다. **[개발 도구]** 탭–**[컨트롤]** 그룹에서 **[디자인 모드]** 명령을 클릭한다.

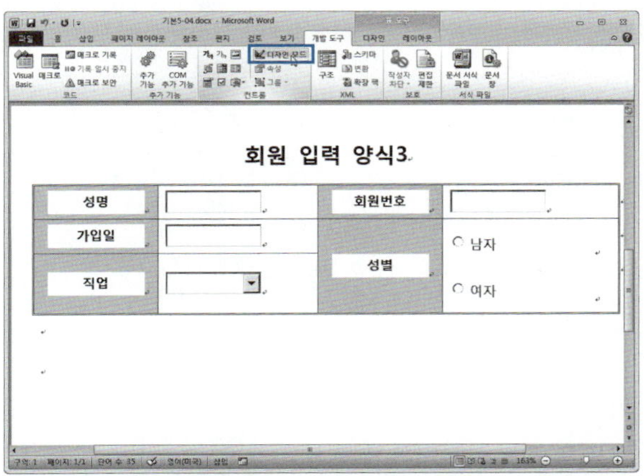

| 확인학습 |

준비파일 : 확인5-04.docx   완성파일 : 확인5-04(완성).docx

확인5-04.docx를 열어 다음 작업을 완성하시오.

(1) 신상 정보 섹션에서 회원명을 서식 있는 텍스트 콘텐츠 컨트롤의 태그로 추가하고 삭제되지 않도록 콘텐츠 컨트롤을 잠그시오.

(2) 신상 정보 섹션에서 관계를 콤보 상자 콘텐츠 컨트롤의 제목으로 추가하고 본인, 대리인 값을 표시하시오. 그리고 내용을 편집할 수 없도록 콘텐츠 컨트롤을 잠그시오.

(3) 신청 정보 섹션에서 좌석등급 괄호 안의 콤보 상자(양식 컨트롤)에 E, B, F 값을 목록으로 추가하고 목록에서 여정을 선택하십시오.라는 도움말 텍스트를 상태 표시줄에 입력하시오.

(4) 양식을 보호하시오.

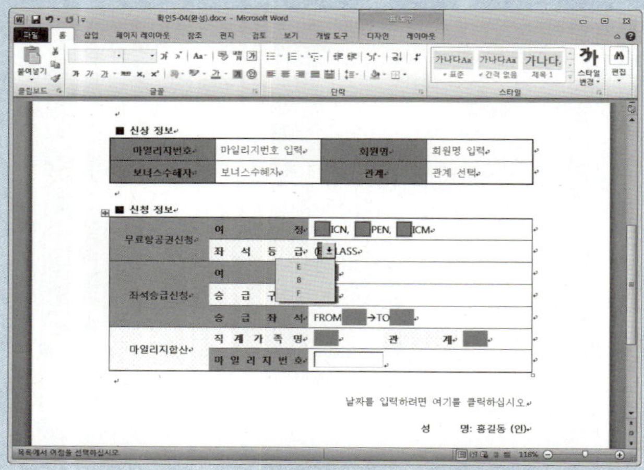

Hint

1. 양식 컨트롤 및 콘텐츠 컨트롤의 속성을 변경하려면 [개발 도구] 탭─[컨트롤] 그룹─[속성] 명령을 이용하세요.

2. 양식을 보호하려면 [개발 도구] 탭─[보호] 그룹─[편집 제한] 명령을 이용하세요.

5-1 매크로 만들기 및 조작

- 매크로란 여러 명령어들의 모음으로 자주 반복되는 일련의 작업을 매크로로 기록해두어 필요할 때마다 실행할 수 있는 기능이다. 매크로를 기록한 후에는 다양한 방법으로 실행할 수 있다.
- 매크로를 기록하려면 (1) **[개발 도구]** 탭–**[코드]** 그룹–**[매크로 기록]** 명령이나, (2) 상태 표시줄의 **[새 매크로 기록]** 아이콘(▣)을 클릭한다.
- **[매크로 기록]** 대화 상자에서 **[매크로 이름]**, **[매크로 저장 위치]**, **[매크로 할당 위치]** 등을 설정하고 **[확인]** 단추를 클릭한다.
- 모든 매크로 기록 과정이 완료한 다음 매크로 기록을 중지하려면 (1) **[개발 도구]** 탭–**[코드]** 그룹–**[기록 중지]** 명령이나, (2) 상태 표시줄의 **[기록 중지]** 아이콘(▣)을 클릭한다.
- 기록해둔 매크로를 실행하려면 (1) **[개발 도구]** 탭–**[코드]** 그룹–**[매크로]** 명령을 클릭해 **[매크로]** 대화 상자에서 실행할 매크로 이름을 선택하고 **[실행]** 단추를 클릭하거나, (2) 매크로 기록 시 설정한 바로 가기 키를 누른다.
- 일반 Word 문서에 의도되지 않은 프로그래밍 코드가 포함되는 것을 방지하기 위해서 Word 2007 버전부터는 일반 문서(.docx)에 매크로를 저장할 수 없고, 별도로 매크로가 포함된 매크로 사용 문서 (.docm)으로 저장해야 한다.
- 매크로 사용 문서로 저장하려면 **[파일]** 탭–**[다른 이름으로 저장]** 명령을 클릭하고 **[다른 이름으로 저장]** 대화 상자의 **[파일 형식]**에서 'Word 매크로 사용 문서(*.docm)'을 선택해 저장한다.

5-2 매크로 옵션 적용 및 조작

- 매크로 사용 문서를 열 때 매크로의 포함 여부 설정을 변경하거나, 기록한 매크로를 다른 문서에서 재사용할 수 있도록 복사할 수 있다.
- 매크로 보안 옵션을 변경하려면 **[개발 도구]** 탭–**[코드]** 그룹–**[매크로 보안]** 명령을 클릭한다. **[보안 센터]** 대화 상자의 **[매크로 설정]** 항목에서 '모든 매크로 포함' 보안 옵션을 선택하고 **[확인]** 단추를 클릭한다.
- Nomal.docm에 저장된 매크로는 모든 문서에서 사용이 가능하나 특정 문서에만 포함되도록 기록한 매크로는 해당 문서에서만 재사용이 가능하다. 이때 특정 문서에 기록된 매크로를 다른 문서나 서식 파일로 복사하여 재사용할 수 있다.
- 매크로를 복사하려면 **[개발 도구]** 탭–**[코드]** 그룹–**[매크로]** 명령을 클릭한다. **[매크로]** 대화 상자에서 **[구성 도우미]** 단추를 클릭한다.
- **[구성 도우미]** 대화 상자의 **[매크로 프로젝트 항목]** 탭에서 매크로가 저장되어 있는 문서와 복사할 문서를 차례로 열고 복사할 선택한 다음 **[복사]** 단추를 클릭한다.

5-3 양식 만들기

- 양식이란 사용자가 쉽게 내용을 입력할 수 있는 컨트롤 도구를 의미한다. Word에서 사용할 수 있는 양식의 종류로는 이전 버전에서 사용하던 이전 양식 컨트롤과 Word 2007버전부터 지원되는 콘텐츠 컨트롤과 ActiveX 컨트롤 도구가 있다.
- 이전 버전에서도 사용 가능한 양식 컨트롤로는 텍스트, 숫자 및 날짜를 입력할 수 있는 텍스트 필드, 선택 및 해제를 할 수 있는 확인란, 목록에서 원하는 항목을 선택할 수 있도록 드롭다운 형식으로 제공되는 콤보 상자 양식 컨트롤이 있다.
- 양식 컨트롤을 삽입하려면 **[개발 도구]** 탭–**[컨트롤]** 그룹–**[이전 도구]** 명령(🔧▾)을 클릭하여 **[이전 양식]**에서 선택한다.
- 콘텐츠 컨트롤은 워드 2007 버전부터 지원되며 서식 파일, 양식 및 일반 문서에서 사용하기 위한 개별 컨트롤이다. 일반 텍스트나 날짜, 콤보 상자, 드롭다운 목록, 그림 개체 등의 7개의 기본 콘텐츠 컨트롤을 삽입할 수 있다.
- 콘텐츠 컨트롤을 삽입하려면 **[개발 도구]** 탭–**[컨트롤]** 그룹에서 선택한다.
- ActiveX 컨트롤은 웹 브라우저를 통해 인터넷상에서 작동하는 응용 프로그램을 만드는 작은 문서 블록을 말한다. 데이터를 입력하고, 특정 종류의 파일을 보고, 애니메이션을 표시하기 위한 사용자 지정 응용 프로그램을 만들 때 ActiveX 컨트롤을 사용한다.
- ActiveX 컨트롤을 삽입하려면 **[개발 도구]** 탭–**[컨트롤]** 그룹–**[이전 도구]** 명령(🔧▾)을 클릭하여 **[ActiveX 컨트롤]**에서 선택한다.

5-4 양식 조작

- 양식 컨트롤, 콘텐츠 컨트롤 및 ActiveX 컨트롤을 삽입한 후에는 각 컨트롤에서 제공하는 속성을 편집해 원하는 데이터 및 서식으로 표시되도록 설정할 수 있다.
- 이전 도구인 양식 필드의 종류에 따라 변경할 수 있는 속성은 조금씩 다르지만 일반적으로 데이터 형식, 최대 길이, 형식, 드롭다운 목록 항목 추가 및 도움말을 사용할 수 있도록 설정할 수 있다.
- 콘텐츠 컨트롤에는 제목과 태그를 추가하고 잠금 속성을 설정할 수 있다.
- ActiveX 컨트롤은 디자인 모드로 변경한 후 속성을 설정할 수 있다. **[개발 도구]** 탭–**[컨트롤]** 그룹에서 **[디자인 모드]** 명령을 클릭한다.
- 속성을 변경할 컨트롤을 선택하고 **[개발 도구]** 탭–**[컨트롤]** 그룹에서 **[속성]** 명령을 클릭한다.
- 양식 편집 모드에서는 양식에 내용을 입력할 수 없다. 문서 편집을 제한하고 양식에만 내용을 입력할 수 있도록 양식을 보호해야 한다.
- 양식을 보호하려면 **[개발 도구]** 탭–**[보호]** 그룹–**[편집 제한]** 명령을 클릭한다. **[서식 및 편집 제한]** 작업창에서 **[2. 편집 제한]**의 '이 문서에서 편집을 허용할 유형'을 선택한다. 목록에서 '양식 채우기'를 선택하고 **[예, 문서 보호를 적용합니다.]** 단추를 클릭한다.

STEP UP MOS 2010
WORD EXPERT

STEP UP MOS 2010
WORD EXPERT

실전 모의고사

Word Expert

실전모의고사 1회

01 실전1-01.docx를 열어 다음 작업을 완료하시오.

준비파일_ 실전1-01.docx 완성파일_ 실전1-01(완성).docx

평가양식 표의 너비를 '90%'와 가운데 맞춤으로 설정하고 <u>평가양식</u>을 대체 텍스트로 추가하시오.

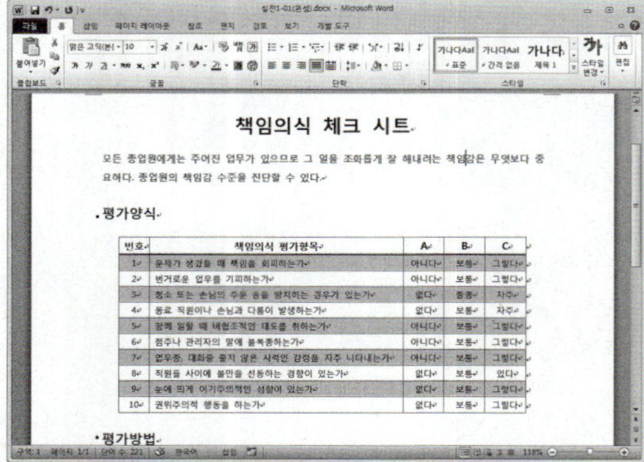

표 속성

02 실전1-02.docx를 열어 다음 작업을 완료하시오.

준비파일_ 실전1-02.docx, 거래처목록.docx
완성파일_ 초청장(완성).docx

현재 문서로 편지 병합을 시작하시오. 거래처목록.docx를 받는 사람 목록으로 입력하고 수신의 '거래처' 텍스트 대신에 거래처명 필드를 추가하시오. 개별 문서를 편집해 병합을 완료하고 초청장이라는 파일 이름으로 문서 폴더에 저장하시오. (참고 : 다른 기본 설정은 모두 그대로 적용하시오.)

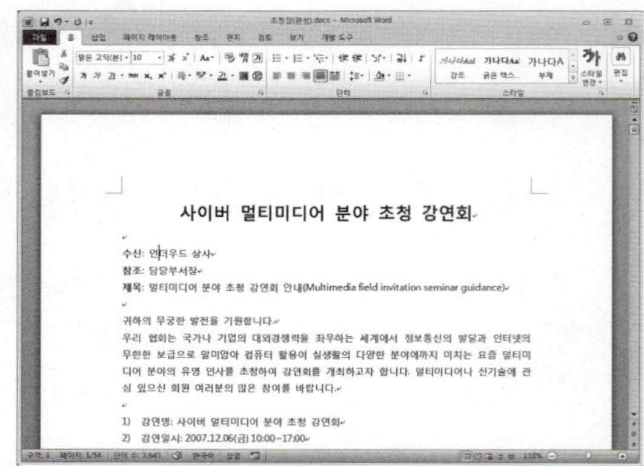

편지 병합

03 실전1-03.docx를 열어 다음 작업을 완료하시오.

준비파일_ 실전1-03.docx 완성파일_ 실전1-03(완성).docx

2페이지에 있는 두 텍스트 상자를 연결하시오.

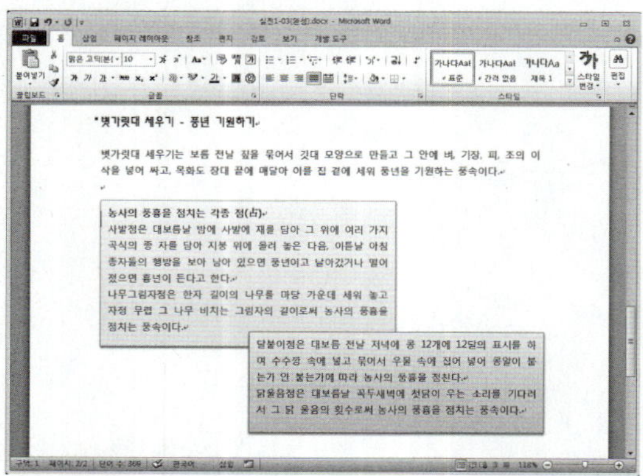

텍스트 상자 연결 만들기

04 실전1-04.docx를 열어 다음 작업을 완료하시오.

준비파일_ 실전1-04.docx 완성파일_ 실전1-04(완성).docx

모든 제목1 텍스트의 서식을 왼쪽 '0.75cm' 들여쓰기 되고 문자 간격을 좁게 '1.2pt'가 되도록 설정하시오.

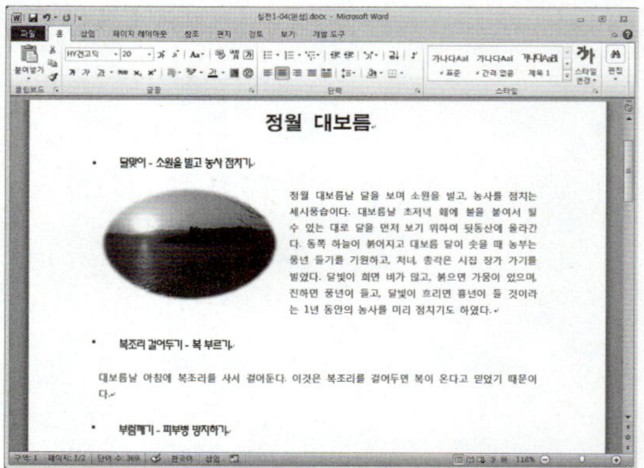

스타일 수정

05 실전1-05.docx를 열어 다음 작업을 완료하시오.

준비파일_ 실전1-05.docx　완성파일_ 실전1-05(완성).docx

문서 마지막 위치에 '현대형' 서식의 색인을 삽입하시오.

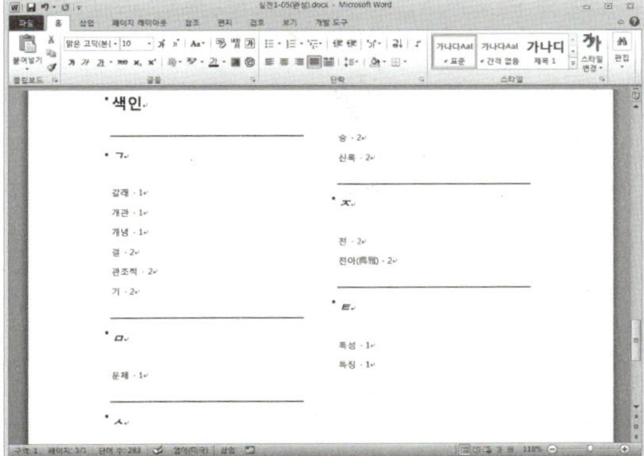

색인 삽입

06 실전1-06.docx를 열어 다음 작업을 완료하시오.

준비파일_ 실전1-06.docx　완성파일_ 실전1-06(완성).docx

현재 문서가 Microsoft Word 2002에서 작성된 것처럼 레이아웃이 유지되도록 호환성 옵션을 지정하시오.

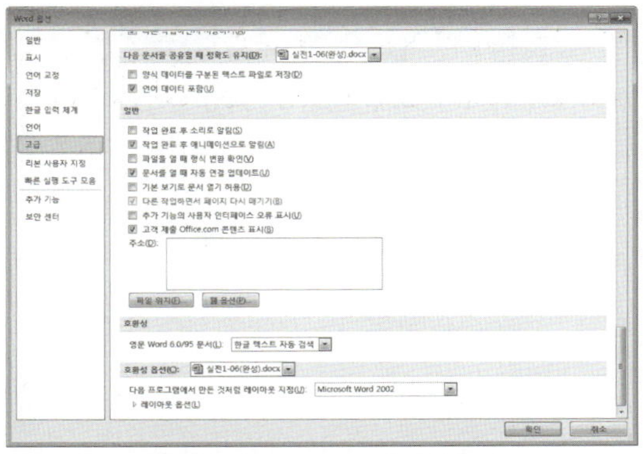

호환성 옵션

07 다음 작업을 완료하시오.

준비파일_ 실전1-07.docx, 수정문서.docx
완성파일_ 비교완료(완성).docx

실전1-07.docx와 수정문서.docx를 비교하시오. 실전1-07.docx를 원본 문서로 지정하고 새 문서에 변경 내용을 모두 표시한 다음 모든 변경 내용을 적용하시오. 새 문서는 비교완료.docx라는 파일 이름으로 문서 폴더에 저장하시오.

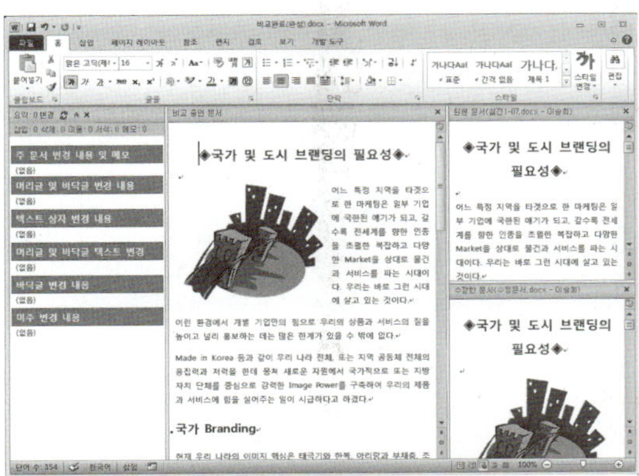

문서 비교

08 실전1-08.docm을 열어 다음 작업을 완료하시오.

준비파일_ 실전1-08.docm　완성파일_ 실전1-08(완성).docm

'귀하의~' 텍스트에서 첫 줄 들여쓰기 '10pt'로 적용하는 매크로를 현재 문서에 기록하시오. 매크로 이름은 본문서식으로 지정하고 '우리 협회는 ~ 참여를 바랍니다.' 단락에 적용하시오.

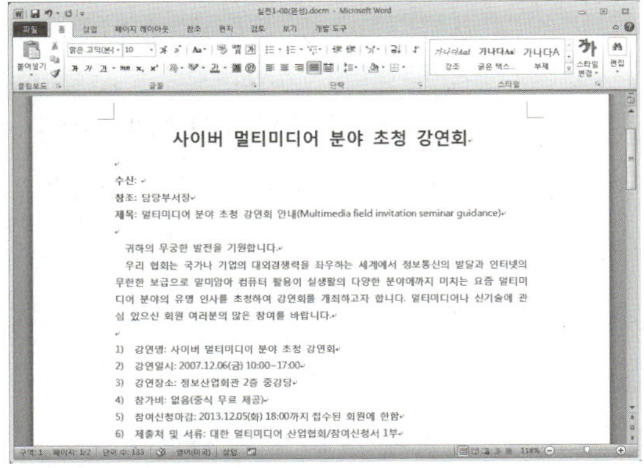

매크로 기록, 매크로 실행

실전모의고사 1회

09 실전1-09.docx를 열어 다음 작업을 완료하시오.

준비파일_ 실전1-09.docx 완성파일_ 실전1-09(완성).docx

2페이지에서 참가자 연락처 섹션의 모든 필드 옆에 텍스트 상자 양식 필드를 추가하시오.

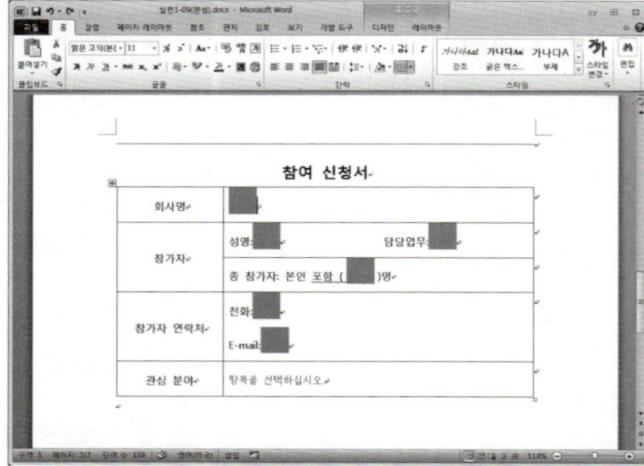

양식 컨트롤

10 실전1-10.docx를 열어 다음 작업을 완료하시오.

준비파일_ 실전1-10.docx 완성파일_ 실전1-10(완성).docx

2페이지의 양식만 입력될 수 있도록 편집을 제한하시오. (참고 : 다른 기본 설정은 모두 그대로 적용하시오.)

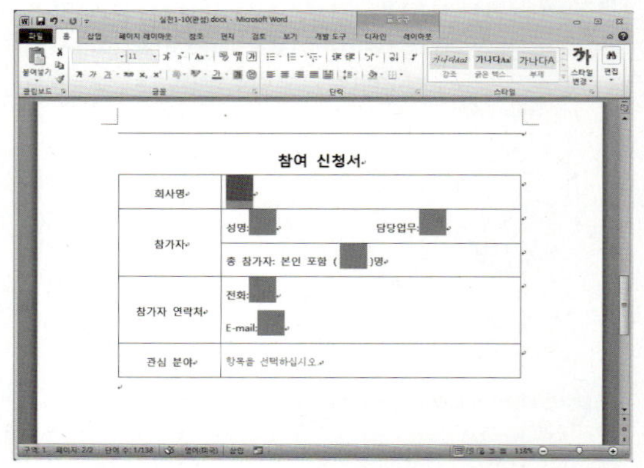

편집 제한

11 실전1-11.docx를 열어 다음 작업을 완료하시오.

준비파일_ 실전1-11.docx 완성파일_ 실전1-11(완성).docx

제목 문서 속성을 머리글에 추가하시오.

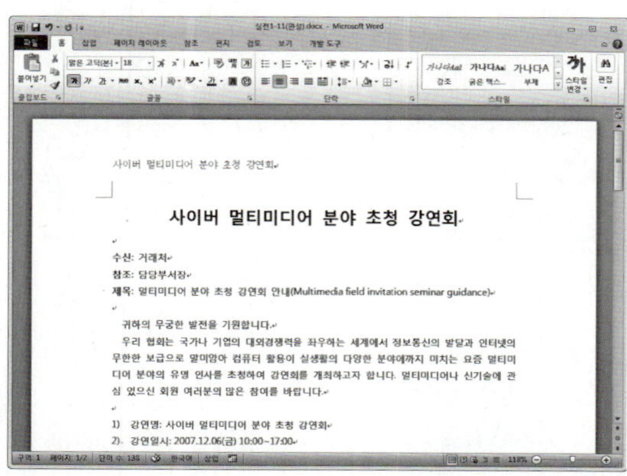

머리글 편집

12 실전1-12.docx를 열어 다음 작업을 완료하시오.

준비파일_ 실전1-12.docx 완성파일_ 실전1-12(완성).docx

두 번째 구역에만 머리글이 표시되지 않도록 삭제하시오.

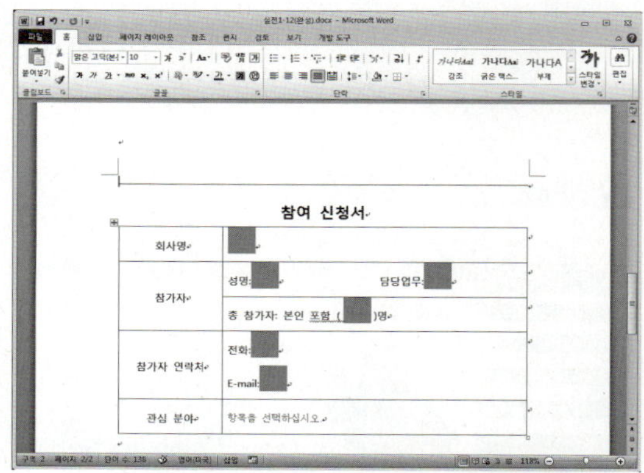

머리글/바닥글 연결

<h2>13 실전1-13.docx를 열어 다음 작업을 완료하시오.</h2>

준비파일_ 실전1-13.docx   완성파일_ 실전1-13(완성).docx

다음을 사용하여 새 웹 사이트 출처를 만드시오. 그러고 나서 '있거나 없거나' 텍스트 오른쪽에 출처를 삽입하시오.

- 저자 : Fleming, Levie
- 연도 : 1978
- 웹 페이지 이름 : 교육 설계
- 태그 이름 : Fle78Web

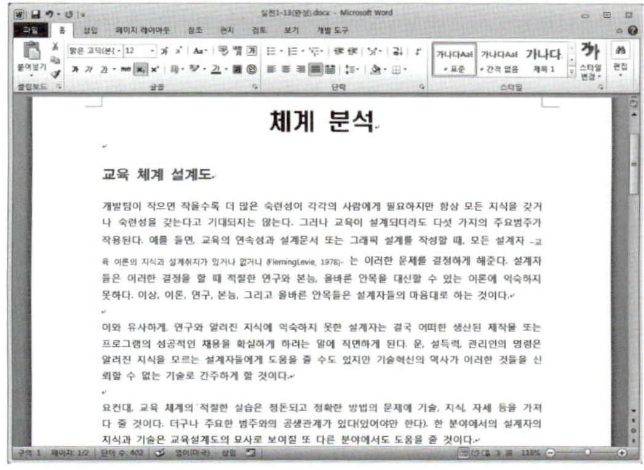

새 출처 추가

<h2>14 다음 작업을 완료하시오.</h2>

준비파일_ 실전1-14.docm, 강연회.docm
완성파일_ 실전1-14(완성).docm

강연회.docm에 있는 매크로를 실전1-14.docm으로 복사한 후 저장하시오.

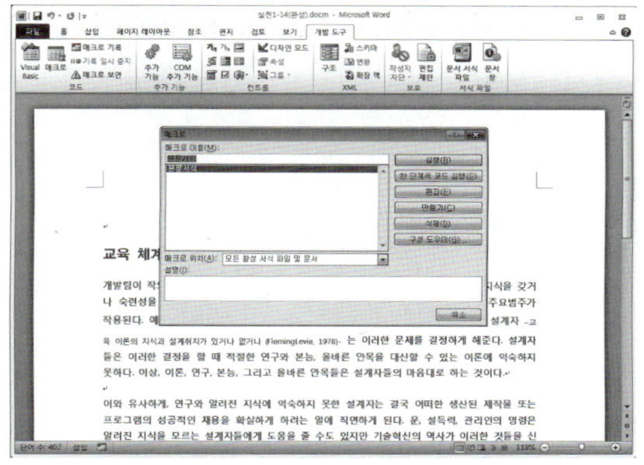

매크로 복사

<h2>15 실전1-15.docx를 열어 다음 작업을 완료하시오.</h2>

준비파일_ 실전1-15.docx, 보고서템플릿.dotx
완성파일_ 실전1-15(완성).docx

서식 파일인 보고서템플릿.dotx를 현재 열려 있는 문서에 적용하고 문서 스타일을 자동으로 업데이트하시오.

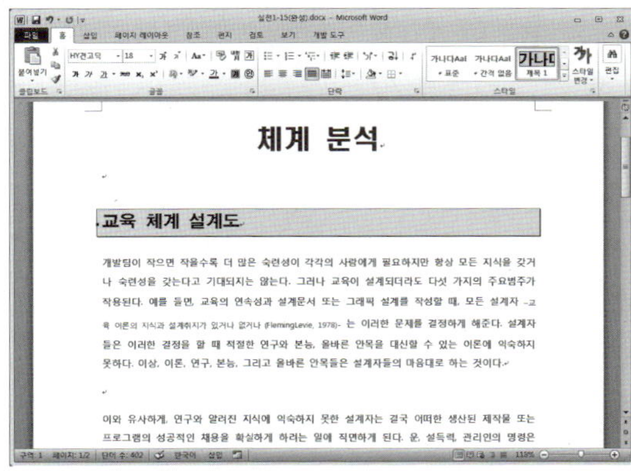

서식 파일 첨부

<h2>16 실전1-16.docx를 열어 다음 작업을 완료하시오.</h2>

준비파일_ 실전1-16.docx   완성파일_ 실전1-16(완성).docx

담록이라는 항목이 모두 표시되도록 현재 색인을 업데이트하시오.

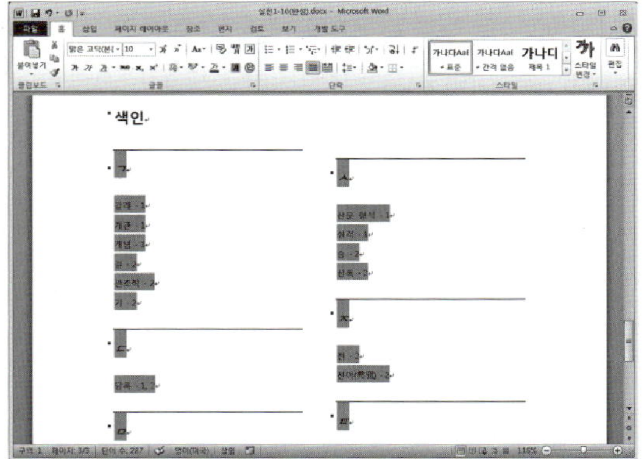

색인 업데이트

17 실전1-17.docx를 열어 다음 작업을 완료하시오.

준비파일_ 실전1-17.docx, 검토.docx 완성파일_ 재교(완성).docx

실전1-17.docx와 검토.docx 파일을 새 문서로 병합하시오. 실전1-17.docx를 원본으로 지정하고 문서의 모든 변경 내용을 적용하시오. 그러고 나서 재교.docx라는 파일 이름으로 저장하시오.

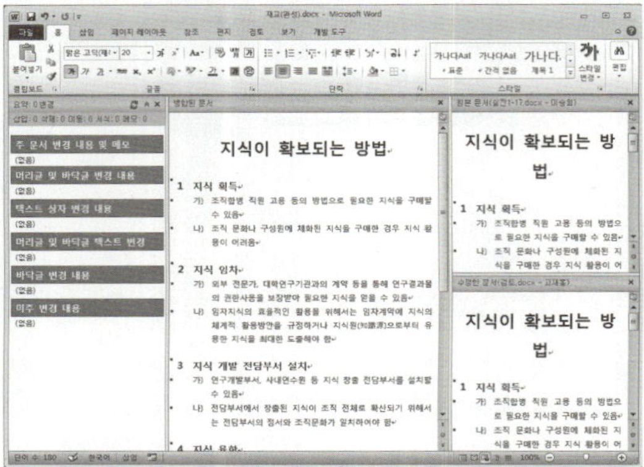

문서 병합

18 실전1-18.docx를 열어 다음 작업을 완료하시오.

준비파일_ 실전1-18.docx 완성파일_ 실전1-18(완성).docx

콤보 상자 콘텐츠 컨트롤에 관심분야를 제목으로 추가하고 삭제되지 않도록 콘텐츠 컨트롤를 잠그시오.

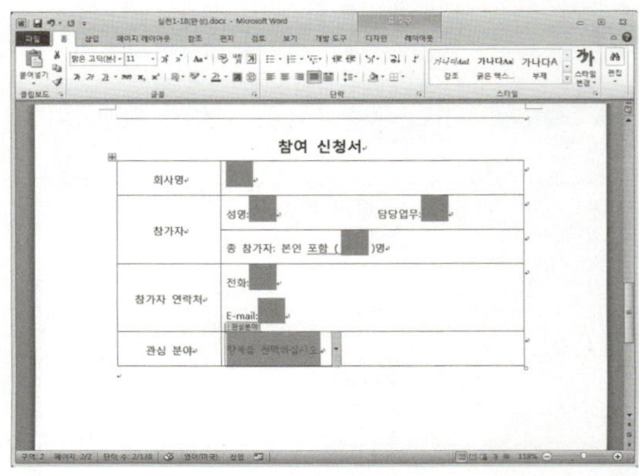

콘텐츠 컨트롤 속성

19 실전1-19.docx를 열어 다음 작업을 완료하시오.

준비파일_ 실전1-19.docx, 탑승자목록.docx
완성파일_ 실전1-19(완성).docx

새 문서를 시작하지 않고 표의 각 위치에 필드가 표시되도록 현재 편지 병합에 필드를 추가하시오. 탑승자목록.docx를 사용하여 받는 사람 목록을 입력하시오. 회원 등급이 A가 아닌 레코드만 병합하고 병합 결과를 미리 보시오.

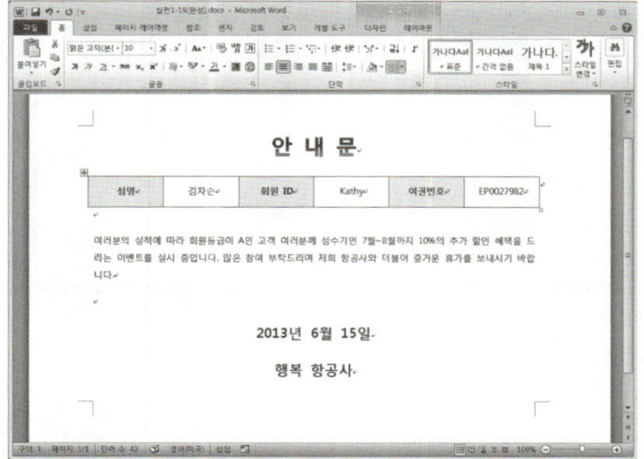

편지 병합

20 실전1-20.docx를 열어 다음 작업을 완료하시오.

준비파일_ 실전1-20.docx 완성파일_ 실전1-20(완성).docx

그림을 빠른 문서 요소인 문서 블록으로 저장하시오. 문서 블록 이름은 바닥글 그림으로 지정하고 바닥글 갤러리에 저장하시오. 그러고 나서 바닥글에 바닥글 그림 문서 블록을 삽입하시오.

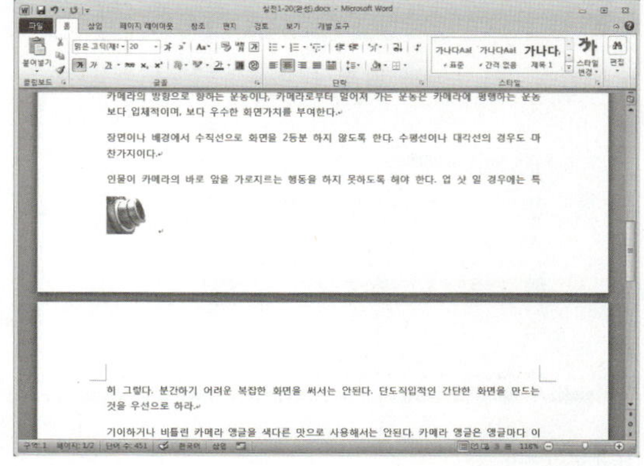

새 문서 블록 만들기, 바닥글 삽입

21 실전1-21.docx를 열어 다음 작업을 완료하시오.

준비파일_ 실전1-21.docx, 참고.xml 완성파일_ 없음

출처 관리자를 사용하여 참고.xml을 사용이 가능한 출처 목록으로 지정하시오.

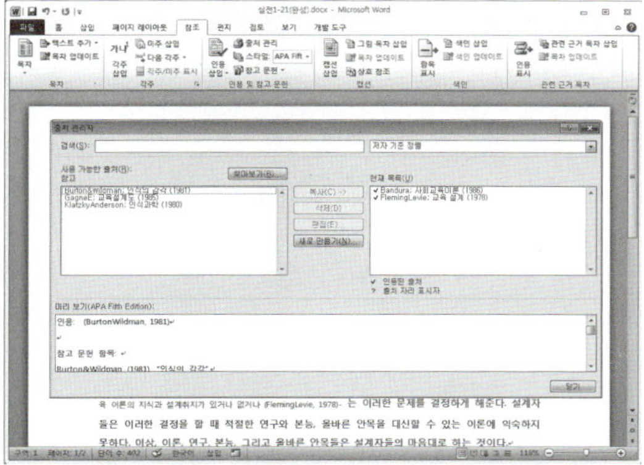

출처 관리

22 실전1-22.docx를 열어 다음 작업을 완료하시오.

준비파일_ 실전1-22.docx, 거래처목록.docx

완성파일_ 레이블(완성).docx

현재 문서를 기준으로 새 레이블 병합을 시작하시오. Avery A4/A5 레이블 제조 회사의 3484 제품 번호를 사용하고 거래처목록.docx를 받는 사람 목록으로 입력하시오. 첫 행에 우편 번호와 주소1을, 두 번째 행에 거래처명과 이름 필드를 차례로 삽입하고, 거래처명을 오름차순으로 정렬하시오. 개별 문서를 편집해 병합을 완료하고 레이블이라는 파일 이름으로 문서 폴더에 저장하시오.

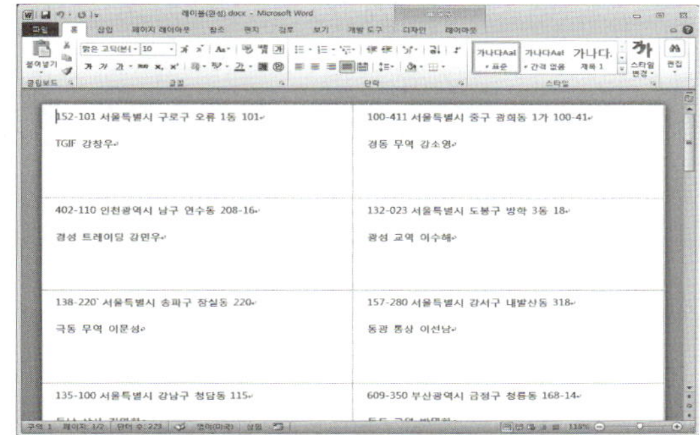

레이블 병합

23 실전1-23.docx를 열어 다음 작업을 완료하시오.

준비파일_ 실전1-23.docx 완성파일_ 실전1-23(완성).docx

2페이지의 총 참가자 텍스트 양식 필드에 최대 3명까지만 신청이 가능합니다.라는 도움말 키 텍스트를 입력하시오.

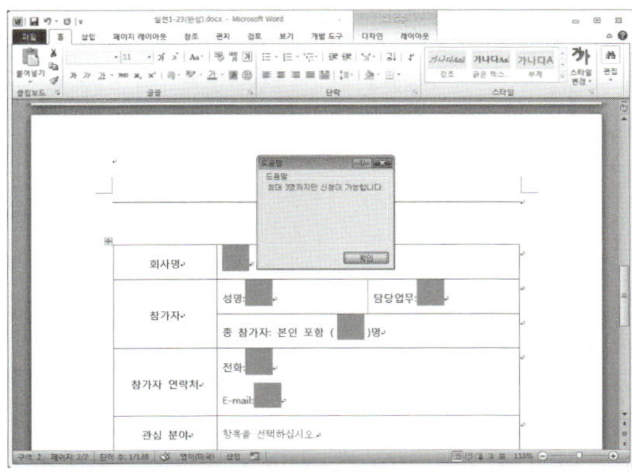

양식 컨트롤 속성

24 실전1-24.docx를 열어 다음 작업을 완료하시오.

준비파일_ 실전1-24.docx 완성파일_ 실전1-24(완성).docx

문서 끝에 관련 근거 목차를 삽입하시오. (참고 : 다른 기본 설정은 모두 그대로 적용하시오.)

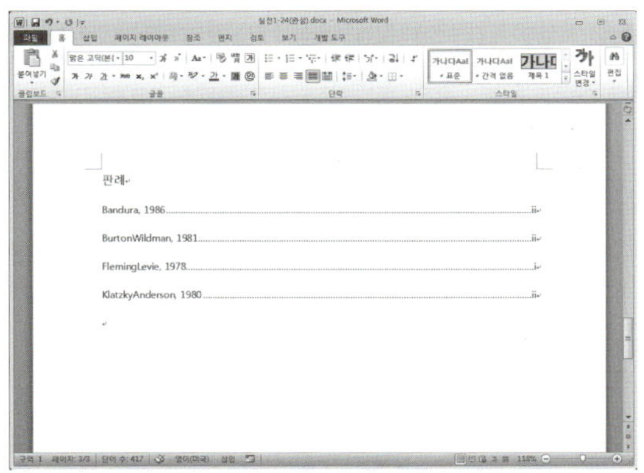

관련 근거 목차 삽입

실전모의고사 1회

25 실전1-25.docx를 열어 다음 작업을 완료하시오.

준비파일_ 실전1-25.docx 완성파일_ 실전1-25(완성).docx

2페이지의 노란색 강조 표시한 위치의 '참조' 왼쪽에 구도 책갈피를 참조하도록 책갈피 텍스트를 삽입하시오.

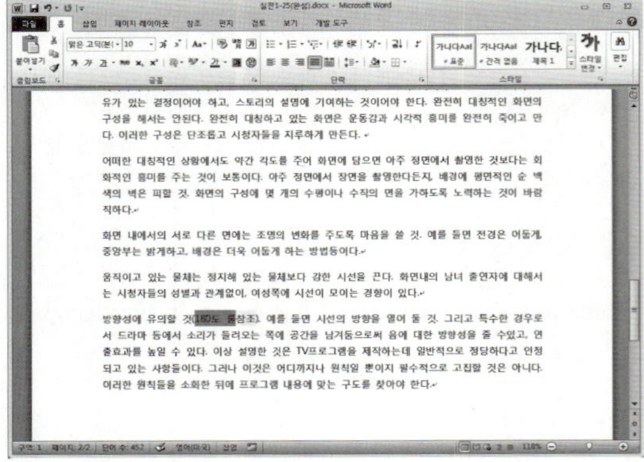

상호 참조

26 실전1-26.docx를 열어 다음 작업을 완료하시오.

준비파일_ 실전1-26.docx 완성파일_ 실전1-26(완성).docx

2페이지에서 콤보 상자 콘텐츠 컨트롤을 콤보 상자(ActiveX 컨트롤)로 바꾸시오.

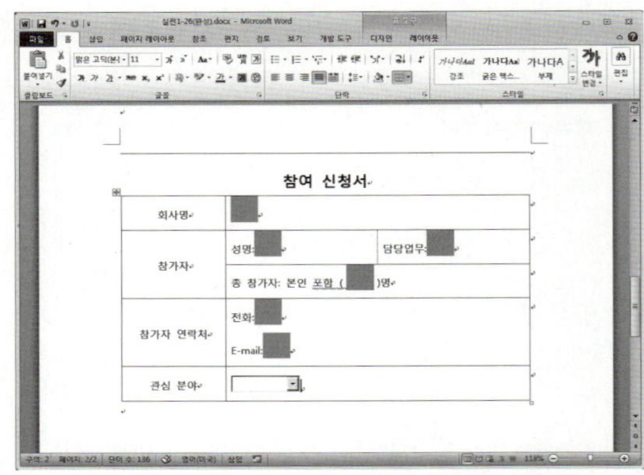

ActiveX 컨트롤 만들기

27 실전1-27.docx를 열어 다음 작업을 완료하시오.

준비파일_ 실전1-27.docx 완성파일_ 실전1-27(완성).docx

'기본형' 서식을 사용하여 탭 채움선을 제거하고 관련 근거 목차를 업데이트하시오.

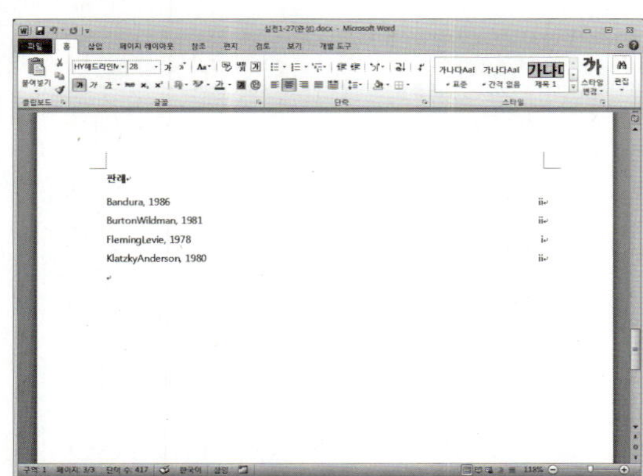

관련 근거 목차 업데이트

실전모의고사 2회

01 실전2-01.docm을 열어 다음 작업을 완료하시오.

준비파일_ 실전2-01.docm 완성파일_ 실전2-01(완성).docm

텍스트를 굵은 기울임꼴 서식을 적용하는 새 매크로를 기록하시오. 매크로 이름은 강조문장으로 지정하고 Ctrl+3을 키보드 바로 가기 키로 지정하시오. 이 매크로를 영문 단락에 적용하시오.

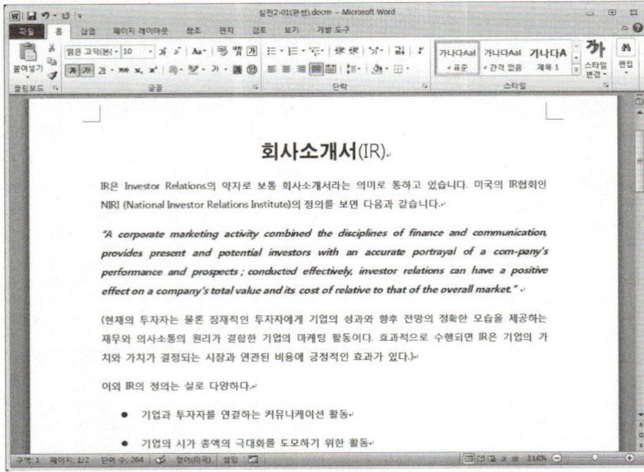

매크로 기록, 매크로 실행

02 실전2-02.docx를 열어 다음 작업을 완료하시오.

준비파일_ 실전2-02.docx 완성파일_ 실전2-02(완성).docx

회의 날짜 필드에 날짜 콘텐츠 컨트롤을 추가하시오.

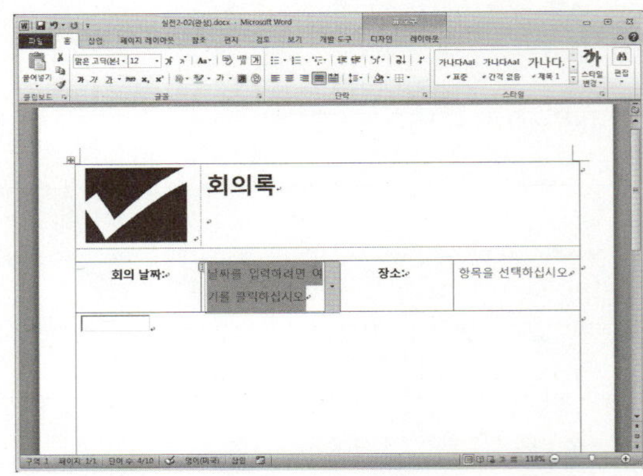

콘텐츠 컨트롤 만들기

03 실전2-03.docx를 열어 다음 작업을 완료하시오.

준비파일_ 실전2-03.docx, 제품목록.xlsx

완성파일_ 실전2-03(완성).docx

현재 문서를 기준으로 새 레이블 병합을 시작하시오. Formtec 레이블 제조 회사의 3112 제품 번호를 사용하고 제품목록.xlsx를 받는 사람 목록으로 입력하시오. 각 행에 제품코드, 제품명, 단위 필드를 삽입하고 병합 결과를 미리 보시오.

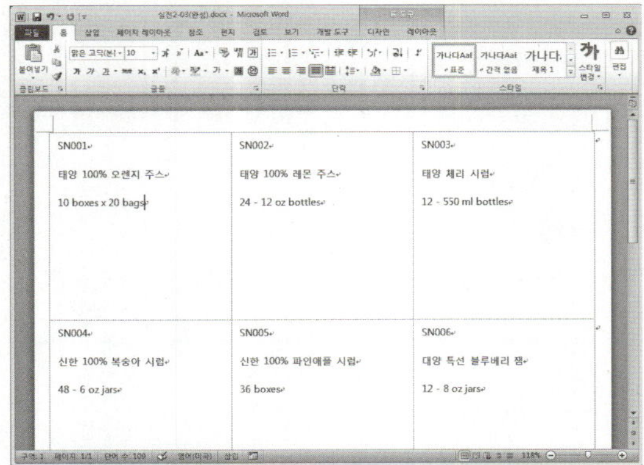

레이블 병합

04 실전2-04.docx를 열어 다음 작업을 완료하시오.

준비파일_ 실전2-04.docx 완성파일_ 실전2-04(완성).docx

문서의 변경 내용 추적이 허용되도록 편집을 제한하시오. 암호는 2345를 입력하시오. (참고 : 다른 기본 설정은 모두 그대로 적용하시오.)

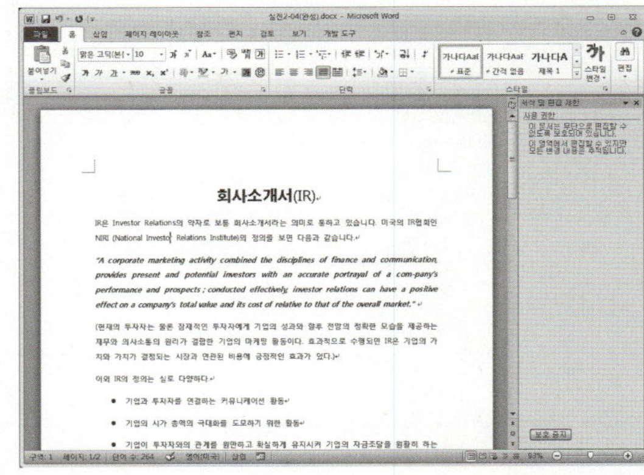

편집 제한

05 실전2-05.docx를 열어 다음 작업을 완료하시오.

준비파일_ 실전2-05.docx   완성파일_ 실전2-05(완성).docx

누적 가로 막대 차트를 삽입하고 차트 '레이아웃 3'과 차트 '스타일 29'를 적용하시오. 실적집계를 차트 제목으로 작성하시오.

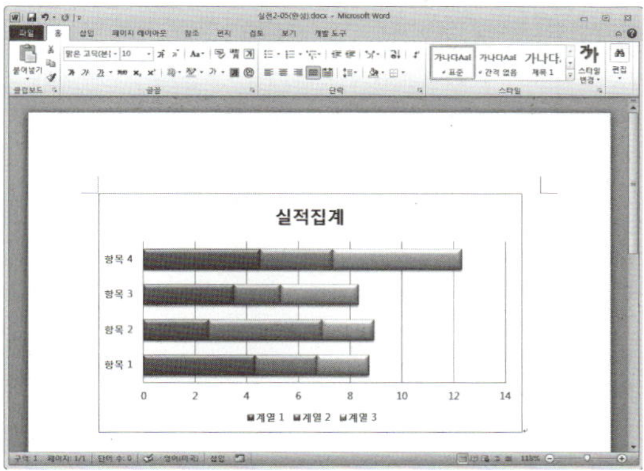

차트 삽입 및 편집

06 실전2-06.docx를 열어 다음 작업을 완료하시오.

준비파일_ 실전2-06.docx   완성파일_ 실전2-06(완성).docx

첫 페이지에 있는 두 텍스트 상자의 연결을 끊으시오.

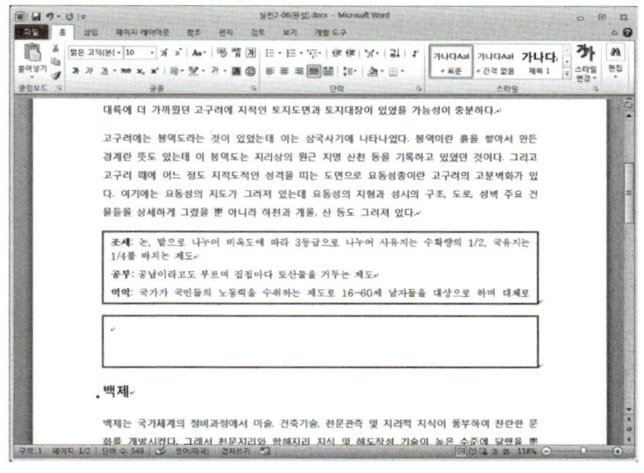

텍스트 상자 연결 끊기

07 실전2-07.docx를 열어 다음 작업을 완료하시오.

준비파일_ 실전2-07.docx, 템플릿.dotx
완성파일_ 실전2-07(완성).docx

서식 파일 템플릿.dotx를 현재 문서에 적용하고 문서 스타일을 자동으로 업데이트하시오.

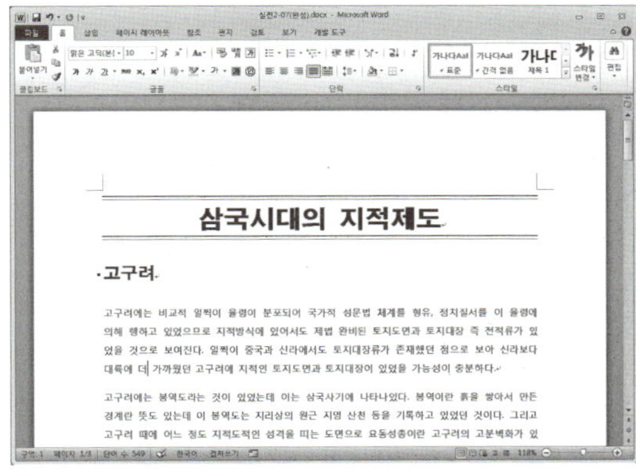

서식 파일 첨부

08 실전2-08.docx를 열어 다음 작업을 완료하시오.

준비파일_ 실전2-08.docx   완성파일_ 실전2-08(완성).docx

문서 마지막 위치에 '정형' 서식의 색인을 삽입하시오.

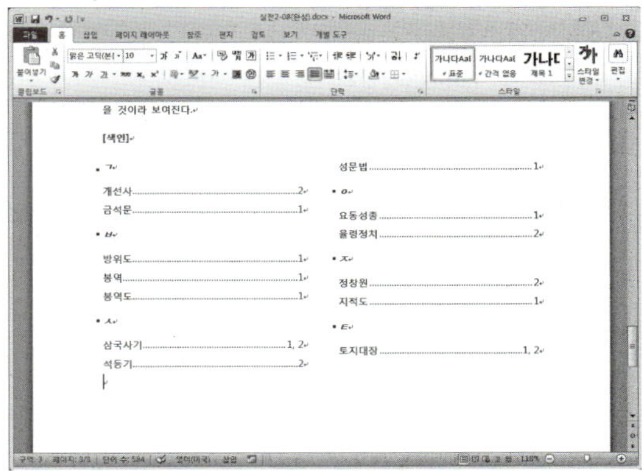

색인 삽입

09 실전2-09.docx를 열어 다음 작업을 완료하시오.

준비파일_ 실전2-09.docx 완성파일_ 실전2-09(완성).docx

BurtonWildman과 관련된 인용을 제거하고 관련 근거 목차를 업데이트하시오.

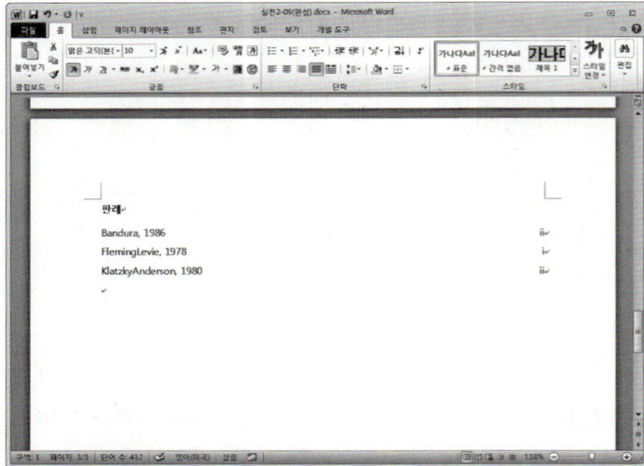

관련 근거 목차 업데이트

10 다음 작업을 완료하시오.

준비파일_ 실전2-10.docx, IR검토.docx

완성파일_ 검토완료(완성).docx

실전2-10.docx와 IR검토.docx 파일을 새 문서로 병합하시오. 실전2-10.docx를 원본으로 지정하고 문서의 모든 변경 내용을 적용 취소하시오. 그러고 나서 검토완료.docx라는 파일 이름으로 저장하시오.

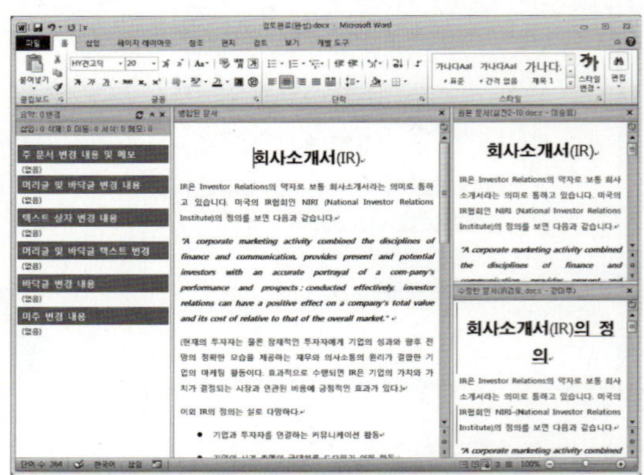

문서 병합

11 실전2-11.docx를 열어 다음 작업을 완료하시오.

준비파일_ 실전2-11.docx 완성파일_ 실전2-11(완성).docx

텍스트 상자(ActiveX 컨트롤)를 서식 있는 텍스트 콘텐츠 컨트롤로 바꾸시오.

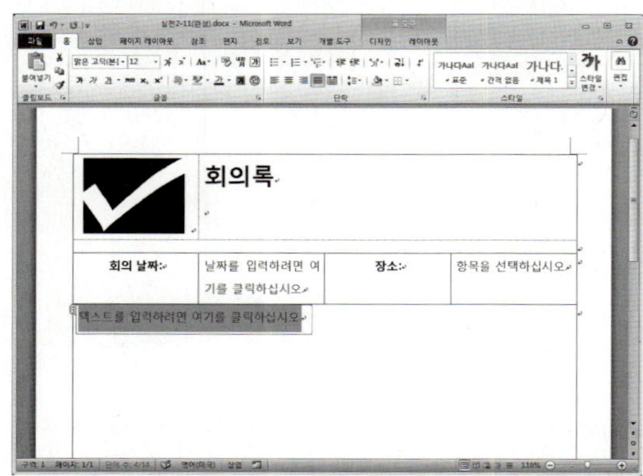

컨트롤 변경

12 실전2-12.docx을 열어 다음 작업을 완료하시오.

준비파일_ 실전2-12.docx 완성파일_ 실전2-12(완성).docx

현재 문서가 Microsoft Word 2000에서 작성된 것처럼 레이아웃이 유지되도록 호환성 옵션을 지정하시오.

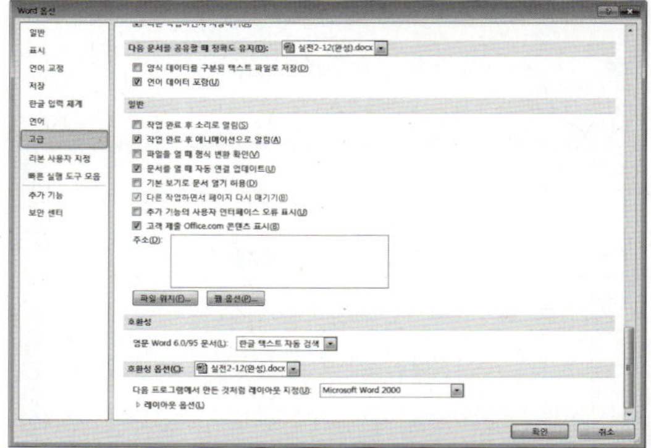

호환성 옵션

13 실전2–13.docx를 열어 다음 작업을 완료하시오.

준비파일_ 실전2-13.docx, 팩스목록.docx

완성파일_ 팩스표지.(완성).docx

현재 문서로 편지 병합을 시작하시오. 팩스목록.docx를 받는 사람 목록으로 입력하시오. '필드 삽입'이라는 텍스트 대신에 각 필드가 표시되도록 필드를 추가하시오. 중복되는 레코드를 병합에서 제외하고 개별 문서를 편집해 병합을 완료하고 팩스표지라는 파일 이름으로 문서 폴더에 저장하시오. (참고 : 다른 기본 설정은 모두 그대로 적용하시오.)

편지 병합

15 다음 작업을 완료하시오.

준비파일_ 실전2-15.docm, 강조.docm

완성파일_ 실전2-15(완성).docm

강조.docm에 있는 매크로를 실전2-15.docm으로 복사한 후 저장하시오.

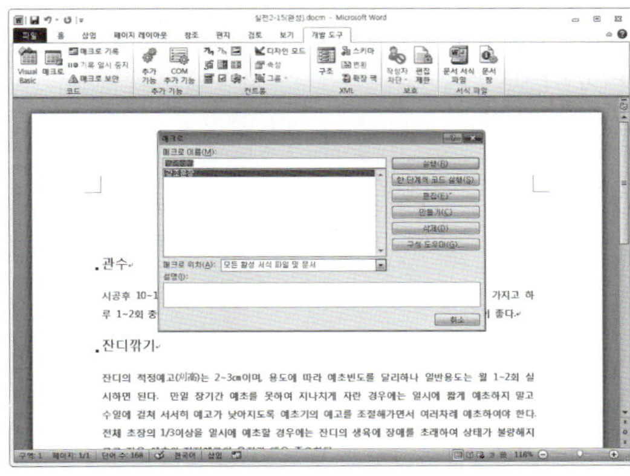

매크로 복사

14 다음 작업을 완료하시오.

준비파일_ 없음 완성파일_ 없음

기본 파일 저장 위치를 문서 폴더로 변경하시오.

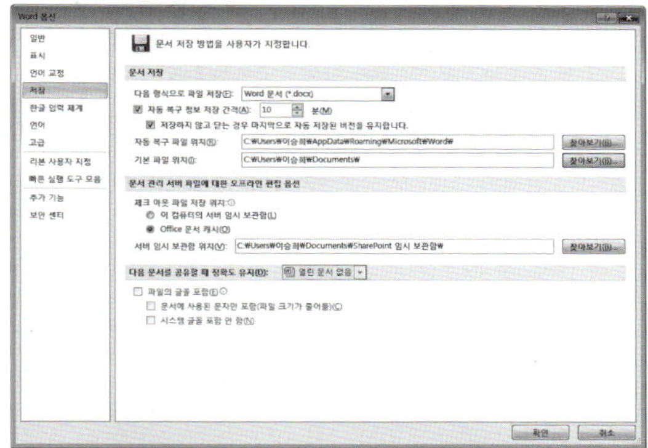

기본 저장 옵션

16 템플릿.dotx를 열어 다음 작업을 완료하시오.

준비파일_ 템플릿.dotx 완성파일_ 템플릿(완성).dotx

템플릿.dotx에서 종류 스타일을 삭제하고 파일을 저장하시오.

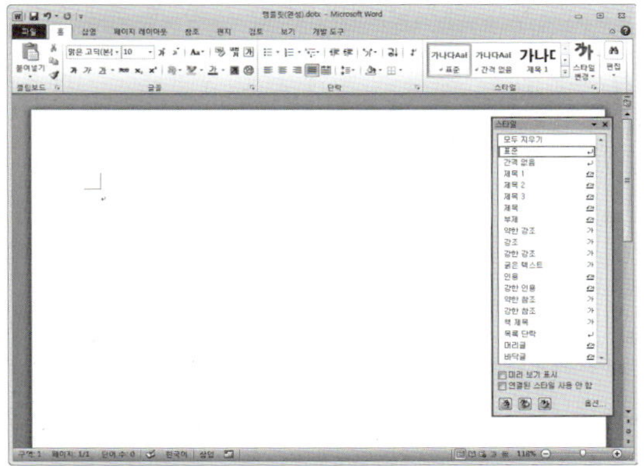

서식 파일 편집

17 실전2-17.docx를 열어 다음 작업을 완료하시오.

준비파일_ 실전2-17.docx 완성파일_ 실전2-17(완성).docx

제목의 '지적제도' 텍스트를 색인 항목으로 모두 표시하시오. '지적제도'라는 항목이 모두 표시되도록 현재 색인을 업데이트 하시오.

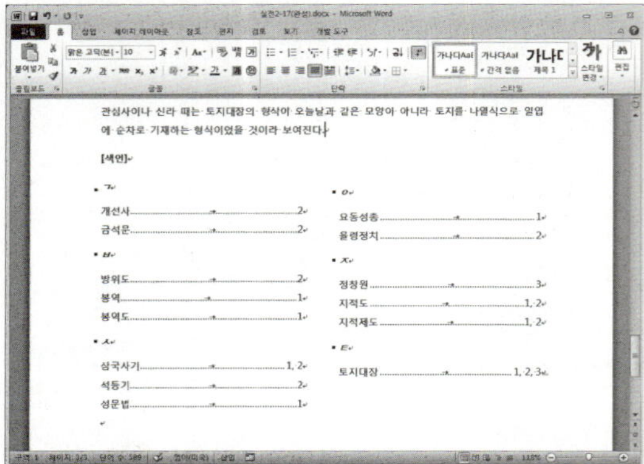

색인 항목 표시, 색인 업데이트

18 실전2-18.docx를 열어 다음 작업을 완료하시오.

준비파일_ 실전2-18.docx 완성파일_ 실전2-18(완성).docx

모든 제목1 텍스트의 서식이 굵게 및 단락 앞 간격이 '20pt'가 되도록 지정하시오.

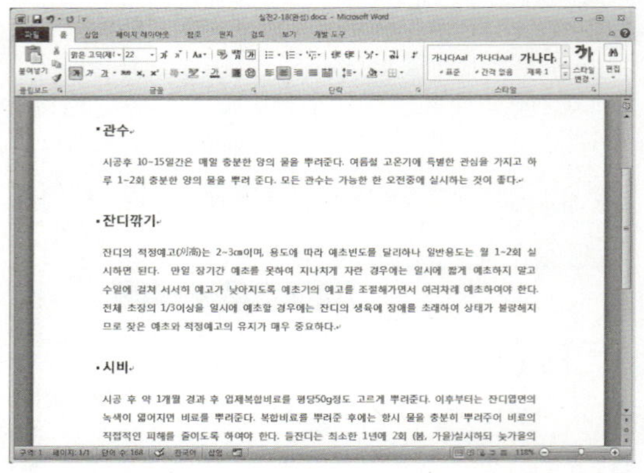

스타일 수정

19 실전2-19.docx를 열어 다음 작업을 완료하시오.

준비파일_ 실전2-19.docx 완성파일_ 실전2-19(완성).docx

상태 문서 속성을 바닥글에 추가하시오.

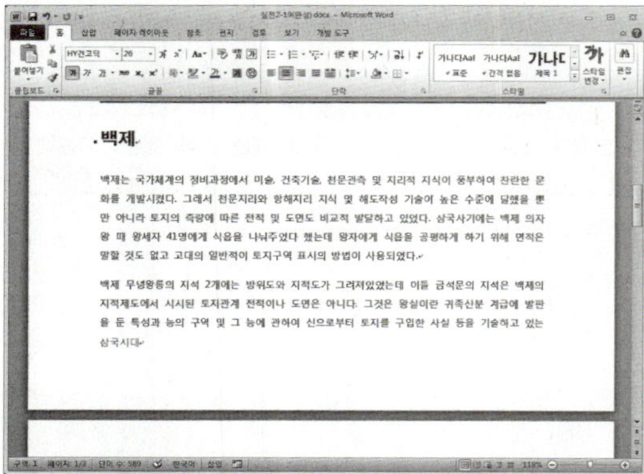

바닥글 삽입

20 실전2-20.docx를 열어 다음 작업을 완료하시오.

준비파일_ 실전2-20.docx 완성파일_ 실전2-20(완성).docx

다음을 사용하여 새 책을 만들어 제목 아래 단락에 출처를 삽입하시오.

- 저자 : 이고대
- 연도 : 2001
- 제목 : 삼국을 말하다
- 태그 이름 : 이고대78B

새 출처 추가

21 실전2-21.docx를 열어 다음 작업을 완료하시오.

준비파일_ 실전2-21.docx 완성파일_ 실전2-21(완성).docx

표에 체지방측정 사례를 대체 텍스트로 추가하고 표 너비를 '100%'로 지정하시오.

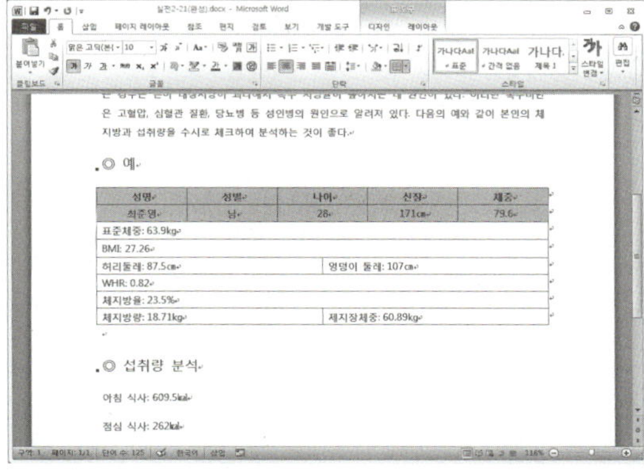

표 속성

22 실전2-22.docx를 열어 다음 작업을 완료하시오.

준비파일_ 실전2-22.docx 완성파일_ 실전2-22(완성).docx

서식 있는 콘텐츠 컨트롤의 태그에 회의내용을 추가하고 내용을 편집할 수 없도록 콘텐츠 컨트롤을 잠그시오.

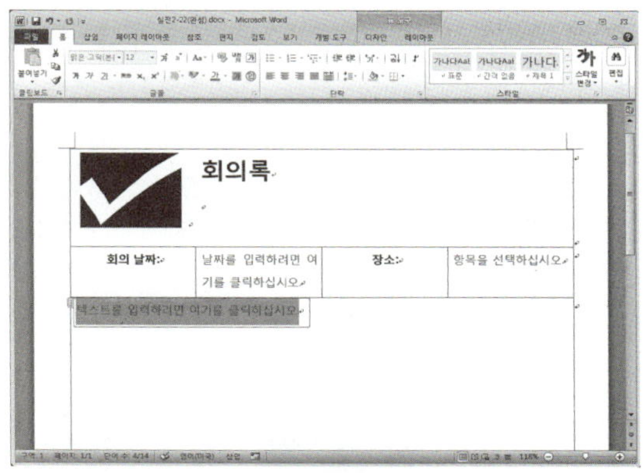

콘텐츠 컨트롤 속성

23 실전2-23.docm을 열어 다음 작업을 완료하시오.

준비파일_ 실전2-23.docm 완성파일_ 실전2-23(완성).docm

텍스트에 첫 줄 들여쓰기를 적용하고 줄 간격을 '1.25'로 설정되도록 매크로를 기록하시오. 매크로 이름은 설명으로 지정하고 모든 목록 단락 스타일에 적용하시오.

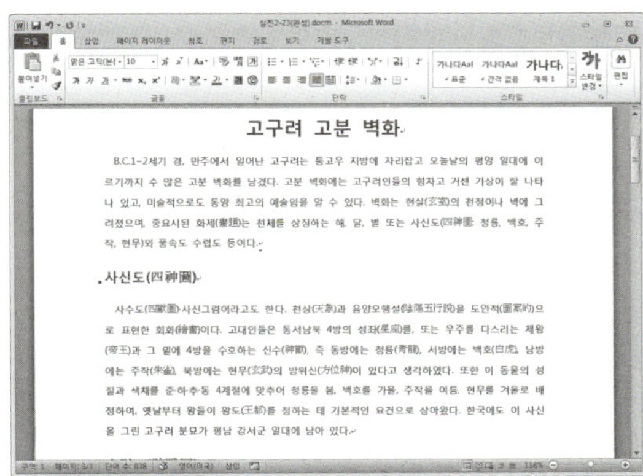

매크로 기록, 매크로 실행

24 실전2-24.docx를 열어 다음 작업을 완료하시오.

준비파일_ 실전2-24.docx 완성파일_ 실전2-24(완성).docx

제목 텍스트를 문서 블록으로 저장하시오. 문서 블록의 이름은 머리글 문서제목으로 지정하고 머리글 갤러리에 저장하시오. 이 문서 블록을 문서에 삽입하시오.

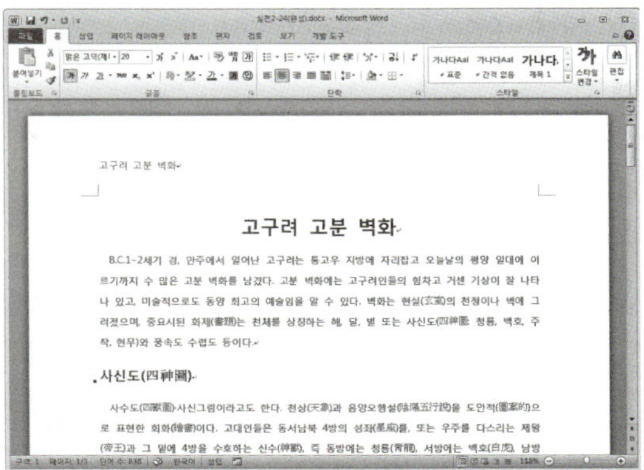

새 문서 블록 만들기, 머리글 삽입

25 다음 작업을 완료하시오.

준비파일_ 실전2-25.docx, 1교.docx
완성파일_ 1교최종(완성).docx

실전2-25.docx와 1교.docx를 비교하시오. 실전2-25.docx를 원본 문서로 지정하고 새 문서에 변경 내용을 모두 표시한 다음 모든 변경 내용을 적용하시오. 새 문서는 1교최종.docx라는 파일 이름으로 문서 폴더에 저장하시오.

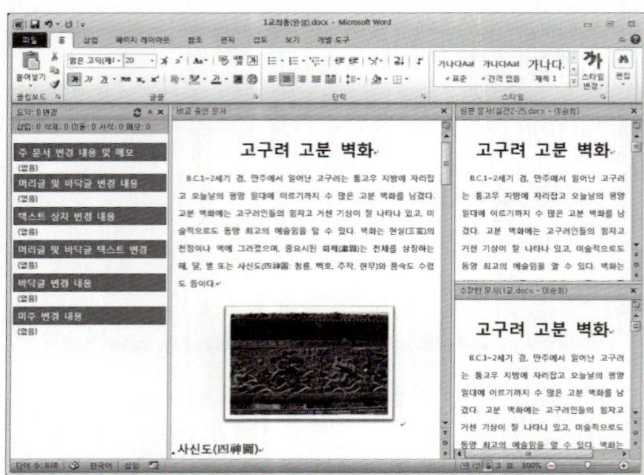

문서 비교

27 실전2-27.docx를 열어 다음 작업을 완료하시오.

준비파일_ 실전2-27.docx 완성파일_ 실전2-27(완성).docx

첫 번째 구역에만 노란색 텍스트 강조 서식으로 조정하시오.

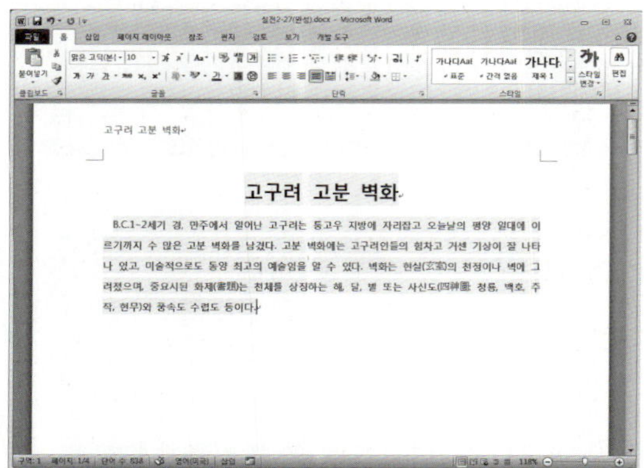

글꼴 서식

26 실전2-26.docx를 열어 다음 작업을 완료하시오.

준비파일_ 실전2-26.docx 완성파일_ 실전2-26(완성).docx

영업소 콤보 상자 양식 필드에 목록에서 영업소를 선택하시오.라는 도움말을 상태 표시줄에 나타나도록 입력하시오.

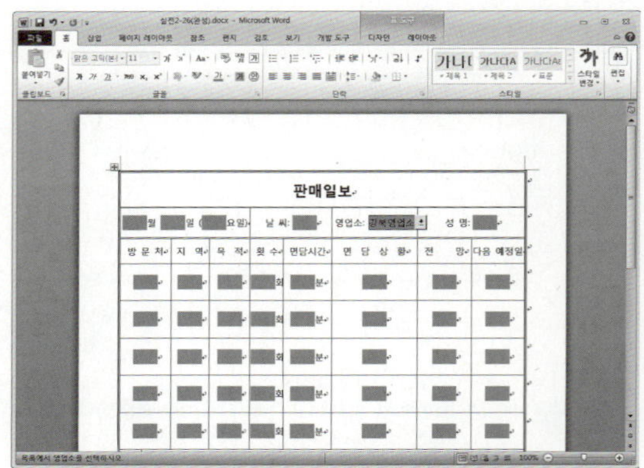

양식 컨트롤 속성

실전모의고사 3회

01 실전3-01.docx를 열어 다음 작업을 완료하시오.

준비파일_ 실전3-01.docx   완성파일_ 실전3-01(완성).docx

[색인] 텍스트 위쪽의 빈 단락에 인용 자료를 삽입하시오.

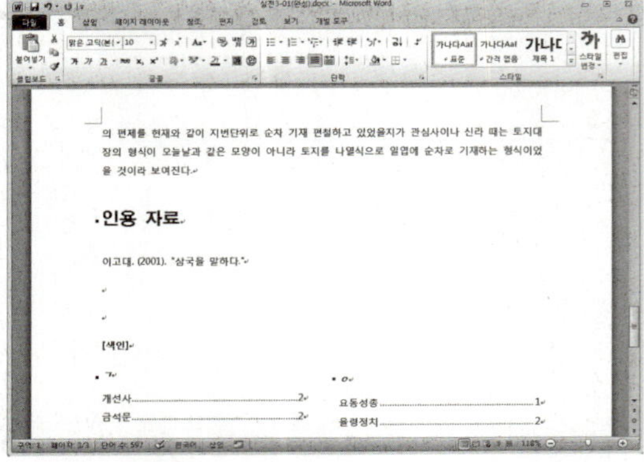

참고 문헌-인용 자료

02 실전3-02.docx를 열어 다음 작업을 완료하시오.

준비파일_ 실전3-02.docx   완성파일_ 실전3-02(완성).docx

문서의 메모 편집만 허용되도록 문서 편집을 제한하시오. 암호는 9876을 입력하시오. (참고 : 다른 기본 설정은 모두 그대로 적용하시오.)

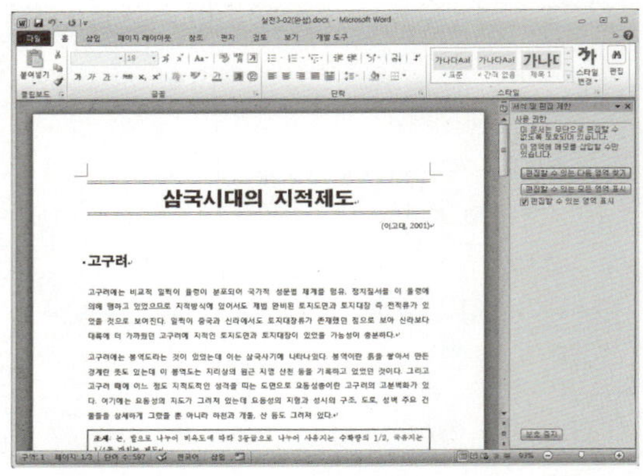

편집 제한

03 실전3-03.docx를 열어 다음 작업을 완료하시오.

준비파일_ 실전3-03.docx, 인용자료.xml
완성파일_ 실전3-03(완성).docx

출처 관리자를 사용하여 인용자료.xml을 사용이 가능한 출처 목록으로 지정하고 모든 인용 자료를 현재 문서로 복사하시오.

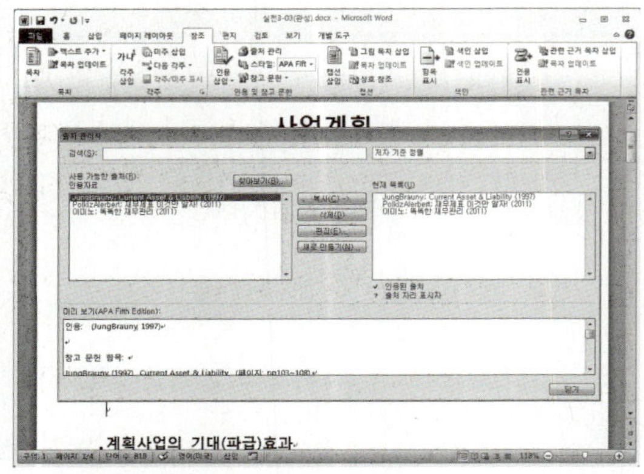

출처 관리

04 실전3-04.docm을 열어 다음 작업을 완료하시오.

준비파일_ 실전3-04.docm   완성파일_ 실전3-04(완성).docm

텍스트에 왼쪽 들여쓰기 15pt와 단락 앞 간격 20pt로 설정되도록 매크로를 기록하시오. 매크로 이름은 항목제목으로 지정하고 모든 제목에 적용하시오.

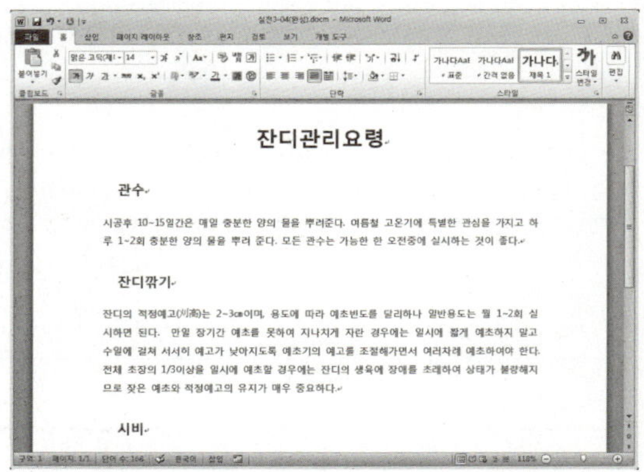

매크로 기록, 매크로 실행

05 실전3-05.docx를 열어 다음 작업을 완료하시오.

준비파일_ 실전3-05.docx, 참가자목록.docx

완성파일_ 봉투병합(완성).docx

현재 문서로 편지 병합을 시작하시오. 참가자목록.docx를 받는 사람 목록으로 입력하고 [받는 사람]의 강조 표시된 위치에 각 필드가 표시되도록 필드를 추가하시오. 개별 문서를 편집해 병합을 완료하고 봉투병합.docx이라는 파일 이름으로 문서 폴더에 저장하시오. (참고 : 다른 기본 설정은 모두 그대로 적용하시오.)

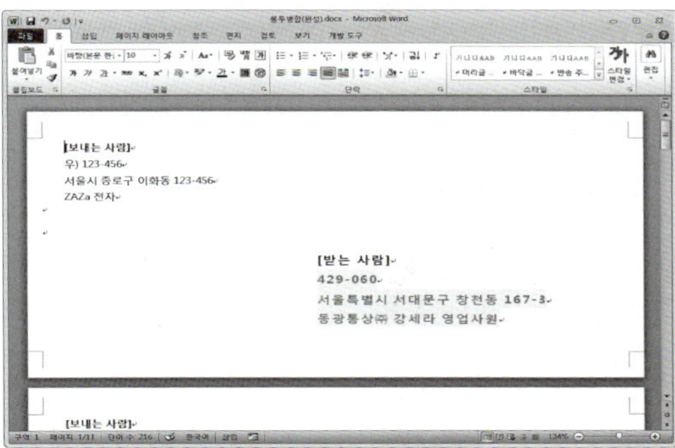

편지 병합

06 실전3-06.docx를 열어 다음 작업을 완료하시오.

준비파일_ 실전3-06.docx   완성파일_ 실전3-06(완성).docx

작성자 정보 섹션의 모든 필드 옆에는 텍스트 양식 필드를 직급 필드 옆에는 콤보 상자 양식 필드를 추가하시오. 직급에는 대표이사, 차장, 부장, 과장, 대리를 항목으로 만드시오.

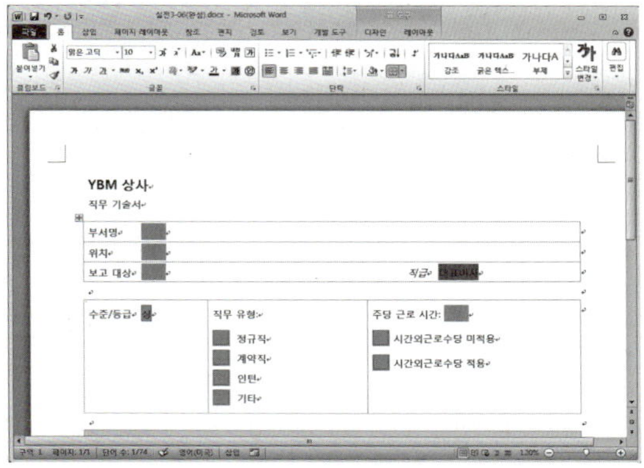

양식 컨트롤

07 실전3-07.docx를 열어 다음 작업을 완료하시오.

준비파일_ 실전3-07.docx   완성파일_ 실전3-07(완성).docx

시간외근로수당 적용 확인란 양식 필드에 영업부, 생산부, 기술부만 해당합니다.라는 도움말 키 텍스트를 입력하시오.

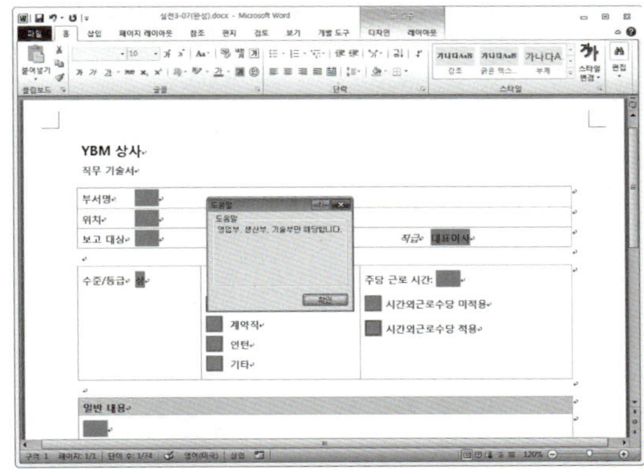

컨트롤 속성

08 실전3-08.docx를 열어 다음 작업을 완료하시오.

준비파일_ 실전3-08.docx   완성파일_ 실전3-08(완성).docx

2구역에만 주제 문서 속성을 바닥글에 추가하시오.

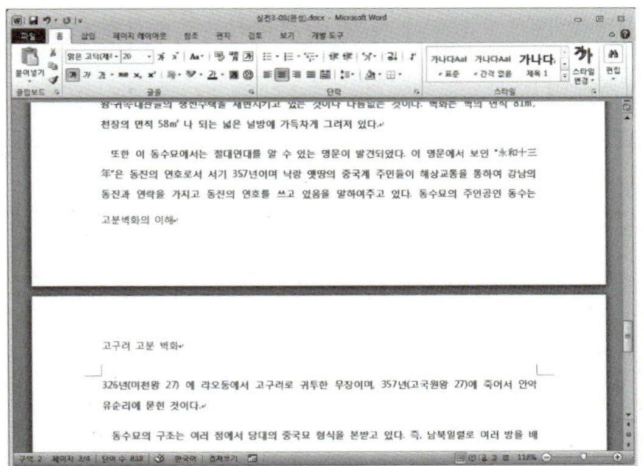

바닥글 편집, 문서 속성 삽입

09 다음 작업을 완료하시오.

준비파일_ 실전3-09.docx, 1차검토.docx
완성파일_ 검토완료(완성).docx

실전3-09.docx와 1차검토.docx를 비교하시오. 실전3-09.docx를 원본 문서로 지정하고 새 문서에 변경 내용을 모두 표시한 다음 모든 변경 내용을 적용하시오. 새 문서는 검토완료.docx라는 파일 이름으로 문서 폴더에 저장하시오.

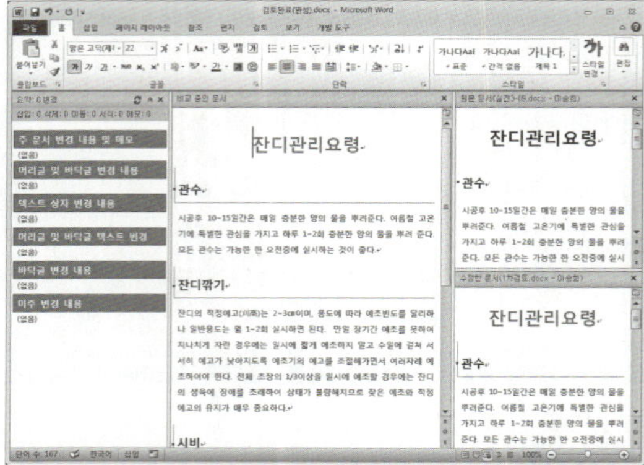

문서 비교

11 실전3-11.docx를 열어 다음 작업을 완료하시오.

준비파일_ 실전3-11.docx 완성파일_ 실전3-11(완성).docx

'계획사업의 기대(파급)효과' 텍스트 위쪽의 빈 단락에 똑똑한 재무관리 관련 인용을 삽입하시오.

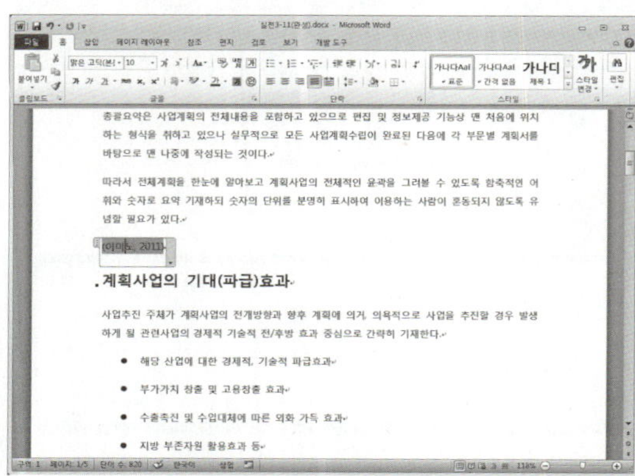

인용 삽입

10 실전3-10.docx를 열어 다음 작업을 완료하시오.

준비파일_ 실전3-10.docx 완성파일_ 실전3-10(완성).docx

제목2 스타일의 줄 간격을 1.75로 글꼴 색은 파랑으로 수정하시오.

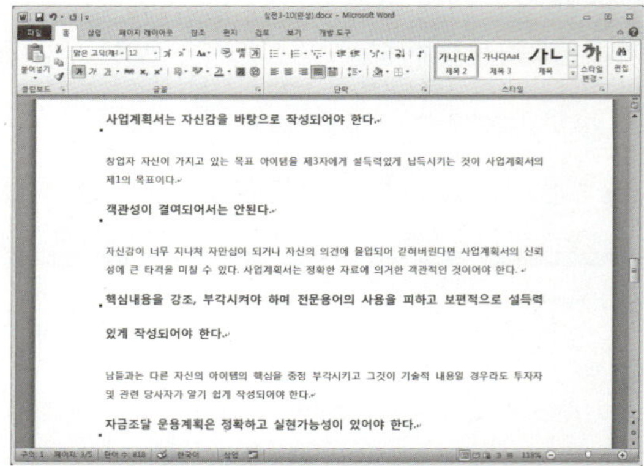

스타일 편집

12 실전3-12.docx를 열어 다음 작업을 완료하시오.

준비파일_ 실전3-12..docx 완성파일_ 실전3-12(완성).docx

문서 마지막 위치에 관련 근거 목차를 삽입하시오.

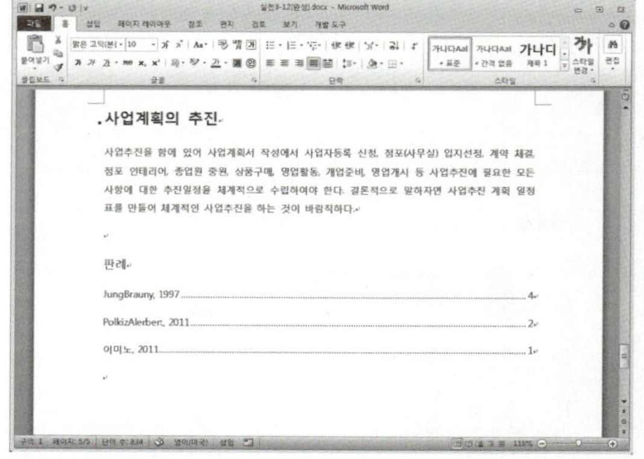

관련 근거 목차 삽입

13 실전3-13.docx를 열어 다음 작업을 완료하시오.

준비파일_ 실전3-13.docx 완성파일_ 실전3-13(완성).docx

첫 페이지에 있는 두 텍스트 상자를 연결하시오.

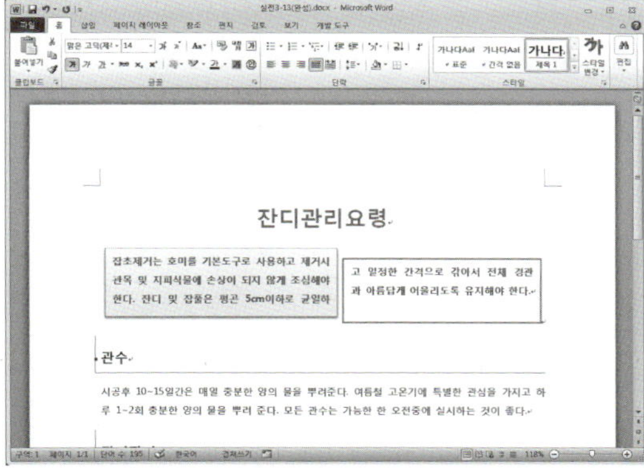

텍스트 상자 연결 만들기

14 실전3-14.docx를 열어 다음 작업을 완료하시오.

준비파일_ 실전3-14.docx 완성파일_ 실전3-14(완성).docx

날짜 선택 콘텐트 컨트롤에 게시일을 제목과 태그로 추가하고 삭제되지 않도록 콘텐츠 컨트롤을 잠그시오.

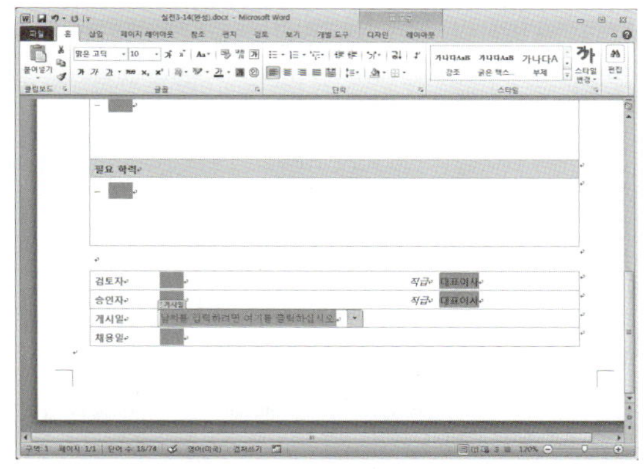

콘텐츠 컨트롤 속성

15 실전3-15.docx를 열어 다음 작업을 완료하시오.

준비파일_ 실전3-15.docx 완성파일_ 실전3-15(완성).docx

동수묘라는 항목이 모두 표시되도록 현재 색인을 업데이트하시오.

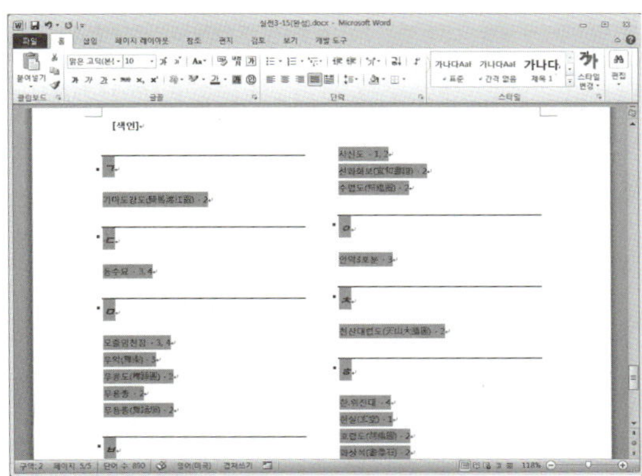

색인 업데이트

16 실전3-16.docx를 열어 다음 작업을 완료하시오.

준비파일_ 실전3-16.docx 완성파일_ 실전3-16(완성).docx

현재 문서가 Microsoft Office Word 2003에서 작성된 것처럼 레이아웃이 유지되도록 호환성 옵션을 지정하시오.

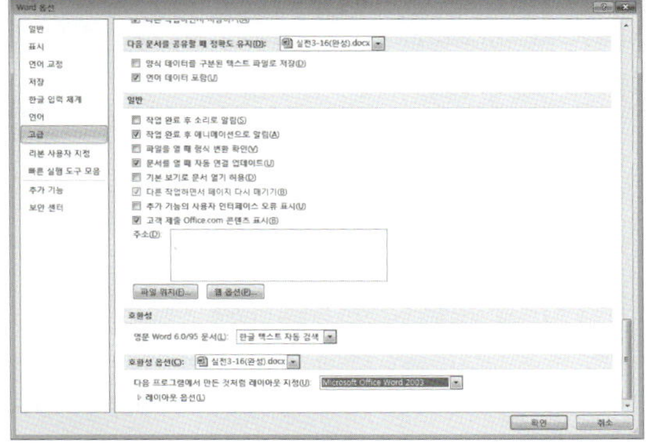

호환성 옵션

실전모의고사 3회

17 다음 작업을 완료하시오.

준비파일_ 실전3-17.docm, 역사와문화.docm
완성파일_ 실전3-17(완성).docm

역사와문화.docm에 위치한 매크로를 실전3-17.docm으로 복사한 후 저장하시오.

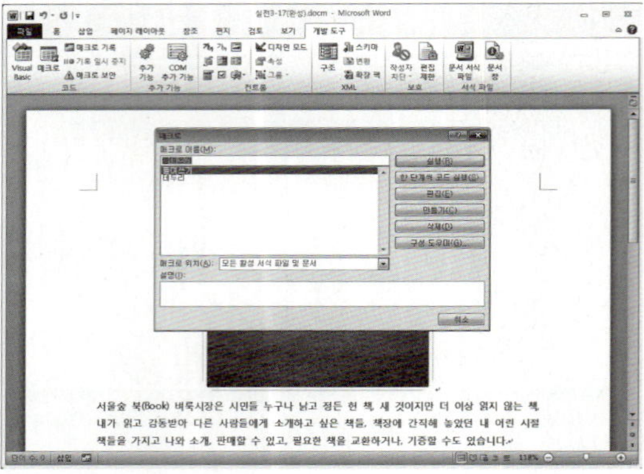

매크로 복사

18 실전3-18.docx를 열어 다음 작업을 완료하시오.

준비파일_ 실전3-18.docx 완성파일_ 실전3-18(완성).docx

장식형 서식을 사용하고 탭 채움선을 제거하여 관련 근거 목차를 업데이트하시오.

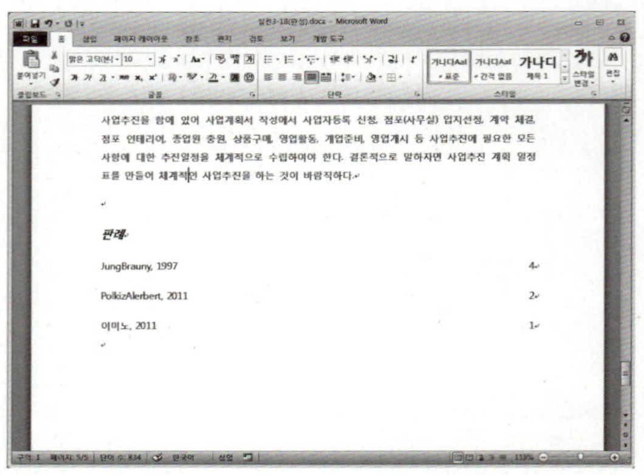

관련 근거 목차 업데이트

19 실전3-19.docx를 열어 다음 작업을 완료하시오.

준비파일_ 실전3-19.docx 완성파일_ 실전3-19(완성).docx

두 번째 구역에만 문자 간격을 넓게 1.2pt로, 줄 간격을 17.5pt로 고정되도록 조정하시오.

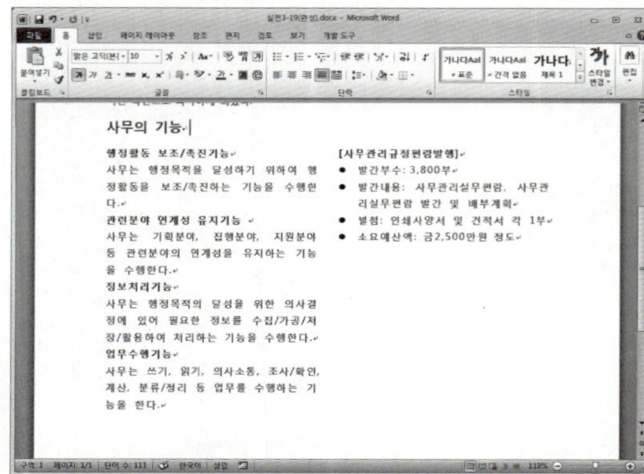

글꼴 서식, 단락 서식

20 실전3-20.docx를 열어 다음 작업을 완료하시오.

준비파일_ 실전3-20.docx, 교육.dotx
완성파일_ 실전3-20(완성).docx

교육.dotx를 현재 열려 있는 문서에 적용하고 문서 스타일을 자동으로 업데이트하도록 설정하시오.

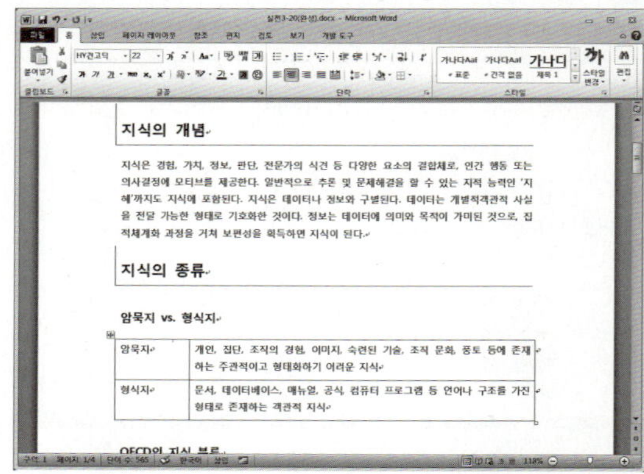

서식 파일 첨부

21 실전3-21.docm을 열어 다음 작업을 완료하시오.

준비파일_ 실전3-21.docm 완성파일_ 실전3-21(완성).docm

'암묵지 vs. 형식지' 표의 첫 번째 열의 내용을 옥색으로 강조 표시하는 새 매크로를 현재 문서에 기록하시오. 매크로 이름은 <u>레이블강조</u>로 지정하고 키보드 바로 가기 키를 Ctrl+5로 지정하시오. 이 매크로를 'OECD의 지식 분류' 표의 첫 번째 열 내용에 적용하시오.

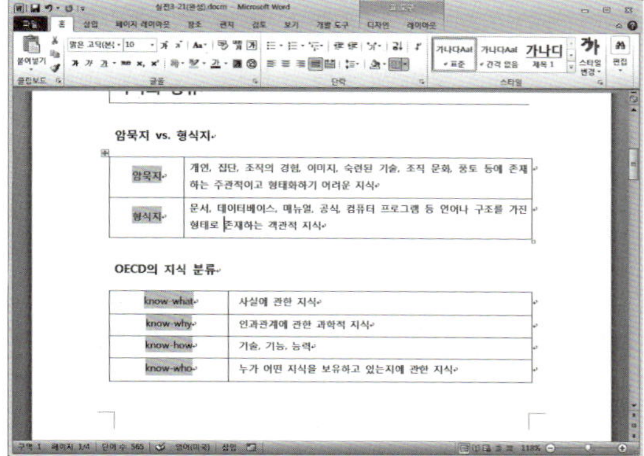

매크로 기록, 매크로 실행

22 실전3-22.docx를 열어 다음 작업을 완료하시오.

준비파일_ 실전3-22.docx 완성파일_ 실전3-22(완성).docx

'7. 기타사항' 아래쪽의 Homepage(http://www.ybmu-niv.ac.kr)를 상용구 문서 블록으로 저장하시오. 문서 블록의 이름을 홈페이지로 저장되도록 하시오. 이 상용구를 머리글에 삽입하시오.

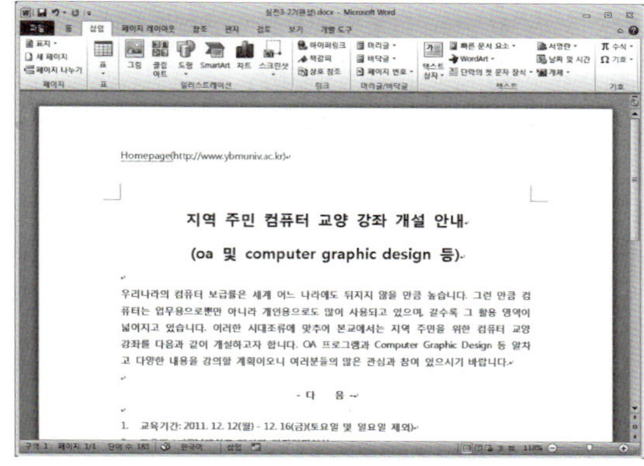

상용구, 머리글 편집

23 실전3-23.docx를 열어 다음 작업을 완료하시오.

준비파일_ 실전3-23.docx 완성파일_ 실전3-23(완성).docx

날짜 선택 콘텐트 컨트롤을 텍스트 양식 필드로 바꾸시오.

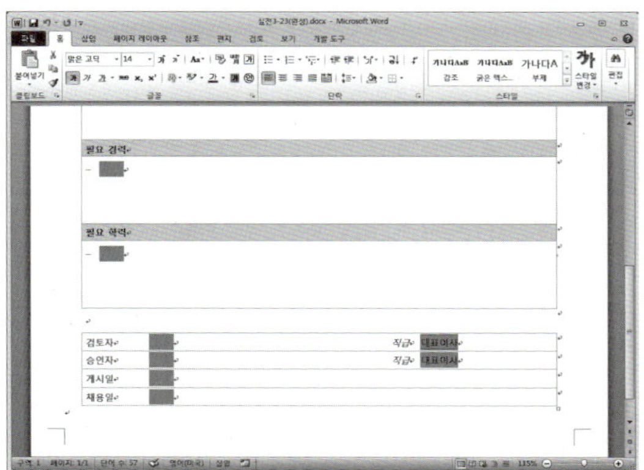

콘텐츠 컨트롤 속성

24 실전3-24.docx를 열어 다음 작업을 완료하시오.

준비파일_ 실전3-24.docx 완성파일_ 실전3-24(완성).docx

양식에만 입력될 수 있도록 편집을 제한하시오. (참고 : 다른 기본 설정은 모두 그대로 적용하시오.)

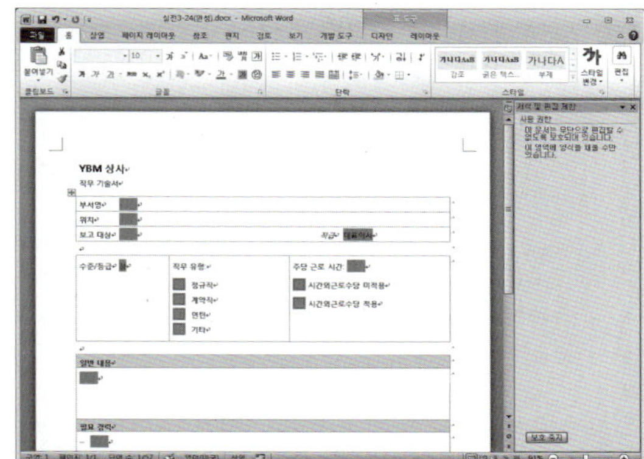

편집 제한

실전모의고사 3회

25 실전3-25.docx를 열어 다음 작업을 완료하시오.

준비파일_ 실전3-25.docx 완성파일_ 직무기술서(완성).dotx

현재 문서를 직무기술서 파일 이름의 서식 파일로 저장하시오.

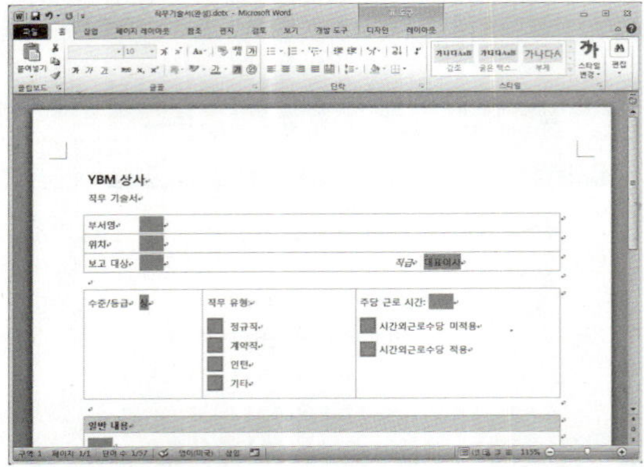

서식 파일로 저장

26 실전3-26.dotx를 열어 다음 작업을 완료하시오.

준비파일_ 실전3-26.dotx 완성파일_ 실전3-26(완성).dotx

실전3-26.dotx에서 Italics 스타일을 삭제하고 파일을 저장하시오.

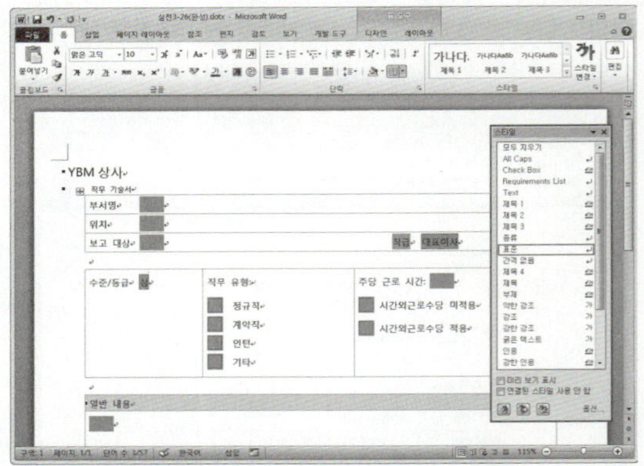

서식 파일 편집

27 실전3-27.docx를 열어 다음 작업을 완료하시오.

준비파일_ 실전3-27.docx 완성파일_ 실전3-27(완성).docx

JungBrauny와 관련된 인용을 제거하시오. 그러고 나서 관련 근거 목차를 업데이트하시오.

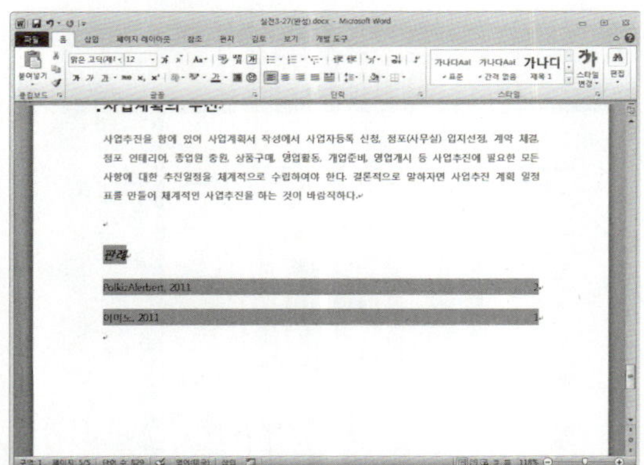

관련 근거 목차 업데이트

STEP UP MOS 2010
WORD EXPERT